经世济民
诚信服务
德法兼修

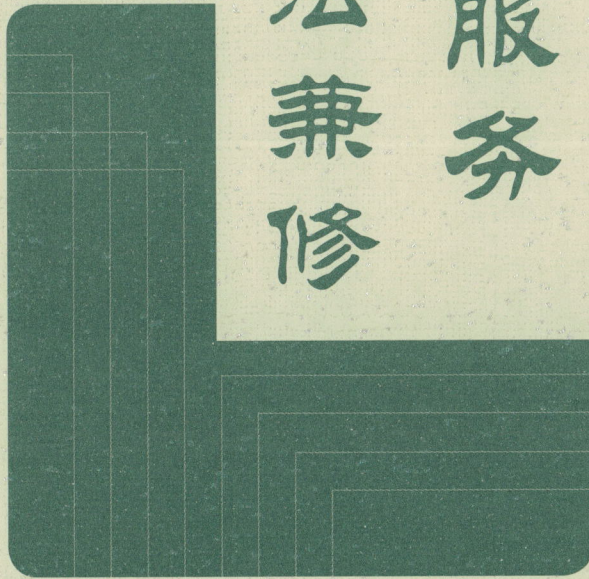

◆ 职业教育国家在线精品课程配套教材
◆ 课程思政示范课程配套教材

高等职业教育财经商贸类专业基础课

经世济民 立德树人

新形态一体化教材

市场营销基础

主　编　王　鑫　饶君华

副主编　郑　喆　李宣好

主　审　陶　虎

中国教育出版传媒集团

高等教育出版社·北京

内容提要

本书是高等职业教育财经商贸类专业基础课"经世济民 立德树人"新形态一体化教材，也是职业教育国家在线精品课程和教育部课程思政示范课程的配套教材。

"市场营销基础"既是财经商贸大类各专业中一门重要的通识类课程，也是工商管理类专业的专业基础课程，还在很多专业大类中广泛开设。本书在编写过程中秉持知识传授与技能培养同频、价值观引领与伦理观构建共振、经典传承与数字创新结合的基本原则，以高素质职业技能人才必备的基础知识与素养培育为主要目标，与时俱进地体现营销数字化进程中的新成果——以客户为中心的精准营销实践，厚植"经道义、营民生，顾国谋利"的中华情怀。

本书分为上下两篇，一共有八章内容，围绕我国企业市场营销活动的根本问题——"如何义利并重地满足需求"进行详细阐述。上篇的内容包括市场营销、市场洞察和市场瞄准，回答营销实践中方向性、全局性的问题，介绍发现、识别市场机会并明确目标市场需求的过程。下篇的内容包括产品策略、价格策略、渠道策略、促销组合和营销管理，解决如何义利并重地满足顾客需求的具体营销问题。

本书既可以作为高等职业教育专科、本科院校和应用型本科院校财经商贸类专业及其他相关专业的专业基础课教材，也可以作为工商企业营销人员和相关社会人士自学的培训参考书。

本书配有在线开放课程并在智慧职教 MOOC 学院上线，配套开发有微课、视频、教学课件、参考答案等数字化教学资源，具体学习方式详见书后"郑重声明"页的资源服务提示。

图书在版编目（ＣＩＰ）数据

市场营销基础 / 王鑫，饶君华主编. -- 北京 : 高等教育出版社，2023.4
ISBN 978-7-04-059981-7

Ⅰ．①市… Ⅱ．①王… ②饶… Ⅲ．①市场营销学 Ⅳ．①F713.50

中国国家版本馆CIP数据核字(2023)第032469号

市场营销基础
SHICHANG YINGXIAO JICHU

| 项目策划 | 赵　洁 | 策划编辑 | 康　蓉　贾若曦 | 责任编辑 | 贾若曦 | 封面设计 | 赵　阳 |
| 版式设计 | 徐艳妮 | 责任绘图 | 李沛蓉 | 责任校对 | 张　薇 | 责任印制 | 赵　振 |

出版发行	高等教育出版社	网　　址	http://www.hep.edu.cn
社　　址	北京市西城区德外大街 4 号		http://www.hep.com.cn
邮政编码	100120	网上订购	http://www.hepmall.com.cn
印　　刷	天津嘉恒印务有限公司		http://www.hepmall.com
开　　本	787mm×1092mm　1/16		http://www.hepmall.cn
印　　张	18.75		
字　　数	400 千字	版　　次	2023 年 4 月第 1 版
购书热线	010-58581118	印　　次	2023 年 4 月第 1 次印刷
咨询电话	400-810-0598	定　　价	48.80 元

前言

党的二十大报告指出，要"加快构建以国内大循环为主体、国内国际双循环相互促进的新发展格局"；还要"加快发展数字经济，促进数字经济和实体经济深度融合，打造具有国际竞争力的数字产业集群"。在这样的时代背景下，为落实立德树人根本任务，实现价值引领与知识传授、技能培养的同频共振，编写团队按照《高等学校课程思政建设指导纲要》《关于深化新时代学校思想政治理论课改革创新的若干意见》等文件的指导思想，融入数十年积累的教学实践经验与国家在线精品课程的建设成果，精心编写了这本《市场营销基础》。

本教材具有如下鲜明特色：

一、整体谋篇：中华优秀商业文化与经典营销理论相融相生

本教材聚焦课程思政春风化雨、润物无声的育人功效，将内在价值观、外在伦理观等中华优秀商业文化的精髓内容和素养元素融入市场营销知识与技能体系中；同时，基于经典的市场营销"STP＋4P"理论组合框架，针对高职院校师生的市场营销教学需求，围绕我国企业市场营销的根本问题——"如何义利并重地满足需求"进行编写。

全书共八章，分为上下两篇。上篇为"战略篇：通观全局　审时度势"，包括"市场营销　顾国谋利""市场洞察　乐观时变""市场瞄准　同行各利"三章，回答营销实践中方向性、全局性的营销战略问题，是一个发现、识别市场机会并明确目标市场需求的过程。下篇为"战术篇：相机而动　措置有方"，包括"产品策略　适口者珍""价格策略　妙争贵贱""渠道策略　商而通之""促销组合　数中有术""营销管理　持筹握算"五章，回答"如何制定营销组合与营销管理的具体策略，义利并重地满足顾客需求"的营销战术问题。

二、栏目设置："问题导向，三步闭环"模式贯穿始终

本教材遵循高等职业教育教学规律，坚持"目标引领，问题导向"，即通过目标、理论、实践三大板块组成的问题导向闭环模式实

现知识学习、技能培养与素养提升。其逻辑关系是：首先，基于知识、技能和素养三维学习目标，通过"直面营销"提出问题、引出学习任务，展开相关内容的教学；然后，在重难点内容中穿插"华商风采""行业观察"和"营销新视界"等特色栏目，辅之以"学习实践"，以启发思考、帮助理解；最后，通过课后实践的"基础知识练习""案例分析""综合技能训练"和"画龙点睛"，对本章所学内容进行检测、巩固和提高。

针对高职学生的学习特点，本教材以"结构严谨、深入浅出"为指导方针，采用图表化、形象化的方式进行编写，既尊重经典、传承商业文化，又吸纳营销领域的最新理论和实践成果，提升教材的可读性，使学习者能更好地把握市场营销核心理论和技能要点。

在栏目内容的设置上，编写团队关注国势民情，以国家战略、数字运营、方法创新作为筛选素材的重要标尺，确保案例"有血有肉有魂"，深蕴时代精神、职业素养，使不同栏目各显亮色。在教材中，"直面营销"体现中国优秀企业的领先之道，"华商风采"关注中华老字号的营销创新，"行业观察"呈现新时代的营销万象，"营销新视界"展示数字营销的前沿技术。

三、思想浸润：将社会主义核心价值观贯穿始终

1. 将"教做人"春风化雨地融入"教做事"中

"满足国家建设之需和百姓衣食住行所求"是我国企业市场营销活动的主旋律，市场营销从业者应时时处处把国家、社会、公民的价值要求融为一体，把社会主义核心价值观内化为精神追求、外化为自觉行动。因此，本教材有机融入课程思政元素，将社会主义核心价值观贯穿始终，以期能够展现"经道义、营民生，顾国谋利"的新时代华商风采。

2. 将中华优秀商业文化融入具有中国特色的市场营销理论体系中

中华优秀商业文化绵延千年，蕴含了"先义后利、诚信为本、创新为径、和合为策"的市场伦理与营销智慧。本教材编写团队努力从中掇菁撷华，与市场营销专业知识进行有机结合，以期构建具有中国特色的市场营销理论体系。

一是选用含有中华商业智慧的关键词注解每章主题；二是追溯中华商业文化的源头，汇集民间的商业谚语，使其如盐入水般地融入对

应的教材知识点中；三是在每章章末的"画龙点睛"栏目中选用易说易记、言简意赅的经典内容，传承源远流长的中华优秀商业文化，滋养大学生的商业智慧。

3. 将"营销伦理"科学植入营销综合技能训练中

职业教育以立德树人为根本，重视学生能力培养，讲求德技并修，强调价值引领。为了让学生在学习和实训中衡量自己的营销决策是否符合伦理道德要求，形成参考标准和尺度，编写团队按章开发了与知识点相匹配的营销伦理模型，引导学生及时自省自察，形成承担社会责任的意识，养成良好的职业行为习惯。

四、校企合作：构建师德师风过硬的"双师双元"教材编写团队

为突出高等职业教育"育训结合、能力为本"的教学特色，本教材编写团队由课程思政教学名师、国家职业教育市场营销专业教学资源库及市场营销专业国家教学标准制订主持人牵头组织，聚集了全国高职院校的市场营销专业带头人、双师型骨干教师和来自行业企业的知名专家，采用校企"双元"合作模式开发了本教材。

本教材由山东商业职业技术学院王鑫、饶君华主编，由山东商业职业技术学院郑喆、李宣妤担任副主编。具体编写分工如下：王鑫负责整体设计与样章编写，饶君华负责具体栏目的设计与优化。王鑫、饶君华编写第一章，山东商业职业技术学院张丽、李宣妤编写第二章，山东经贸职业学院陈晓阳、江西财经职业学院武丹编写第三章，王鑫、郑喆编写第四章，西藏职业技术学院黄蕾编写第五章，山东经贸职业学院徐鑫编写第六章，重庆商务职业学院刘豪、喀什职业技术学院曾子平编写第七章，义乌工商职业技术学院陈庆、喀什职业技术学院韩伟玉编写第八章。山东省商业集团有限公司贾庆文、山东优配车联电子商务有限公司王国强负责案例筛选与审校，饶君华、郑喆负责全书校对统稿。本书由山东财经大学陶虎教授主审，在此特别致谢。

此外，还要感谢临沂职业学院岳士凯、湖州职业技术学院吴国峰与金奇、黑龙江职业学院韩松男、潍坊职业学院黄龙雯、山西职业技术学院檀辉霞、河南工业职业技术学院赵蕾、山东商务职业学院孙志平等教师对本教材编写的大力支持。

在本教材编写过程中，编写团队参阅了大量的文献资料，在此向被参考和引用文献的原作者表示衷心的感谢！

由于时间及编者水平有限，且市场营销实践发展日新月异，教材中难免存在疏漏或不足之处，恳请广大专家和读者提出宝贵意见和建议，以使本教材日臻完善。

编者

2023 年 3 月

目录

下篇　相机而动　措置有方

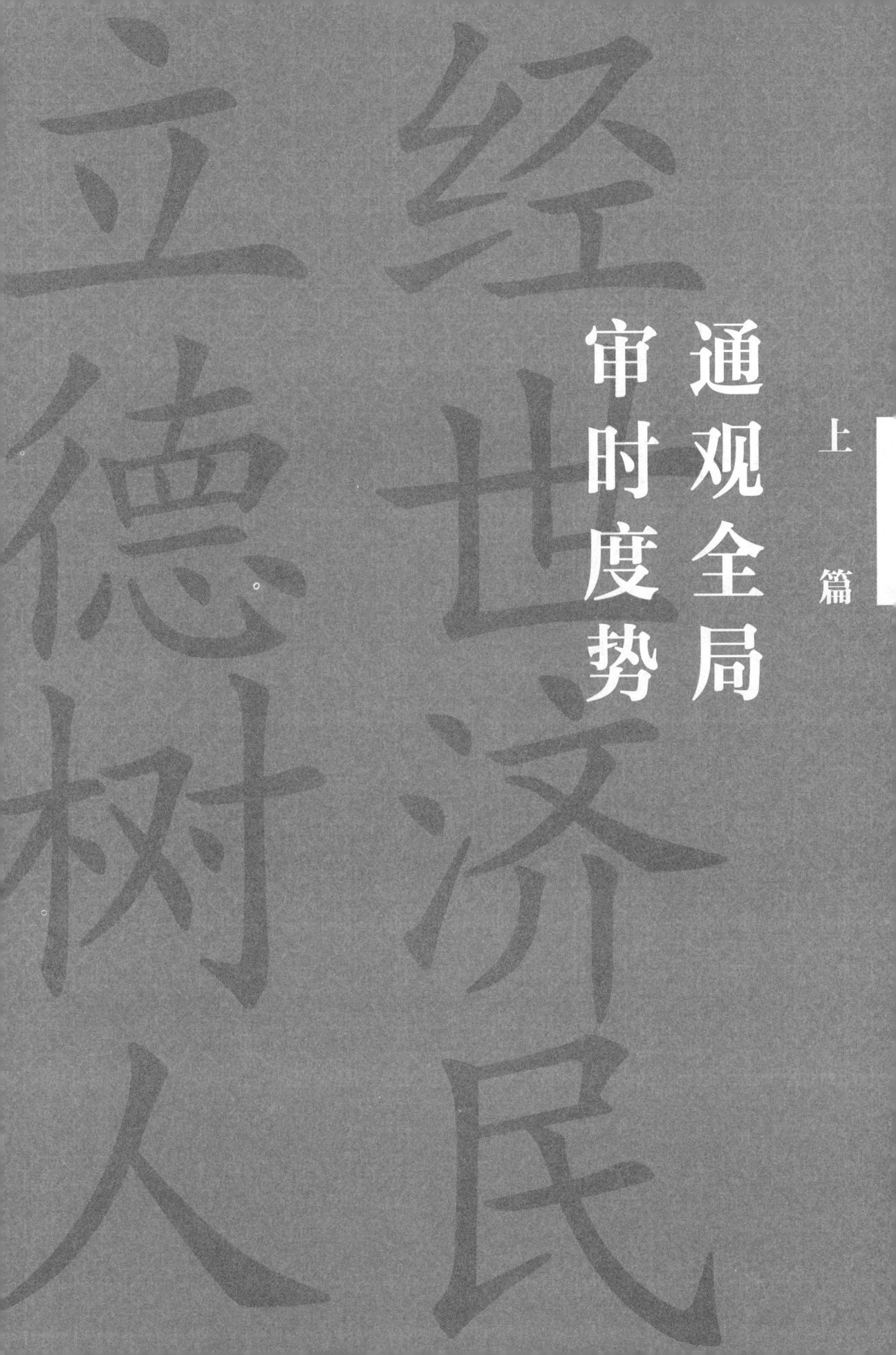

通观全局

审时度势

上篇

市场营销 顾国谋利

学习目标

❈ 知识目标

- 理解市场营销的基本内涵
- 掌握市场营销的主要内容
- 了解传统营销观念和现代营销观念
- 熟悉市场营销新概念

❈ 技能目标

- 能够辨析营销与推销的差异
- 能够绘制市场营销基本流程图
- 能够例证诚信营销价值观的积极意义
- 能够针对营销实际问题建立 STP 战略与 4P 组合分析的基本框架
- 能够应用营销伦理模型完善营销方案

❈ 素养目标

- 深刻理解中华传统商业文化——义利关系的精髓
- 厚植"经道义、营民生，顾国谋利"的家国情怀
- 确立"修己以富国福民"的营销伦理观

思维导图

```
                                        市场营销的核心概念
                          市场营销      市场营销的主要内容
                          概述          市场营销的重要认识

      市场
      营销   顾国谋利              传统营销观念
                          市场营销
                          观念          现代营销观念

                                        关系营销
                          市场营销      体验营销
                          新概念        数字化营销
```

学习计划

● 知识学习计划

_____

_____

_____

● 技能训练计划

_____

_____

_____

● 素养提升计划

_____

_____

_____

满足需求是市场营销的根本

企业年报显示，华为的 2021 年的销售收入为 6 368 亿元，净利润为 1 137 亿元。

1. 舍弃近利，选择满足高品质客户的需求

初创于 1987 年的华为，最初没有自己的产品，代理销售交换机是其主营业务。当时市场上有两种交换机，一种叫用户机，一种叫局用机。一开始华为两种交换机都卖，但 1992 年以后，华为做了一个舍易取难的选择，转向销售局用机。

局用机用户对设备的质量要求、采购流程要求都要远远高于用户机，对华为的研发和销售人员的知识水平要求也都更高。华为深知，市场、客户是企业生存发展的根本，挑剔的客户需求会成就优质的产品和优秀的销售团队。因此，华为选择了发展空间更大、更能积累自己实力的局用机产品。

2. 自主研发，满足客户更多需求

华为视客户为他们最珍贵的资源。如果供应链出问题，不能交付订单，就会失去客户。华为虽然自己没有任何技术积累，但为了摆脱供货商的牵制，下定决心开始研发自己的产品，建设自己的供应链。先在市场站稳脚跟再图发展，是企业可持续发展的明智之选。华为先卖设备给客户，成为其供应商，进而就有机会详尽了解客户的需求，研发更多的产品，进而一点点地满足客户更多的需求，从而实现持续的自我超越与成长。

3. 数字化转型，提升客户体验

进入 21 世纪，面临数字化转型从何做起这样一个普遍性的企业发展难题，华为凭借其以客户需求为中心的价值观引领来应对，将提升客户体验作为数字化转型的目标。华为通过推进业务过程数字化，实现供应链对各类物流状态的实时感知和可视，使库存、物料、订单都能做到账实一致，随时可查。每一个客户都能看到物流的实时状态，提升客户体验。今天的华为就是这样成长起来的。

4. 胸怀世界，参与国际竞争

如今，华为以"把数字世界带入每个人、每个家庭、每个组织，构建万物互联的智能世界"为使命，持续开放与合作，以推动各行各业数字化转型的进程。华为发起成立了跨行业、跨产业的全球产业组织（GIO），希望能为点亮世界和未来贡献一份力量。

华为的创新创业之路，离不开其"以客户需求为中心"的价值观引领。正是以华为为代表的优秀民族企业，谱写出了持续自我超越，"修己以富国福民"的营销华章。

问题思考： 引领华为一路走来的核心价值观是什么？

营销启示： 以客户需求为中心，是华为稳健走向可持续发展的根本原因。

第一节　市场营销概述

21 世纪以来，全球科技创新空前活跃，新一轮科技革命和产业变革正在重构全球创新版图、重塑全球经济结构。在今天这样一个充满不确定性的大时代，挑战与机遇并存，市场营销扮演着越来越重要的角色。企业要肩负起自己的社会责任，在复杂、多变的社会经济环境中生存、发展、壮大，就要充分理解市场营销的内涵，科学制定并有效实施市场营销的战略和策略，最大程度发挥市场营销的功能和作用。

市场营销如灯塔，是指导企业以顾客价值为中心的经营哲学；市场营销如地图，是指引企业实现目标的系统指南；市场营销如宝藏，是关乎企业顾客、品牌、产品、定价、分销、促销的系统性方案和实践。

❖ 行业观察

协同共生，推动可持续发展

第四次工业革命的核心是网络化、信息化与智能化的深度融合。它推动了工厂与工厂之间、工厂与消费者之间的"智能连接"。在第四次工业革命推动消费体系转型的背景下，企业应该如何在更好地满足消费者期望的同时实现自身发展与社会进步相结合？京东给出了它的理解。

一方面，京东通过高质量的产品和服务，为消费者提供覆盖购物全流程的优质体验，为用户创造价值；另一方面，京东通过开放供应链、大数据、技术、渠道等核心能力，与所有合作伙伴共生、共创、共赢，为合作伙伴创造价值。在这个过程中，京东积极携手各方合作伙伴，打通产业链条，带动行业降本增效。

早在 2016 年，京东就推出了电商扶贫模式，发挥核心优势，打造了一系列扶贫项目，通过扶持贫困地区适宜发展的产业，全力帮扶贫困县脱贫增收。将贫困地

市场营销基础

区引到了致富之路，并持续助力乡村振兴。2022 年，京东筹办了"中国农民丰收节暨京东农特产购物节"，活动期间，京东发布了乡村振兴最新战略举措，推动农产品的品牌和服务升级。

京东还通过创新公益模式、优化运营生产、发出行业倡导等多种形式，推动自然环境保护和经济社会可持续发展。如通过京东公益平台，实施"闲置物资捐赠计划"，目前已在全国 80 个城市回收闲置物资超过 300 万件；通过"物爱相连"平台帮助公益机构募集物资超过 250 万件。

京东希望与消费者、上下游品牌商等合作伙伴建立有温度的、良性的、可持续的关系，并联合消费者、品牌商和流通端等产业链上下游的各方参与者，倡导有责任的消费，共同推动企业和社会可持续发展。

问题思考：企业的市场营销活动如何能与社会发展同步？

营销启示：顾国谋利，企业应担负起社会责任。

一、市场营销的核心概念

（一）市场

市场是企业营销活动的出发点和归宿，正确分析市场是企业经营活动的前提。

1. 市场的定义

市场最早是指买卖双方交易商品的场所，是一个有限的区域，如农贸市场、家具市场、服装市场和超级市场等，都是专门供买卖双方进行商品交易的场所。这些市场具有的共同特点包括：市场中有买卖双方，有一定的交易场所和条件，有较为固定的交易活动。

从经济学角度看，市场是指在一定时间、地点条件下商品交换关系的总和。这是在一个宏观的视角上将市场理解为供给与需求之间的统一体。

从市场营销学的角度分析，市场是现实需求与潜在需求的全部。对于一个企业而言，产品生产并定价后，如果有人愿意购买，就意味着产品有市场；购买的人越多，说明产品的需求量越大，市场也就越大。因此，从企业的角度来讲，市场是人口、购买力和购买欲望三要素的综合，三者缺一不可。这可以用公式表示为：

$$市场 = 人口 + 购买力 + 购买欲望$$

2. 市场的分类

市场是需求的总和，按需求内容划分，市场可以分为生活资料市场和生产资料市场。

生活资料市场即消费者市场，是指为满足生活消费需要而购买商品和服务的一切个人和家庭所组成的市场。该市场的购买是最终市场的购买，是商品的使用价值和价值的最终实现。消费者购买商品和服务的目的完全是为了满足个人或家庭的生存和生活需要。

生产资料市场即生产者市场，是由为了满足生产和经营需要而购买商品和服务的组织所组成的市场。这类组织购买商品是为了再生产，即完成生产资料的再生产过程；或是使其组织的业务活动能够有序进行。例如，食品加工厂购买面粉、糖等原料是为了加工成某种食品再销售；而该厂为了生产管理活动顺利进行，也会购买一些文具类办公用品，用于日常管理消耗。

（二）需要、欲望和需求

市场营销是识别需求并满足需求的过程，关于需求往往有三个相似甚至常常通用的概念：需要、欲望和需求。其中，需要是市场营销的基石，是指人们感知到的实际状况与理想或欲望之间的差异，是生理意义上的一个概念，强调的是人不能缺少的东西，并不针对某种特定的产品或服务。

欲望是需要的派生，是指对于某种特定产品或服务的渴求，这类产品或服务通过一种独特的方式来满足需要，而这种方式会受到社会和文化因素的影响。相较于需要，欲望更具个体差异性，如"饥饿思饮食"为共性需要，但饥饿时有人需要一份面包，有人则需要一碗面条。

需求是指有支付能力的欲望。一般来说，欲望是无节制的，而需求是有限的。例如，某人渴望买一辆昂贵的汽车但没有支付能力，这就只能算作欲望，不能看作需求。

需要可能引发欲望，欲望则会产生需求。市场营销最重要的任务就是：立足需要，创造欲望，满足需求。在数字营销时代，除了关注顾客的实际需求外，企业还应充分利用大数据等技术手段，挖掘顾客的潜在需求，不断发现新的利益增长点。

（三）产品

人类依靠产品来满足自己的各种需要和欲望。因此，可将产品表述为能够用以满足人类某种需要或欲望的事物。

产品包括有形产品与无形产品。有形产品是指为顾客提供服务的实物载体；无形产品是指通过其他载体，如人、地、活动、组织和观念等来提供服务的产品。

需要注意的是，有形产品也是企业向顾客提供服务的工具。市场营销者的任务是向市场展示产品实体中所包含的利益或服务，而不能仅限于描述产品的形貌。否则将导致"营销近视症"，即在市场营销管理中缺乏远见，只聚焦自身的产品质量和外观设计等，看不见市场需要在变化，最终使企业陷入经营困境。

（四）效用、价值和满意

效用是指顾客从使用产品或服务中获得的所有利益。一般而言，效用包括以下 6 种类型：① 形式效用，即企业把原材料加工成成品所提供的利益，如服装生产商把布料加工成衣服。② 地点效用，即企业使顾客能够在需要的地方获得产品所提供的利益，如盒马鲜生使得顾客既可以到店挑选生鲜商品，也可以在 App 上下单购买，方便快捷。③ 所有权效用，即通过交换使顾客拥有产品所提供的利益。④ 时间效用，它意味着顾客想要拥有某种产品的时候就可以获得这种产品，如在线上购物平台，顾客可以随时随地登录网站或手机 App，浏览、购买商品，不受时间限制。⑤ 信息效用，即让潜在购买者知道某种产品的确存在，获取产品相关信息。⑥ 象征效用，它是信息效用的一种特殊形式，如声誉或社会地位赋予产品或品牌的情感价值或心理价值，通常与声望等产品属性相联系。

效用创造价值。在市场营销中，价值通常被称作顾客的让渡价值。因为在进行购买决策时，顾客不仅会考虑企业为其创造效用的大小，而且会考虑相关的购买成本。对顾客而言，总价值包括产品价值、服务价值、人员价值和形象价值等；总成本则包括货币成本、时间成本、体力成本和精力成本等。

满意反映的是顾客对产品感知价值和其期望之间进行比较判断的结果。如果产品性能低于顾客期望，顾客就会失望；如果产品性能和顾客期望相当，顾客就会满意；如果产品性能超越顾客期望，顾客就会收获意外的惊喜。

❖ **行业观察**

升级消费体验场景，引导用户探索可持续生活方式

消费零售与生活息息相关，受消费人群代际变化影响大，用户需求众口难调，链条复杂，创新很难，保持实时创新的节奏更难。

Olé 是华润万家旗下的精品超市品牌，它不仅改造功能区，率先引入"概念厨房"；而且探索多业态融合，落地"超市＋咖啡馆"和"超市＋餐厅"。

2022 年 4 月 22 日，Olé "因灵感而来"品牌展正式启动。Olé 邀请有机品牌厨师，烹饪出营养均衡兼具美味的可持续膳食，现场演绎有机餐桌，给人以多重感官上的情感渲染。展览现场更像是森林一角，以橙色为背景主色调，点缀郁郁葱葱的绿色植物，两色相撞让整个空间充满活力，如图1-1所示。

图1-1 Olé"因灵感而来"活动

参观者环场一周可依次穿过溯源自然区、绿色灵感区、均衡饮食区和好食餐桌区，展示布置错落有致又饶有趣味。其中，绿色灵感专区由 Olé 精品超市联合绿色伙伴打造，用来展示有机环保商品。对 Olé 而言，宣扬均衡饮食不仅能引导一种健康生活方式，也是对顾客负责的商业行为。

Olé 一直在践行环保措施，并且不断升级改造，加入有机餐桌、自然音乐等互动创新项目，用视觉化的表达营造自然氛围，让消费者沉浸式体验绿色环保生活。

问题思考： 零售企业为什么要开展可持续主题的品牌宣传活动？

营销启示： 企业深度挖掘顾客需求，通过提供一种可持续的绿色生活方式，提高顾客让渡价值；帮助企业实现了产品创新、服务创新，也有助于推动社会的发展。

（五）交换与交易

1. 交换

在人们有了需求，企业亦将产品生产出来时，还不能称之为市场营销；产品只有通过交换才能使市场营销产生。可见，交换是市场营销的核心概念。

要完成一次交换，必须满足下列5个重要条件：① 至少要有两个参与交换的伙伴；② 其中一方要拥有另一方希望获得的东西；③ 其中一方要能与另一方进行沟通，并能将另一方需要的产品或服务传递过去；④ 其中一方要有接受或拒绝的自由；⑤ 其中一方要有与另一方交换的欲望。

2. 交易

交换是一个过程，而不是一种事件。如果双方正在洽谈并逐渐达成协议，则称为在交换中。如果双方通过谈判达成协议，交易便发生了。交易是交换的基本组成部分。交易是指买卖双方价值的交换，它以货币为媒介。而交换不一定以货币为媒介，它可以是以物易物。

交易涉及有价值的物品，双方同意的条件、时间、地点，还有维护和迫使交易双方履行承诺的法律制度。

二、市场营销的主要内容

适需者畅，市场营销就是销售顾客所需要的，也就是按照顾客需求来组织企业生产销售活动。营销的本质是吸引顾客和保留顾客，那么，如何吸引、保留顾客呢？营销一定是识别需求，通过开发、提供适销产品与服务，以有效满足需求，同时获取盈利的过程。营销学者菲利普·科特勒把营销管理看成是"选择目标市场，并通过创造、交付和传播优质的顾客价值来获得顾客、挽留顾客和提升顾客的科学与艺术"。理解市场营销的本质，要掌握以下三个基本点：

第一，以顾客需求为中心。企业的宗旨是满足目标顾客的欲望和需求，要以顾客为中心确定企业的经营方向与内容。按照顾客需求组织生产经营活动，意味着关乎国计民生是营销决策的基本出发点，"经道义、营民生"是企业经营活动的基本价值取向。

第二，盈利性。企业通过生产、提供产品与服务来使顾客满意，从而获得利润。企业只有生产、提供符合顾客眼前利益与长远利益的产品，才可以既增加顾客的福利，又使自己获得利润。否则，其产品就没有销路，利润更无从谈起。

第三，满足需求与盈利性的本质关系是义利关系。企业要处理好义利关系就应坚持"顾国谋利"，"顾国"在前，"谋利"在后，义以生利，例如，疫情中的餐饮企业眉州东坡和众多企业一样面临关店、员工流失、资金链断裂等重重困难，但它以"义"字当头，开展了给医护人员送饭、做战地食堂等公益行动，获得社会好评与支持，逆势增长，得以发展。

总之，市场营销就是从满足顾客需求中获利，从服务顾客中获得自身发展，持续修正自己、提升自己，以满足顾客和社会发展的需要。

商业谚语
大丈夫仁中取利，真君子义内求财

⬡ 华商风采

财自道生　利缘义取

中华老字号瑞蚨祥创建于1862年，从最早销售土布到销售丝绸再到用丝绸制作中式服装和旗袍，已有160年的历史。1949年10月1日在天安门广场升起的中华人民共和国的第一面五星红旗，就是由瑞蚨祥精心制作的。

1869年，刚满18岁的孟洛川接手打理瑞蚨祥商号。一天店里来了几位盲人顾客，孟洛川赶忙上前招呼。盲人顾客说："我们是盲人，看不到尺寸，所以到其他家去买布的时候，经常会遇到缺尺短寸的事情，衣服做完了很紧，穿在身上特别不舒服。"听完这番话后，孟洛川感慨良多，决定在尺子上做文章以解决这个问题。这就有了瑞蚨祥专用的量布市尺——"良心尺"。

"良心尺"要比标准的尺子长出来一寸，寸的刻度上刻有十个字，两头是"天"与"地"，中间是"孝、悌、忠、信、礼、义、廉、耻"，意为天地之间有八德。一尺在手，训诫在心：手里拿的是天地良心，不仅不能给顾客量布时少了尺寸，还要多让一分。上下同心，做良心买卖。看上去是每一尺亏了一寸的布，但赢得了顾客的信任。一把良心尺，刻的是心中美德，量的是世间取舍。靠着这把良心尺，瑞蚨祥赢得了口碑，生意越来越好。

瑞蚨祥始终秉持以义求利、以信立业。1900年的一场大火使北京城大栅栏的几千家商铺化为一片瓦砾，瑞蚨祥的所有账目悉数化为灰烬。收拾残局时，瑞蚨祥张贴告示称，凡欠顾客的账款一律奉还，凡顾客欠的账款一笔勾销。这一诚信举动传为佳话。正所谓"青蚨飞去还又来"，不到两三年，瑞蚨祥又恢复了往日的辉煌。

问题思考：瑞蚨祥的"良心尺"有什么意义？大火之后，瑞蚨祥为何能重铸辉煌？

营销启示：经道义、营民生，顾国谋利，方为营销之精髓。据说，孟洛川晚年时留下了"财自道生利缘义取，大商无算至诚至上"的经商思想，这就是瑞蚨祥传承至今的要义。

"有盈利地满足需求"界定了营销工作的基本内容与流程。围绕需求在哪、如何满足需求两个基本问题，市场营销主要包括如下内容：

（一）分析市场机会

市场机会就是未满足的需要。为了发现市场机会，营销人员必须广泛收集市场信息，进行专门的调查研究，分析市场环境，预测未来发展的趋势。

市场上一切未满足的需要都是市场机会，但市场机会不等同于企业的营销机会。营销人员不但要善于发现和识别市场机会，还要善于分析、评价其中哪些才是适合本企业的营销机会。营销人员的分析依据一般包括该机会是否适合于企业的目标和资源，是否能使企业扬长避短、获得比竞争者或潜在竞争者更多的利润等。

（二）选择目标市场

企业选定符合自身目标和资源的营销机会以后，要对市场容量和市场结构进行进一步分析，确定市场范围。任何企业都不可能为具有某种需求的全体顾客服务，而只能满足部分顾客的需求。这是由顾客需求的多样性和企业所拥有资源的有限性决定的。因此，企业必须明确在力所能及的范围内要满足哪些顾客的需求，选择想要并且能够进行服务的目标市场。

（三）设计市场营销组合

企业在分析市场机会和选择目标市场之后，就进入市场营销的第三阶段——设计市场营销组合。市场营销组合是指企业用于追求目标市场预期销售量水平的可控变量的组合。市场营销组合中包含的可控变量很多，但可以概括为四个基本变量，分别是产品、价格、渠道和促销，即4P组合。

企业根据目标市场的需求，可自主决定产品结构、价格、分销渠道和促销方式，但这种自主权是相对的，受到自身资源和目标市场的制约及各种微观和宏观因素的影响。

（四）执行和控制市场营销计划

企业进行市场营销的第四步是执行和控制市场营销计划，只有有效地执行和控制市场营销计划，才能实现企业的战略任务。

1. 市场营销计划的执行

市场营销计划是企业整体战略规划在营销领域的具体化，是企业职能计划的一种。其执行过程包括五个方面：

（1）制定详细的行动方案。为了有效地实施营销战略，应明确营销战略实施的关键性决策和任务，并将执行这些决策和任务的责任落实到个人或小组。

（2）建立组织结构。不同的企业其任务不同，需要建立不同的组织结构。组织结构必须与企业自身的特点和环境相适应，规定明确的职权界限和信息沟通渠道，协调各部门和人员的行动。

（3）设计决策和报酬制度。科学的决策体系是企业成败的关键，而合理的报酬制度能充分调动人的积极性，充分发挥组织效应。

（4）合理调配人力资源。市场营销活动的实施主体是营销人员，营销人员的考核、选拔、安置、培训和激励问题对企业至关重要。

（5）建立具有正确导向的企业文化和管理风格。企业文化是指企业内部人员共同遵循的价值标准和行为准则，对企业员工起着凝聚和导向作用。企业文化与管理风格相联系，一旦形成，对企业发展会产生持续、稳定的影响。

2. 市场营销计划的控制

在市场营销计划的执行过程中，可能会出现一些意想不到的问题，这就需要一个控制系统来保证营销目标的实现。营销控制主要有年度计划控制、盈利能力控制和效率控制。

（1）年度计划控制是指企业在本年度内采取制定标准、测量绩效、因果分析、改正行动的控制步骤，检查实际绩效与计划之间是否有偏差，并采取改进措施，以确保营销计划的实现与完成。

（2）盈利能力控制是指企业在市场营销活动中测定不同产品、不同销售区域、不同顾客群体和不同渠道的盈利能力，帮助管理人员决定是否扩展、减少或取消各种市场营销活动。控制指标有销售利润率、资产收益率、存货周转率等。

（3）效率控制包括销售人员效率控制、广告效率控制、促销效率控制和分销效率控制，通过对这些环节的控制来保证营销组合执行的有效性。

❀ 学习实践

请结合上述市场营销的主要内容，讨论并绘制市场营销基本的流程图。

三、市场营销的重要认识

（一）市场营销是企业核心竞争力

市场营销实际上是企业针对顾客层面创造价值的一切战略和商业模式，只要是与市场、顾客相关的，就应当属于市场营销范畴。市场营销是企业经营的中心。

市场营销是企业的核心竞争力，也是企业的核心职能。因为顾客为企业贡献收入和利润，顾客决定了企业存在的意义，没有顾客，任何企业都将无法生存，而市场营销正是企业创造并保留顾客的能力。著名管理学者彼得·德鲁克认为，"顾客决定了企业是什么，并且仅仅只能是顾客，通过愿意为一个商品或服务买单，将经济资源转变为财富，把物品转变为商品"。任何一家刚刚创立的小企业，可以没有研发人员，没有财务人员，没有人力资源人员，但唯一不可缺的，就是寻找顾客和获取收入的营销人员。这些小企业的创业者往往自己就是营销人员，他们努力寻找并服务顾客，因为找到愿意买单的顾客才是企业最关键的任务。

随着企业规模的增长，各个职能部门相继建立并健全。如果企业在规模变大之后，偏离市场和顾客，忽略了什么是企业的核心竞争力和职能，那它就难逃最终衰败的厄运。正因为市场营销是企业的核心竞争力，所以市场营销不仅是营销部门的工作，它还应该是企业各级管理者、不同的管理部门共同完成的任务。

企业要善于了解顾客需求，以期更好地为顾客服务。市场营销聚焦于顾客，是企业的基础活动。当市场营销传递了顾客价值并满足了顾客需求后，企业就吸引、保留、发展了顾客。商业的目的不是创造财富，而是创造顾客价值获得的回馈。谁能将"以顾客为中心"这样一个商业价值观坚持到底，谁就是营销赢家。

（二）市场营销是组合的力量

有学者认为，我们生活在一个兼具不稳定性、不确定性、复杂性和模糊性的乌卡时代（VUCA: volatile, uncertain, complex, ambiguous），因此企业要将"十八般营销武艺"综合应用起来，充分发挥市场营销组合的力量。

市场营销组合是企业在目标市场上用来追逐其营销目标的一系列营销工具的综合运用。如前所述，营销组合包括产品（product）、价格（price）、渠道（place）和促销（promotion），简称 4P 组合，是企业根据顾客的需求和自身的营销目标来确定可控营销因素的最佳组合。

其中，产品是指企业提供给目标市场的货物、服务的集合，包括商品的效用、质量、外观、式样、品牌、包装，还包括服务和保证等因素。

定价是指企业出售产品所追求的经济回报，主要包括基本价格、折扣价格、付款时间、借贷条件等。

渠道主要包括分销渠道、储存设施、运输设施和存货控制。它代表企业为使其产品进入和达到目标市场所组织、实施的各种活动，涉及途径、环节、场所、仓储和运输等内容。

促销是指企业利用各种信息载体与目标市场进行沟通的传播活动，包括广告、人员推销、营业推广与公共关系等。

企业要满足顾客，实现经营目标，就不能孤立地只是考虑某一因素和手段，必须从目标市场需求和市场营销环境的特点出发，根据企业的资源和优势，综合运用各种市场营销手段，形成统一的、配套的市场营销战略，使之发挥整体效应，取得最佳效果。

市场营销组合简明扼要，适合企业营销人员在市场细分和定位明确的情况下执行营销战略，是一个被验证有效的管理工具，具有很高的实战价值。市场营销组合不是"1+1+1+1=4"的组合，而是"1+1+1+1>4"的组合，贵在协同。市场营销组合具有以下鲜明特点：

1. 动态性

构成上述市场营销组合的各个自变量是最终影响和决定市场营销效益的决定性要素，而市场营销组合的最终结果就是这些变量的函数，即因变量。从这个关系看，市场营销组合是一个动态组合。只要改变其中的一个要素，就会出现一个新的组合，产生不同的营销效果。

2. 多层次性

市场营销组合由许多层次组成，就整体而言，这是一个大组合，而其中每一个要素又包括若干层次。例如，产品既有核心价值和功能要素，也有质量、品牌、包装等形式要素，还有售后服务、培训等附加要素。这样，企业在确定市场营销组合时，不仅更为具体和实用，而且相当灵活；不但可以选择四个要素之间的最佳组合，而且可以恰当安排每个要素内部的组合。

3. 整体性

企业必须在准确地分析、判断特定的市场营销环境、企业资源及目标市场需求特点的基础上制定出最佳的营销组合。所以，最佳的市场营销组合的作用绝不是产品、价格、渠道、促销四个营销要素的简单数字相加，而是使它们产生一种整体协同作用。就像中医开出的处方，四种草药各有不同的效力，治疗效果不同，所治疗的病症也相异，而当这四种中药配合在一起治疗时，其疗效大于原来每一种药物的作用之和。从这个意义上讲，市场营销组合也是一种经营的艺术和技巧。

4. 灵活性

一般来说，企业具有充分的组合决策权。例如，企业可以根据市场需求来选择确定产品结构，制定具有竞争力的价格，选择最恰当的销售渠道和促销媒体。但是，企业并不是在"真空"中制定的市场营销组合，随着市场竞争和顾客需求特点及外界环境的变化，必须对市场营销组合随时纠正、调整，使其保持竞争力。总之，市场营销组合对外界环境必须具有充分的适应力和灵敏的应变能力。

市场营销组合构建了营销思考谋划实践的完整闭环，是分析、解决营销问题的系统化工具与手段。

营销组合，制胜非洲市场

创建于 2006 年的传音公司的总部坐落在深圳，但其品牌 TECNO 在中国却鲜为人知。因为传音的"主场"其实是在非洲。在整个非洲大陆，包括 TECNO、ITEL 在内的传音各类子品牌手机已经占据了智能手机市场将近五成的份额。在功能机市场，传音的优势更大，占非洲近八成的市场份额。传音是怎么获得非洲市场上的成功的呢？

1. 另辟蹊径，聚焦非洲作为目标市场

（1）市场容量足够大。在全球的手机市场中，把非洲作为一个整体来看，也是一个 10 亿人口的市场，市场的空间很大。

（2）市场机会足够多。2005 年前后非洲大陆的手机普及率仅为 6%，2008 年提升到了 30%，是一个空间很大的市场。

（3）聚焦非洲市场，能充分发挥自己的技术优势和资源优势。

2. 需求导向，有效的本土化营销

（1）产品。传音公司针对非洲市场的特点为产品研发了很多本土化功能，如"智能美黑"拍照，实现低音炮功放效果的手机喇叭，耐腐蚀手机外壳，为了适应非洲网络环境而开发的"四卡四待"技术，以及针对非洲电气化程度低、充电不方便而开发的长达 20 天的超长待机技术等。传音公司为目标顾客量身打造的手机大受欢迎。

（2）价格。非洲用户有一个共同的特点，就是对价格极其敏感，他们会因为几块钱的差价而放弃使用某产品。为此传音做到了极致的低价，其功能手机的最低价格仅合人民币 400 余元。

（3）渠道与促销。传音会深入非常小的非洲城镇去寻找经销商，然后来培训他们，手把手教他们做生意，一步步把本地的销售网络编织起来。

经销商经过培训，就会学着把中国的市场营销模式和非洲用户的特点结合起来。例如，传音会用家禽来做手机的推广，遇到节日就"买机赠鸡"，买一个手机，送一只大公鸡，鸡圈就在零售店外边。

问题思考：传音公司是怎样在非洲手机市场上开展市场营销，进而制胜非洲市场的？

营销启示：传音公司依托国内研发技术拓展海外市场，走出了一条市场创新路径，营销组合是其市场创新的必备利器。

第二节　市场营销观念

市场营销观念是一种理念、态度或思维方式，也是企业营销活动及管理的基本指导思想，是市场营销者在处理企业、顾客和社会利益方面所持有的态度和思想——即面对这三者时是以什么为中心来开展市场营销活动的。市场营销观念决定着一个企业营销战略和营销策略的基本思路和特点，任何一个企业都是在某一营销观念的指导下开展营销活动的。

从市场营销的发展历程来看，这些观念主要包括：生产观念、产品观念、推销观念、市场营销观念、社会市场营销观念。其中，前三者被称为传统营销观念，而后两者被称为现代营销观念。

一、传统营销观念

（一）生产观念

19世纪末20世纪初，西方资本主义国家处于工业化初期，由于物资短缺，需求旺盛，许多产品供不应求，只要有产品，就不愁销路，因而生产观念在当时企业界非常流行。生产观念认为，消费者喜欢可以随处买到价格低廉的产品，企业的主要任务就是扩大生产、提高效率、降低成本，生产出尽可能多的产品用以获取利润。对于企业而言，生产什么就可以销售什么。

（二）产品观念

与只重视产量的生产观念相比，产品观念有所进步。产品观念认为，消费者喜欢那些质量高、性能好、有特色的产品，只要提高产品质量，企业就会开拓新的市场并占领市场。产品观念只重视企业内部的产品质量和技术，忽略了对外界和消费者的关注，这时企业易患"营销近视症"。

（三）推销观念

20世纪30—40年代，随着企业产能的提升和产品种类的增多，部分产品出现了供过于求的局面。企业在注重生产的同时，逐渐开始重视产品的推销。生产过剩和消费者收入分配的相对分散促使企业为了生存，竞相采用人员推销和广告宣传的方式，增强

卖杏

消费者对产品的了解，劝说其购买产品。因此，以对促销活动的依赖为特征的推销观念成为当时的主流。

推销观念认为，消费者有一定的惰性，如果没有足够的动力，他们就不会主动购买产品。因此，企业要积极主动地组织促销和推销，促使消费者购买本企业的产品。

❖ 学习实践

以学习小组为单位，思考讨论以下问题：

（1）相较于生产观念和产品观念，推销观念有了很大进步，主要表现在哪？

（2）随着社会的进步和生产的发展，推销观念面临着什么样的社会环境变化？需要怎样改进？

二、现代营销观念

（一）现代营销观念的发展

随着社会的进步和经济的发展，先后出现了市场营销观念和社会市场营销观念。

1. 市场营销观念

市场营销观念形成于 20 世纪 50 年代，是在市场激烈竞争的条件下产生的，这是一种"以消费者需求为中心，以市场为出发点"的全新的经营哲学，奉行"顾客至上"。这种经营哲学的提出，是企业经营思想上一次深刻的变革，这一次根本性的转变被称为"市场营销革命"。

市场营销观念把企业的生产经营活动看作是一个不断满足顾客需要的过程，而不仅仅是制造或销售某种产品的过程。奉行市场营销观念的企业，其具体表现是"尽最大努力使顾客的每一分钱都能买到十足的价值和满意"。

产品的至高境界就是因人而异、因时间而异、因场合而异地适合消费者的"口味"。

如何理解市场营销观念

商业谚语
物无定味，
适口者珍，
适需者畅。

❖ 行业观察

"无接触餐厅"重塑餐饮新形态

对餐饮行业而言，疫情是一次危机，也是一块试金石。疫情是对企业公共卫生应急能力的考验，在加速行业洗牌的同时，又让更多商家认识到行业未来需要进行数字化升级的重要性和迫切性。

　　"无接触餐厅"是数字化餐饮经营模式的新产物，但是其背后的"无接触经济"却并非一个全新概念。早在2017年，以无人便利店、无人货架等为载体的"无接触经济"便曾出现在我们身边。

　　"无接触餐厅"为何能够迅速发展？原因不难理解。"无接触经济"的核心是借助互联网技术打破时空限制，随着大数据、人工智能、云计算等新兴技术的日益发展，"无接触餐厅"的落地实践早已具备相应的硬件基础。而作为一种解决方案，"无接触餐厅"既符合当下的需求，又能够最大化减轻疫情引发的对餐饮消费的影响。

　　"无接触餐厅"的兴起正在重塑餐饮业形态。从只靠线下堂食经营的单一盈利模式，转型为线上线下两条腿走路的"下一代门店"，餐饮企业势必需要依靠更多新技术的帮助。通过数字化改造，"无接触餐厅"能实现更高程度的系统化管理，门店盘点、库存管控皆可远程执行，能有效提升线下门店的管理效率。

　　"无接触餐厅"的兴起重新定义了餐饮服务场景，劳动力也可得到释放。以送餐机器人为例，现阶段其推广应用的主要原因在于保障传菜环节的干净卫生，但对于普通传菜员来说，送餐机器人也是分担工作压力的"好帮手"。单纯的传菜任务量被机器分担，人力资源就可更多运用于诸如"添餐"等个性化服务中，进而更好地满足顾客用餐的需求。

　　"无接触餐厅"的兴起迎合了消费习惯的变化，能增强消费体验感。"无接触点餐"等方式避免了可能因人工效率低而造成的诸多问题，能更好地满足顾客对细分场景的需求。

问题思考："无接触餐厅"是如何满足"以消费者为中心"的要求的？

营销启示：疫情带来了市场环境的变化，企业基于抗疫要求调整原有的经营业态，
　　　　　在更好地迎合消费者需求变化的基础上助力抗疫。

2. 社会市场营销观念

　　社会市场营销观念出现于20世纪70年代。当时能源短缺、环境污染严重，社会经济环境日益严峻，同时，消费者的消费观念随着生活水平的提高也发生了很大变化，人们开始偏好环保和生态产品。这使得企业不得不对产品进行革新，以增强竞争力，这就出现了社会市场营销观念。

社会市场营销观念是对市场营销观念的修改和补充。这种观念强调，企业在制定营销策略时，应当兼顾企业利润、消费者需求和社会利益，企业不能为了赚钱而只满足消费者的需求，不顾社会利益，应该树立良好的社会形象。换言之，只有义利兼顾才能义利兼得，只有义利平衡才能义利共赢。

绿色营销就是社会市场营销观念的典型实践。20 世纪 80 年代以来，伴随着各国消费者环保意识的日益增强，在世界范围内掀起了一股绿色浪潮，绿色工厂、绿色商店、绿色商品、绿色消费等概念应运而生。在我国经济较发达的地区已逐渐形成了"绿色需求—绿色设计—绿色生产—绿色产品—绿色价格—绿色市场开发—绿色消费"这种以"绿色"为主线的营销链条。绿色营销最突出的特点，就是要求企业从产品设计、生产、销售到使用的整个营销过程都要充分顾及资源节约利用与环境保护问题，做到安全、卫生、无公害等，其目标是实现人类的共同愿望和需要——资源的保护与永续利用。"绿水青山就是金山银山"，倡导绿色消费意识，让消费者使用绿色产品、采用绿色生活方式，不仅能提高生活质量和健康水平，而且能够改善生态环境，为子孙后代留下可持续发展的财富。

◉ 营销新视界

节能减排先锋——"零碳源"空调

面对能源紧缺、气候变暖、环境污染等问题，《中华人民共和国国民经济和社会发展第十四个五年规划和 2035 年远景目标纲要》指出：要积极应对气候变化，落实 2030 年应对气候变化国家自主贡献目标，制定 2030 年前碳排放达峰行动方案。锚定努力争取 2060 年前实现碳中和，采取更加有力的政策和措施。

空调能耗在建筑能耗中占比超 50%，在全社会终端总能耗中占比超过 15%，因此，空调的低碳化是节能减排的关键所在。为了推动空调行业的低碳化，格力研发出"零碳源"空调等新产品。2021 年 4 月，"零碳源"空调技术在全球制冷技术创新大奖赛中从 94 个国家的 2 100 多个项目中脱颖而出，夺得最高奖。

格力"零碳源"空调从节流层面入手，创新并行梯级压缩制冷，充分利用自然冷源，将光伏与储能结合，让空调从"耗电大户"变为"低碳先锋"，实现空调碳排放减少 85.7%。"零碳源"空调系统能够满足工厂、学校、商场、办公楼、酒店、冷库等不同类型建筑的需求。目前，格力"零碳源"空调系统足迹遍布全球 30 个国家和地区，服务于国内外 8 000 多项重大工程。

第一章 市场营销 顾国谋利

（二）充分理解现代营销观念

第一，目标市场。企业的资源与能力是有限的，而消费需求是复杂多样的，企业要想获得在市场中生存发展的机会，就必须对市场做充分的调查研究，根据自己的资源条件，确定自己的目标市场或者说界定自己的市场范围，对其制订、实施恰如其分的营销计划，才能取得更好的绩效。

第二，顾客需求。企业的宗旨是满足目标顾客的需求和欲望，确定企业的经营方向不是以生产为中心，而是以顾客为中心。既要按照顾客需求组织生产经营活动，又要理解顾客的需求并准确表达顾客的需求。

第三，整合营销。市场营销既要各种营销职能协调一致，又要各部门协调一致。同时，企业的营销部门已经不再是单纯地在产品制成后从事销售工作，而是要参与到企业经营管理活动的全过程，包括制定经营战略、开展市场调查、参与新产品开发决策，以及完成售后服务等。

第四，盈利性。市场营销是围绕顾客需求满足的系统工程，从大局出发，从小处着眼，需统筹规划，严细管理，做到市场推广与成本控制双管齐下，有效提升企业的盈利能力。

第三节　市场营销新概念

市场营销虽然有一定的理论体系，但并无完全固定的操作方法，它是企业经营管理中主观能动作用最强的一个领域。市场常变常新，企业必须做出正确反应以迎接新的挑战。随着营销思想与实践的发展，面对营销新挑战，营销新概念也在不断涌现，为市场营销理论和实践贡献了新思路、新工具、新方法。

一、关系营销

在中国，一个"和"字浓缩了无限的商业智慧。在如今竞争激烈的市场环境中，要想靠一己之力获取大量高价值客户或者争取更多的资源是非常困难的，需要组建营销团队，与合作伙伴建立良好的协作关系，从而形成自己的价值网络，开展关系营销。换言之，就是要与关键的利益相关者建立起彼此满意的长期合作关系，以便保持企业基业长青。

商业谚语
和气生财，
和谐生福；
和于物，
则者事顺；
和于人，
则得多助；
和于心，
则处之泰然；
和于行，
可左右逢源。

⬡ 华商风采

戒欺百余年，老字号展新风采

在新经济时代，老字号企业不仅要传承，而且要创新。胡庆余堂自1874年创办之始，就以"戒欺"立身，精心制药，与消费者建立了良好的互信关系，打造了一块百年国药的金字招牌。现在，胡庆余堂借力线上渠道，转型新营销。

线上渠道的目标受众被定位为年轻人，胡庆余堂为此制定了全方位的关系营销策略。不仅开拓了时下流行的电商渠道，还通过社交电商平台，借助关键意见消费者进行人际传播，强化与年轻人之间的联系，为产品口碑背书。胡庆余堂将营销重点放在传播产品的"药食同源"特性上，兼顾效用与安全性，这吸引了大批消费者。

大胆尝试之下，电商板块在胡庆余堂的零售体系中逐渐成形，销售份额占比已达40%以上。其中，黑芝麻丸凭借"养生"和"易服用"两大卖点成功触达新生代消费者，上线半年就销售了120万罐，成为名副其实的网红产品。

140余年来，始终秉承"戒欺"祖训的胡庆余堂，采办务真，修制务精，坚守品质，在新时代依旧光彩熠熠。

问题思考：胡庆余堂是如何进行关系营销的？
营销启示：传承祖训，整合创新；联系顾客，连接时代；老字号因此焕发新风采。

在关系营销中，关键的利益相关者包括企业的顾客、员工、营销合作伙伴（如供应商、分销商、经销商和代理商等）、财务团体（包括股东、投资者和分析者）等。关系营销可以建立起强大的经济、技术和社会纽带，节约交易的时间和成本，使市场营销目标从追求每笔交易利润最大化转向追求利益相关者的利益最大化。

(一) 关系营销的最终目标：建立营销网络

一般而言，营销网络包括企业以及为其提供支持的利益相关者——顾客、员工、供应商、分销商、经销商、代理商、股东、投资者和专业研究人员等，企业已经跟这些利益相关者建立起互惠互利的商业关系。在营销活动中，企业与关键的利益相关者建立起高效的关系网络后，利润便会随之而来。遵循这一原则，越来越多的企业开始把一些业务外包给那些可以更高效、更廉价地从事外包业务的企业，而自己则仅仅从事核心业务。越来越多的企业针对不同的顾客，通过对每个顾客过去的交易数据、统计信息、消费心理及其对媒体和分销活动的偏好进行分析，提供不同的产品和服务。企业通过关注盈利性最高的顾客、产品和渠道设计出合适的商品或服务以及价格，以谋求实现增长，希望通过提升顾客忠诚度来获得相应的利润。

(二) 关系营销的直接目标：顾客维系

吸引一位新顾客的成本可能远高于挽留一位老顾客。通过向现有顾客提供种类繁多的产品，企业可以进一步提高顾客份额。同时，许多企业还对其员工进行培训，以便进一步提升其交叉销售和升级销售的能力。市场营销不仅要技巧性地进行客户关系管理，而且还应该学会进行伙伴关系管理。实际上，许多企业都在强化与关键供应商和分销商之间的关系，在向最终顾客交付价值的过程中，并不是简单地把这些中间商看作自己的顾客，而是把它们看作自己的合作伙伴，从而使其中的每个参与者都受益良多。

❖ 行业观察

带消费者认识"下蛋的鸡"

钱钟书先生曾开玩笑地讲，只要鸡蛋好吃，又何必认识下蛋的母鸡呢？可新营销不这么看，带消费者认识"下蛋的鸡"，参观产品产地和生产过程，消费者才会买得舒心，用得安心。

湖南大三湘茶油股份有限公司（简称"大三湘"）是一家专注于油茶产业的新型农林高科技企业。公司立足中国油茶核心产区——湖南衡阳，系统布局，坚守"循天道、益健康"的理念，以"振兴油茶民族产业，带动千万农民致富"为使命。大三湘自2008年成立以来，致力于打造"从茶山到餐桌"的全产业链现代农业企业，实行从茶山到餐桌的会员制方式缔结长期、稳定的客户关系。

他们邀请消费者会员参观茶山和工厂，直接和茶农交流，用最好的产品招待、回馈会员。如此产生的直接结果就是大三湘的用户越来越多，用户满意度越来越

市场营销基础

高，用户对企业的信任度也越来越高，形成了健康、持续的产供销关系。

大三湘还扩大了业务范围，帮助农民养殖一种当地的土鸡——"茶山飞鸡"。这种鸡在大三湘的油茶林里自然放养，甚至可以飞，画面很壮观，鸡肉的肉质也特别鲜嫩美味，大三湘的会员可以直接在大三湘微信公众号上向农户订购，跳过了中间的分销环节，因此消费者买得放心且便宜，农户也赚到了钱，消费者和农户都满意，产销两旺。

"当消费者和农户之间产生了充分的信任之后，消费者不仅可以买农户产的茶油，还可以买农户养的鸡、种的蔬菜，甚至可能会请农户养一头猪。"这种稳健的关系营销模式还可以解决困扰农户很久的资金问题：消费者先付定金订购放心菜、放心肉能帮助农户获得启动资金，培育新产品。

大三湘在整个过程中扮演了平台的角色，提供信用评价体系和质量保证，从而帮助消费者和生产者形成一个闭环，为客户关系的维系和发展提供了保障。

问题思考：持续稳定的客户关系是如何建立与发展的？

营销启示：带消费者认识"下蛋的鸡"不仅赢得了消费者的信赖，构建了平等交易的平台，也赢得了更广阔的市场，创造了更高的社会价值，消费者的餐桌更放心、更健康，同时乡村产业得以振兴，带动了农民致富。

（三）关系营销的关键因素

做出承诺、实现承诺和信守承诺是关系营销的重要组成部分，但发展关系营销需要的不仅仅是承诺，所有的关系都依赖于各方情感纽带的发展，因而它包含四个关键因素：结盟、移情、互惠、信任。

结盟，即为了发展长期的互惠互利关系，双方紧密地联合起来。换言之，就是共同利益较大或彼此的依赖程度较高，从而可以进行联合。

移情是换个角度来看问题的能力，原本是彼此竞争的双方，为了共同的利益，在产品和服务上开始互补，多了一些理解和包容而不是对抗，都能较好地获得利益，实现双赢。

互惠，每一种长期关系都包含一些付出和收获，而这个过程需要承诺与付出，然后才能共同收获，这一切都是互相认同、彼此适用的，这样才能让彼此的关系更加密切。

信任是维系长期关系的凝聚力，一旦信任遭到破坏，那么长期建立起来的关系很可能就在顷刻间灰飞烟灭。

二、体验营销

2022年4月，国际著名会计师事务所安永发布了一份《未来消费者指数报告》，相比以往，"体验至上"这一项的优先级大大提高，有42%的受访者计划把有限的预算更多地花在体验项目上，为精神层面的感受付费。体验经济将成为一个确定性的高增长领域。体验经济的有效营销方式当属体验营销。

体验营销是指企业通过让顾客看、听、用、参与等手段，调动目标顾客的感官、情感、思考、行动和关联，使其亲身体验企业提供的产品或服务，切身体会产品或服务的品质和性能，从而促使顾客认知、喜好并购买产品或服务的一种营销方式。企业希望通过体验营销缩小与顾客的距离，常用的体验营销主要有以下几种。

1. 感官式营销

感官式营销是通过顾客的视觉、听觉、触觉与嗅觉建立其感官上的体验。感官式营销可以区分公司和识别产品，引发顾客购买动机和增加产品的附加值等。例如，在众多轻食餐厅中，温暖的灯光、富有特色的室内装修、优美的音乐、舒适的座椅等都展示了餐厅独有的情调，为顾客的感官体验带来了独特的享受与愉悦。

2. 情感式营销

情感式营销是指在营销过程中触动顾客的内心情感，创造情感体验。这种情感可以是一种温柔的心情，也可以是一种激动的情绪。情感式营销需要真正了解什么刺激可以引起什么情绪，以及如何能使顾客自然地受到感染，并融入这种情景。

3. 行动式营销

行动式营销是通过影响力中心来激发顾客的购买欲望，使其生活形态有所改变，从而实现产品销售。如在2022年北京冬奥会期间，蒙牛、安踏等品牌选择中国冬奥运动员作为代言人进行品牌宣传。

4. 关联式营销

关联式营销通过使品牌中所体现的社会文化背景与顾客个体相关联（包括与他人或社群相联系）而吸引并留住顾客的营销方式。关联式营销涵盖感官、情感、行动营销等层面，使个人与理想自我、他人或是文化产生关联。让顾客和一个较广泛的社会系统产生关联，从而建立顾客对某种品牌的偏好，同时让使用该品牌的顾客形成一个群体。例如，某名表店在其中一款名表上附上一个小卡片，说明400年后可回店里调整闰年，其寓意是体现该表寿命长、品质精的特点，以此"关联"商品的价值。

◆ 行业观察

以用户体验为出发点，打造更懂你的家

"润物细无声"是一种理想的人与智能家居共处的状态，实现这种状态需要配套足够多的传感器、控制器等智能硬件作为载体，形成联动效果。在未来的智能家庭中，灯光、温度、湿度和空气质量将始终处于舒适状态，冷了抱一下胳膊空调就会主动调温；门禁、天然气、水管的安全情况也无须担心，及时警报系统远程可查控；回家路上，空调已经做好准备，大门打开时，灯光亮起、窗帘关闭、音乐随之响起；出门赶车不必担心是否关闭了家里的电器和门窗，智能家居会主动安排好。

2020 年下半年，国产品牌 Aqara 上线了国内首个全屋智能预约入口，为用户提供一对一定制化的智能家居服务。线下的 Aqara Home 智能家居体验馆则承接一站式落地服务。Aqara 构建了从产品到服务再到零售的链条闭环，努力提供最佳用户体验。

Aqara Home 智能家居体验馆建立了 4S 服务体系，采用简洁、经典的装修风格，通过沉浸式的体验向顾客提供从单品到全屋智能的服务。

Aqara 已在全国建设了 600 多家智能家居体验馆，覆盖国内近 500 个城市和地区，拥有一万人以上的线下服务团队，为众多家庭用户提供上门勘测、方案设计、安装调试与售后维护等一站式服务。Aqara 用丰富的组合搭配支持定制化场景，为用户打造智能安防、智能晾衣、智能照明、智能厨房、智能家庭影院等众多智能家居场景，充分满足不同家庭的个性化需求。

问题思考：搜集相关资料并思考，智能家居如何进行体验营销？

营销启示：企业应该以顾客体验为中心，从产品的研发设计到销售，都要围绕着如何提升顾客体验这一重点来打造。

三、数字营销

(一) 数字营销的概念

移动互联网、大数据、人工智能、区块链等技术的不断发展，为消费者更直接地接

触产品和服务提供了平台；同时，消费者还可以通过各种社群接触到具有相同需求的消费群体，消费者与企业、消费者与消费者之间的沟通和交流变得更加便利。以上活动产生的大量行为数据成为有重要价值的营销资源，企业可借助这些行为数据来分析和预测消费者的真正诉求，从而建立起与消费者进行价值共创的渠道。可以说，市场营销已经进入了数字化时代。

数字营销是指以数字技术为基础，企业、合作伙伴及顾客共同参与创造、沟通、传递和维系所有利益相关者价值的过程。数字营销的核心要素是数字技术和数据信息，企业能够基于"技术＋数据"双重驱动，通过数字化平台为消费者提供产品和服务。

（二）数字营销的实施

1. 让数据说话，通过无形的数据创造有形的价值

数字营销的核心之一就是数据的采集与应用，这些数据是在真实的互动行为中产生的，包括基于用户的属性数据、浏览数据、点击数据、交互数据等，以及基于企业的广告投放数据、行为监测数据、效果反馈数据等。数据可以让企业更加了解顾客，也可以让企业更加清楚地监测自身的数字营销战略是否有效，从而及时进行调整。让数据说话就是运营决策数据化，跨越决策者和营销管理人员的主观判断，建立起一套科学的营销数据分析系统。

2. 让消费"比特化"，与产业链企业产生联动

互联网赋能传统行业的过程，就是物理世界进行数字更新的过程，这就是网络新词汇"比特化"的含义。在数字营销时代，所有的消费者行为都可以被记录和跟踪。由于互联网可以通过数据来储存、描述和追踪个体及人群的行为，企业可以通过互联网获得用户的清晰"画像"，从而使企业的营销活动更加精准、有效。

很多零售店已经开始进行"消费者与消费行为比特化"的改造和升级。例如，有的服装零售店已经可以做到给所有的衣服都贴上新型条码标签。每件衣服被消费者拿起、放下或者试穿的信息都会被准确记录，并传递到后台的管理信息系统中。这样，通过分析衣服被试穿、拿起、放下的次数等数据，为服装企业下一步的产品开发、设计或者进货提供精准的方向，从而影响产业链上的企业决策。

3. 让消费者更有话语权

在数字营销时代，消费者的数据成为企业制定营销战略最重要的依据，消费者在营销过程中，也具有了更重要的话语权。消费者可以被看成非企业管辖的，同时却保证企业正常、高效运转，推动企业决策的外部员工，从产品设计、品牌推广、活动策划、渠

道选择等方面参与到企业中，从而对企业产生归属感。这样的企业提供的产品和服务更容易满足消费者自身的需求，同时为企业赢得更多信赖和市场。

例如，红领集团进行大规模个性化定制，消费者可以在企业的 App 上自行选择衣服每个细节的样式，这些汇总的个性化数据会被上传到数据库中，之后由计算机对生产工序进行分解并传达给一线工人，完成衣服的定制生产。

另外，得益于微博、微信、抖音等一系列社交新媒体的应用，传统促销概念在数字营销时代有了新内涵。首先，促销不再仅由企业单方面向消费者传递信息，消费者在参与到企业的促销活动中时，可以与其他消费者共享产品信息。其次，促销的手段和渠道更加丰富，如短视频促销、直播促销等。企业还可以借助虚拟或增强现实技术，为消费者营造多场景、立体化的消费体验。

❂ 营销新视界

巨量引擎激发品牌新增长：做数字营销的"探路者"

横跨短中长视频乃至直播等多种内容形态，拥有超过 19 亿的全线产品总月活跃用户数，巨量引擎正在帮助更多品牌应对挑战，打造"流量场、内容场、生意场"一体化经营新模式，激发更多新生意的可能性。

1. 流量场：让触达和触动一体

以优质的内容为基础，巨量引擎通过打造流量的原生经营体系，实现原生内容价值最大化，从广告采购到内容营销，形成完整的链路。例如，在前端进行效果广告或品牌广告的采购，通过竞价引流、内容热推、抖音号推广等工具对内容进行"加热"，从而使其进入短视频、直播间等原生内容池，全面发酵。

2. 内容场：让认知和认可一体

内容营销的方式与路径正在变化，关于内容与营销关系的认知也需要不断革新。用产品化的解决方案打通内容池和流量池，把内容作为营销的起点而不是终点，更有能力做好内容的放大器，去获得稳定的营销效果。在新的理念指引下，巨量引擎以今日头条、抖音、西瓜视频等平台为输出端口，围绕"内容、宣播、互动、转化"的营销矩阵，实现制宣播一体、互动转化一体，以及沉淀品效一体，助力品牌全面增长。

3. 生意场：让交互和交易一体

渠道的分散让用户的消费行为高度离散，品牌需要阵地化的经营体系实现线上经营的承接与收拢，巨量引擎作为生意场的价值极速凸显，不仅能够有效沉淀流量、用户、内容、数据等品牌资产，同时能够成为品牌用户与生意长效增长的阵地，实现品牌的一体化经营。围绕抖音兴趣电商的四大场景，释放以内容为中心的电商经营能力，通过品牌自播与达人合作的"双轮驱动"以及"短视频与直播"的双擎共振，驱动品牌营销的长效增长。

市场营销基础

课后实践

✤ 基础知识练习

一、单选题

1. 在社会市场营销观念中，所强调的利益应是（　　）。
   A. 企业利益 　　　　　　　　　　　B. 消费者利益
   C. 社会利益 　　　　　　　　　　　D. 企业、消费者与社会的整体利益

2. 管理学者彼得·德鲁克曾说过，企业的目的只有一个，那就是（　　）；有且只有两个基本职能，即营销和创新。
   A. 股东价值最大化　　B. 创造顾客　　C. 控制成本　　D. 利润最大化

3. "酒香不怕巷子深"就是（　　）的具体体现。
   A. 生产观念 　　　　　　　　　　　B. 产品观念
   C. 推销观念 　　　　　　　　　　　D. 社会市场营销观念

4. 关系营销的运行原则是与（　　）建立有效的关系网络。
   A. 销售机构　　　B. 利益相关者　　　C. 用户　　　D. 供应商

5. 产品观念片面重视企业内部产品质量和技术，忽略了（　　），这时容易患"营销近视症"。
   A. 产品形式 　　　　　　　　　　　B. 市场占有率
   C. 消费者需求的变化 　　　　　　　D. 生产成本

二、多选题

1. 现代市场营销组合包括（　　　）等。
   A. 产品　　　　　B. 价格　　　　　C. 推销
   D. 渠道　　　　　E. 促销

2. 体验营销关注目标顾客对产品或服务的亲身体验，常用的体验营销主要包括（　　　）。
   A. 感官式营销　　　B. 关联式营销　　　C. 行动式营销　　　D. 情感式营销

3. 从营销的角度看，市场是现实需求与潜在需求的总和，构成要素包括（　　　）。
   A. 人口　　　　　B. 消费者　　　　　C. 购买欲望　　　　　D. 购买力

4. 现代营销观念主要包括（　　　）。

A. 推销观念   B. 市场营销观念

C. 社会市场营销观念   D. 客户观念

5. 绿色营销的主要内容包括（   ）。

A. 绿色产品策略   B. 绿色价格策略   C. 绿色公关策略

D. 绿色分销策略   E. 绿色促销策略

❖ 案例分析

鸿星尔克"破产式捐款"

　　2021 年 7 月，一场始料未及的特大暴雨袭击了中原大地，一夜之间，河南多地遭遇严重洪涝灾害。这场历史罕见的特大暴雨牵动着亿万国人的心。风"豫"同舟，守望相助，面对灾难，国内许多企业第一时间对河南展开驰援行动。其中，宣布捐赠 5 000 万元物资的鸿星尔克体育用品有限公司成为网友热议最多的企业。这家企业 2020 年刚刚亏损了 2.2 亿元，2021 年一季度再亏损 6 000 多万元，面临如此严重的经营困难，一旦国家有难，灾区有需要，仍然毫不迟疑地主动担当。一时间，关于鸿星尔克"破产式捐款"的话题霸屏网络，网友纷纷到其直播间下单以示支持。

　　当日，鸿星尔克直接打破多项纪录：销量猛翻 52 倍，总销售额超 2 200 万元，许多产品一度脱销。隔天，许多消费者赶到鸿星尔克实体店打卡支持，甚至出现"男子买 500 付 1 000 拔腿就跑""连模特身上的衣服也被买走"等"野性消费"行为。连鸿星尔克董事长都不得不亲自下场，呼吁网友们"理性消费"。大量网友则调侃说："你一个经营困难的企业都这么野性捐款，凭什么要让我们理性消费？"

　　喷涌而来的订单让鸿星尔克难以招架，为保证每一位消费者都能按时收到自己的货品，为给疯狂购买行为踩刹车，为让消费者真正拥有优质的购物体验，鸿星尔克决定关停网络直播销售三天，这意味着鸿星尔克把好几亿元的收入拒之门外。而让鸿星尔克始料未及的是，他们对消费者的善意激发了民众更高的热情。在线上抢不到货的消费者们转战线下实体店，全国 5 000 多家鸿星尔克门店遭到来自全国各地消费者的疯狂抢购。组团一起去鸿星尔克扫货，成为 2021 年夏天国人表达爱国热情的一种方式。

　　"为众人抱薪者，不可使其冻毙于风雪"，人们总是以善意回报善意。鸿星尔克倾囊相助，诠释了什么是企业的社会担当，广大民众用朴素的行动进行了回报，"野性消费"的背后是一个用诚信构筑起社会根基的可爱中国。

案例分析：

（1）鸿星尔克的"破产式捐款"为什么能触发消费者的"野性消费"？

（2）在营销活动中，事件、产品、社会责任等要素是如何影响企业的生存与发展的？

◈ 综合技能实训

1. 实训目标

通过实训，使学生能够应用市场营销的基础知识分析营销伦理问题，并引导学生树立起正确处理社会、企业、消费者三者利益关系的现代营销观念，确立正确的义利观。

2. 实训步骤

（1）小组分工协作，寻找身边发生的营销案例，对照如图 1-2 所示的营销伦理检

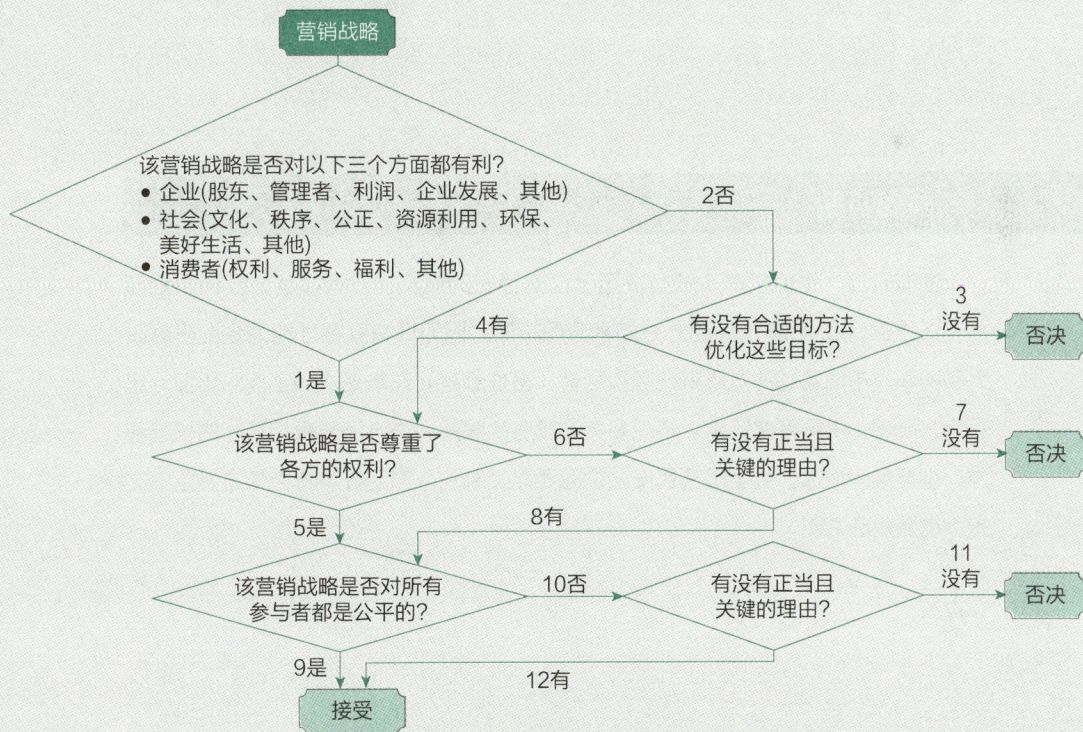

图1-2　营销伦理检验模型

验模型，填写营销伦理检验清单，如表 1-1 所示。

（2）进行汇报，由其他小组提出问题并进行讨论。

（3）每个小组阐述自己对营销伦理的感悟。

表 1-1　营销伦理检验清单

检验项目	检验结果	理由	备注
1	是		
2	否		
3	没有		
4	有		
5	是		
6	否		
7	没有		
8	有		
9	是		
10	否		
11	没有		
12	有		

❖ 画龙点睛

　　客似云至，钱似水来，顾客决定了企业存在的意义。没有顾客，任何企业都将无法生存，顾客盈门，"利"方如水源源不断；因为只有顾客才能为企业贡献收入和利润。市场营销的本质就是吸引顾客、留住顾客，凡事需从顾客需求出发，想顾客之所想，供顾客之所需。不仅要关注顾客的眼前利益，还要思虑顾客的长远利益。小至柴米油盐，大至国富民安，企业要以义制利，产品好、行为端方是营销之道，也是兴旺之道。

第二章　市场洞察　乐观时变

学习目标

知识目标

- 熟悉市场洞察的主要内容
- 掌握市场机会洞察的方法
- 熟悉消费者购买动机和购买行为
- 掌握用户画像和客户旅程图的基本内容
- 掌握市场调查的基本步骤

技能目标

- 能够通过不同视角洞察市场机会
- 能够借助用户画像和客户旅程图挖掘消费者需求
- 能够结合实际开展市场调查与分析
- 能够应用市场机会—环境威胁矩阵制定市场营销对策

素养目标

- 深刻理解中华传统商业文化——乐观时变的精髓
- 提高市场洞察敏锐度，具有主动观察市场的积极性
- 关注消费者隐私保护，培养恪守营销伦理的自觉性

思维导图

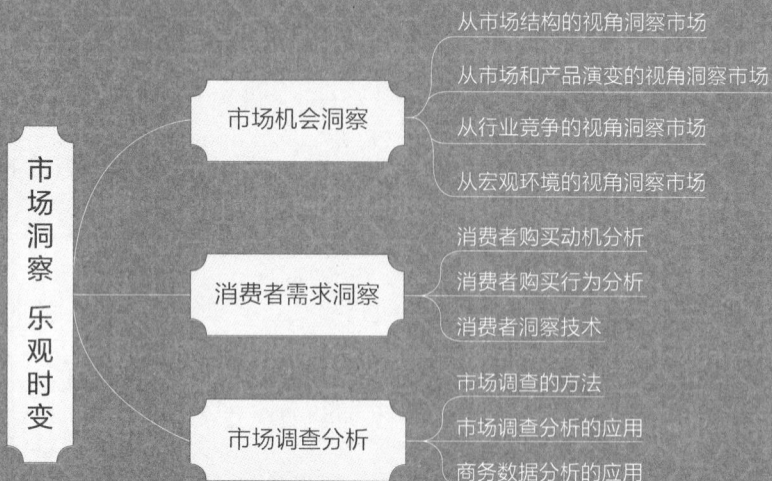

市场洞察 乐观时变

- 市场机会洞察
  - 从市场结构的视角洞察市场
  - 从市场和产品演变的视角洞察市场
  - 从行业竞争的视角洞察市场
  - 从宏观环境的视角洞察市场
- 消费者需求洞察
  - 消费者购买动机分析
  - 消费者购买行为分析
  - 消费者洞察技术
- 市场调查分析
  - 市场调查的方法
  - 市场调查分析的应用
  - 商务数据分析的应用

学习计划

- 知识学习计划

_____

_____

_____

- 技能训练计划

_____

_____

_____

- 素养提升计划

_____

_____

_____

中国新能源汽车进军欧洲

商业谚语
货贵时、
商贵道。

2022年2月，东风汽车集团的岚图汽车宣布正式进军欧洲市场，首站登陆挪威，成为新能源国家队出海品牌之一。同年6月，岚图海外旗舰店在挪威正式亮相。岚图汽车成为从本土走向全球的中国高端新能源汽车品牌，并在经济高度发达的挪威站稳脚跟，靠的正是敏锐的市场判断力。

第一，挪威是高度发达的工业化国家，人口密度低，居民消费能力强。第二，挪威是全球电动车销量占比最高的国家。第三，挪威目前已拥有1 100多个公共快速充电站和7 500多个公共普通充电站，挪威消费者不用担心电动车出行充电问题。第四，挪威推出多项支持电动车的"减免"政策，包括免征25%的增值税、免征进口关税，免征养路税，以及提供免费市政停车场、免路桥费等，同时，政府还做出了2025年彻底抛弃燃油车的决定。第五，挪威不是欧盟成员国，挪威进口电动车不受欧盟认证规范的约束，进口条件相对宽松。第六，挪威受大西洋暖流影响，拥有动力电池运行的最佳环境。第七，挪威市场对于新能源汽车极为友好，已经聚集了众多新能源汽车品牌，包括特斯拉、上汽、小鹏汽车、比亚迪、蔚来汽车等。

基于以上考量，东风汽车集团首推"岚图FREE"。它拥有出色的动力性能，无论驾控性能、配备舒适度还是智能化表现，均符合挪威用户的出行需求。同时，岚图汽车借助东风汽车集团在海外进出口的资源优势选址建店，铺设好通向国际消费者的渠道。进入挪威市场，是中国新能源汽车进军欧洲市场的其中一步，未来将陆续进入欧洲其他国家，逐步丰富在欧洲的产品布局，不断提升产品体验与用户服务，推动中国品牌走向世界。

问题思考：（1）岚图汽车进军欧洲市场前进行了哪些方面的市场洞察？

（2）在市场营销过程中，企业应如何进行市场洞察？

营销启示： 把握时机和方式方法在商业活动中具有关键作用。在市场营销过程中，企业要善于"乐观时变"，合理预测市场行情并把握商业时机，同时善于"变中求机"，在变局中开新局。

第一节　市场机会洞察

敏锐的市场洞察力是企业发现机会、规避风险的重要保障。变幻莫测的市场总是出其不意地抛出各种难题，但市场环境仍有规律可循，只要把握好细节，就能摸准市场变化的脉搏。如图 2-1 所示，市场洞察通常关注以下三个方面的内容。

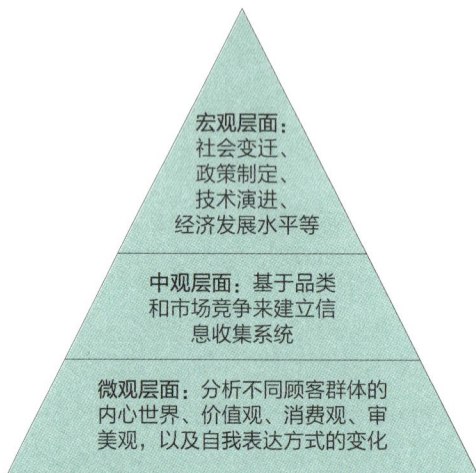

宏观层面：
社会变迁、
政策制定、
技术演进、
经济发展水平等

中观层面：基于品类
和市场竞争来建立信
息收集系统

微观层面：分析不同顾客群体的
内心世界、价值观、消费观、审
美观，以及自我表达方式的变化

图 2-1　不同层面对市场信息的主要关注点

1. 宏观层面

从社会变迁、政策制定、技术演进、经济发展水平等方面关注宏观环境，如人口迁徙的流向、影响企业经营的重大经济政策、国际现货与期货价格走势等。

2. 中观层面

基于品类和市场竞争来建立信息收集系统。由于提供相似产品的企业总体通常被称为行业，故中观层面一般等同于行业层面。企业需要根据行业关键成功因素，对所处行业的竞争对手进行有效细分和归类，摸清不同竞争对手的发展动向和竞争策略。

3. 微观层面

微观层面的市场洞察重点在于分析不同顾客群体的内心世界、价值观、消费观、审美观，以及自我表达方式的变化。例如，新时代的年轻消费群体对自我表达方式更为注重，希望在市场营销活动中发出自己的声音，而不是被动接受。

敏锐的市场洞察并不是对静态关注点的简单记忆，而是建立在"知晓现在""预测未来"的动态发展基础之上。专业的营销人员不仅要对市场现状进行写实性的描述，还要对市场未来进行预测性的分析。通常是从市场结构、市场和产品演变、行业竞争、宏观环境等视角进行全方位审视。

🟢 营销新视界

数字赋能"新国货"

近年来，新国货品牌纷纷借助大数据洞察消费者新需求，不断提升产品与服务质量，并且依托电商平台完成内核转变，赢得了广大年轻消费者的青睐，实现了爆发式的增长。新国货的市场地位和品牌价值不断提升，折射出包括经济、文化、科技在内的中国力量的全面崛起。

1. 精准匹配客户

（1）注重场景沉浸式购物体验。在市场消费主力中，"80后"比较注重质量和价格，"90后"注重产品实用性，而"00后"呈现出更加个性化、包容化、自主化的消费需求新特点。企业通过网络直播等更具互动性的营销模式来吸引"新世代"的消费者，让消费者在场景式购物中获得更佳体验。

（2）精准匹配客户个性化需求。作为市场消费主力的"00后"，具有坚定的文化自信和强烈的民族自豪感，高度认可本土品牌，消费新国货成为一种时尚潮流。在此时代背景下，企业跨界营销、交叉销售广泛应用，体现出新国货对年轻消费群体个性化需求的精准营销。

（3）传统产品不断创新升级。国货品牌大量涌现，推动传统产品创新升级，创造了不少成功案例。例如，单在"古风"这个需求领域，便可进一步细分为汉服圈、古文圈、古典音乐圈等。

2. 创新营销模式

（1）打造数实共生的购物场景。越来越多的新国货在淘宝、抖音、快手等数字平台上直播，引发消费者关注，有效抢占市场制高点。智能设备的广泛应用带来购物场景的碎片化，地铁、办公楼、电梯、停车场甚至路边的广告牌，都为实体场景数字化提供了丰富的切入点，形成新的消费和购买刺激。

（2）建设线上线下相结合的渠道体系。有很多新国货品牌兴起于线上，之后在线下开店，并引入粉丝经营模式，使其线下门店成为传统门店、电商和社群的结合体。同时布局商业智能，以此为基础来提升品牌价值，把握新的发展机遇。

（3）注重大数据营销技术的应用。以企业促销实践为例，大数据技术可以让企业了解目标受众身处何方，关注什么位置的什么屏幕等详细信息，可以做到不同客户关注同一媒体的相同界面时，广告内容有所不同，做到"千人千面"。

3. 注重品牌建设与企业社会责任

在品牌建设过程中，越来越多的新国货企业创新经营理念，兼顾道德、伦理和社会责任，扩展用户群体，增加用户黏性，增强品牌吸引力，拓展了更大的空间。

（案例来源：中国市场营销研究中心案例"国潮涌动下新国货崛起的营销密码"，作者郭国庆。）

问题思考：新国货品牌崛起的营销秘诀是什么？

营销启示：中国有句传统商业谚语"米粮在市上，行情在路上"。这是在说，米粮虽然是在集市上出售，但其价格却是在行情信息中确定的。营销人员不能仅在静态环境中看问题，还要广泛把握动态消息。新国货品牌要在数字营销时代崛起，就必须进行数字化的市场洞察，利用数字技术创新赋能。

一、从市场结构的视角洞察市场

市场结构可以通过市场、市场上的产品和服务、企业自身的产品和服务三个独立的概念来进行描述。其中，市场的概念在第一章中已经介绍，下面将从后两个概念的角度切入，先绘制产品结构图，再对产品和市场进行关联分析。

（一）绘制产品结构图

首先要梳理出产品类别和产品形态。产品类别是指集中具有某些相同功能的一组产品。任何产品都有多个产品类别满足顾客需要，而每个产品类别下会有多个企业提供产品。

产品类别的下一个层级是产品形态，由更加相似的产品组成。产品形态是指通过设计、制造来满足顾客需求，最终呈现在顾客面前的产品状况。通常每种产品形态内也都有几个企业在提供产品，产品形态内的竞争比产品类别内的竞争更加激烈。

梳理出产品类别和产品形态后，通常会画出一个树形结构图，如图 2-2 所示。树形结构图是产品设计中常用的结构图，产品经理会以此来构造产品的结构框架。

产品类别和产品形态为洞察市场提供了框架，但竞争环境的变化和科技的发展常常会模糊产品类别和产品形态之间的关系。某企业可能在多个产品类别中都提供产品，另一家企业则可能只专营一个或两个产品形态。

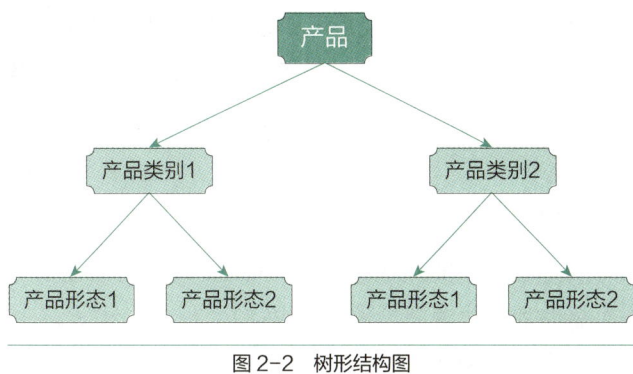

图 2-2　树形结构图

（二）对产品和市场进行关联分析

产品树形结构图确定后，需要对每一个产品在满足顾客需求方面的优缺点进行分析，以找到本企业产品质量提升的突破点。此外，当前和潜在的市场规模是评估企业机会的重要数据，包括现有的和潜在的顾客数量以及他们的购买力，判断这些内容时应当考虑人口规模、人口结构、地理人口流动、收入和收入分配，以及年龄分布等，这些变量可以帮助企业做出良好的市场规模预测。企业需要对每一个产品的市场规模进行统计，并与企业产品的优缺点进行关联分析，找到市场占有率的规律性影响因素。

二、从市场和产品演变的视角洞察市场

市场的源头是顾客需求，顾客需求是动态变化的，它们不仅会随着社会进步而改变，在竞争者竞相为顾客提供服务的过程中也会产生"被引导性"变化。分析市场和产品演变，就是在演变中寻找市场商机。

（一）市场演变

分析市场演变包括三个方面：市场生命周期分析、产品类别生命周期分析、产品形态生命周期分析。一般来说，市场生命周期持续的时间最长，企业对市场生命周期的影响不大，而产品类别和产品形态的生命周期比市场生命周期更短。

（二）产品演变

产品演变分析是针对某一特定企业的产品进行的。单个企业提供的一组相关产品被称为产品线，产品线之下的子集是产品项目。产品演变立足于企业内部，并不去关注竞争对手，一般情况是用销售量来衡量的。产品导入期，销售量往往非常低；产品成长期，销售量以加速度增长；产品成熟期，销售量保持相对稳定；产品衰退期，销售量开始降低。

（三）产品—市场演变矩阵

该矩阵用来反映经营能力的战略位置。它不仅反映了企业经营业务目前的战略位置，还预示了企业未来的战略位置。

1. 产品—市场演变矩阵的绘制

产品—市场演变矩阵是从产品的市场开发阶段（纵坐标）和企业竞争地位（横坐标）来分析企业各项经营能力的战略位置。产品的市场开发阶段按其生命周期分为导入期、成长期、成熟期、衰退期四个阶段，企业竞争地位分为强、中、弱三个级别。这样，产品—市场演变矩阵由 15 个象限构成，如图 2-3 所示。

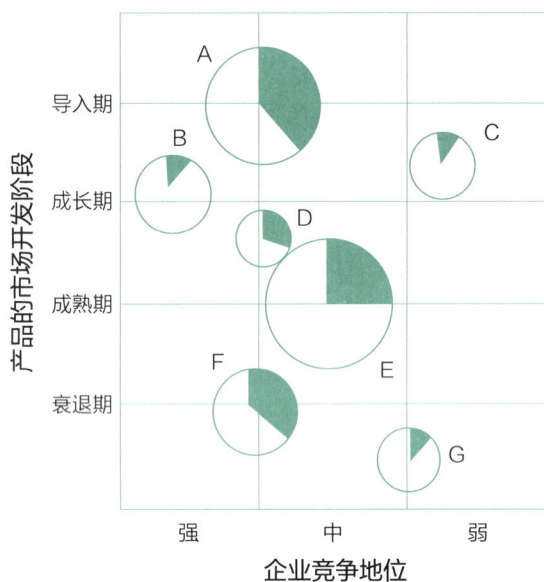

图 2-3　产品—市场演变矩阵

2. 产品—市场演变矩阵的重要板块分析

（1）业务单位 A。业务单位 A 是一颗潜在的明星，它具有较大的市场份额，处于产品市场开发的导入期，同时它具有获得较强竞争地位的潜力，这让它很有希望成为企业资源支持的对象。

（2）业务单位 B。在某种程度上看它有点像业务单位 A。业务单位 B 具有强大的竞争地位，但是它的市场份额较低，合理分析此现象产生的原因，将决定企业对业务单位B投资的多少，因此业务单位B应当实施能够提升市场份额的战略，以便争取更多的投资。

（3）业务单位C。在一个增长相对较慢的行业中，占有较小的市场份额并拥有较弱的竞争地位，必须实行一种能够克服其低市场份额和弱竞争地位的战略，以争取未来投资。业务单位C很可能是一个待放弃的对象，以便将其资源运用于业务单位A或业务单位B。

（4）业务单位D。处于扩展阶段，占有相对较大的市场份额和较好的竞争地位。企业对业务单位D应当进行必要的投资以保持其相对强的竞争地位。

（5）业务单位E和F。业务单位E和F成熟而稳定，应当用来创造现金流。

（6）业务单位G。业务单位G在短期内还能创造现金流，未来它更有可能被放弃或清算。

三、从行业竞争的视角洞察市场

行业是由许多同类企业构成的群体。行业分析是指对行业经济的运行状况、竞争格局、行业政策等要素的深入分析，以发现行业运行的内在经济规律，进而预测未来的发展趋势。

行业分析可以借助波特五力模型进行，如图2-4所示。该模型认为，行业中存在着决定竞争规模的五种力量，它们综合起来影响产业的吸引力以及现有企业的竞争战略

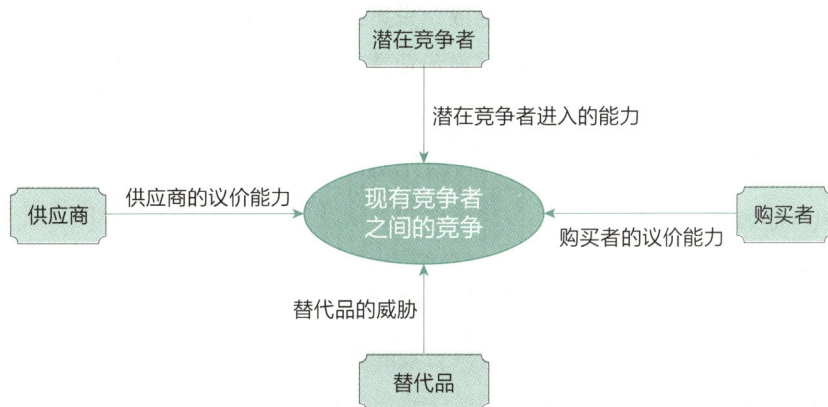

图2-4　波特五力模型

决策。这五种力量分别是：同行业内现有竞争者的竞争能力、潜在竞争者进入的能力、替代品的威胁、供应商的议价能力、购买者的议价能力。

1. 同行业内现有竞争者的竞争能力

在大部分行业中，企业相互之间的利益都是紧密联系在一起的，其目标都是使自己获得超出竞争对手的优势，所以难免产生冲突与对抗，这就是现有企业之间的竞争。

2. 潜在竞争者进入的能力

潜在竞争者的进入会给行业带来新生产能力和新资源，同时它也希望在已被现有企业瓜分完毕的市场中获得一席之地，这就有可能会与现有企业发生原材料与市场份额的竞争，最终导致行业中现有企业盈利水平降低。

3. 替代品的威胁

两个处于不同行业中的企业，可能会由于所生产的产品是替代品，从而在它们之间产生相互竞争的行为，这种源自于替代品的竞争会以各种形式影响行业中现有企业的竞争战略。

4. 供应商的议价能力

供应商主要通过提高投入要素价格与降低单位价值质量来影响行业中现有企业的盈利能力与产品竞争力。供应商力量的强弱主要取决于他们所提供给购买者的是什么投入要素，当供应商所提供的投入要素价值构成了购买者产品总成本的较大比例时，供应商对于购买者的潜在议价能力就会大大增强。

5. 购买者的议价能力

购买者主要通过其压价能力与对较高的产品或服务质量的要求来影响行业中现有企业的盈利能力。

虽然企业营销活动必须与其所处的外部和内部环境相适应，但营销活动绝非只能被动地接受环境的影响，营销管理者应采取积极、主动的态度去适应营销环境。即使是竞争者，也存在互相学习、互相促进的因素，在竞争中有时也会采取联合行动，甚至转变为合作者。

🌸 营销新视界

"喜笑颜开"组合

喜茶与茶颜悦色这两个新茶饮品牌能碰撞出什么火花？

2020年7月21日下午，双方在各自的微信公众号上发布了联名的消息，同时采用了条型漫画的方式来讲述"阿喜长沙会茶颜"的故事，茶颜悦色被描绘成一个汉服少女形象，而喜茶则被描绘成一个千里奔现的古风君子。双方分别准备了 300 套纪念礼盒，茶颜悦色还特别准备了 10 万份纪念明信片。一经开售，纪念礼盒就被手快的粉丝瞬间秒杀，喜茶的微信小程序一度被挤爆。微博和微信公众号数据印证了这次联名营销的成功，两篇公众号文章的点击均超 10 万，仅仅 4 天，话题的阅读量已接近 7 000 万。

竞争对手也可以合作吗？"喜笑颜开"的合作源自一次意外。同年 3 月，喜茶在官方微博的一次抽奖活动中意外抽中了茶颜悦色的粉丝"等一杯茶颜悦色"，戳中了粉丝的笑点。在巧合与喜茶的有心运作下，本次抽奖顺利登上了微博热搜，"喜茶错付茶颜悦色"的梗在粉丝中广为流传，成了本次联名的缘起。

喜茶店铺集中在核心商圈，客单价高，当时正在向二三线城市大举进军；茶颜悦色走高性价比路线，业务范围集中在长沙。两者品牌定位存在差异，竞争关系较弱，联名既可以延续"错付"事件的话题热度，提高成功概率，还能给网友留下良性竞争的品牌形象，使"喜笑颜开"组合圈到更多新粉，实现共赢。

（案例来源：根据"营销观察"案例资料整理。）

问题思考：竞争对手合作的关键点是什么，你能从案例中得到哪些启示？

营销启示：同行之间应该形成良性竞争关系；人生也是如此，想要走得更远，就要结伴同行。

四、从宏观环境的视角洞察市场

环境因素通常是指宏观营销环境，它是对企业营销活动造成市场机会和环境威胁的主要社会力量，包括政治和法律环境、经济和人口环境、社会和文化环境、科学技术和自然环境等因素。

（一）政治和法律环境

政治和法律环境是影响企业营销活动的重要宏观环境因素，包括政治环境和法律环境。政治环境引导企业营销活动的方向，法律环境规定企业经营活动的行为准则。

1. 政治环境

政治环境是指影响企业营销活动的外部政治形势。一个国家内部的政治环境主要包括政治制度、方针政策、政治气氛等。安定团结的政治环境不仅有利于经济发展和人民收入的增加，而且会促进市场的良性发展，也直接关系到社会购买力的提高和市场消费需求的增长变化。

国际政治环境是国际社会成员为谋求自身利益，以其他国际社会成员为对象而进行的各种政治活动的总称。国际政治环境主要包括国际政治局势、国际关系和目标国的国内政治环境等，国际政治环境好坏对国际化企业经营的成败起着十分重要的作用。在国际贸易中，不同国家会采取不同的对外政策，有的国家会限制外国企业在本国的营销活动，如设置劳工限制和绿色壁垒等。有的国家提倡国际合作，如中国提出了建设"新丝绸之路经济带"和"21世纪海上丝绸之路"的"一带一路"合作倡议，积极发展与沿线国家的经济合作伙伴关系，共同打造政治互信、经济融合、文化包容的利益共同体、命运共同体和责任共同体。

⬡ 华商风采

中远海运的"航运力量"

中国远洋海运集团有限公司（简称"中远海运"）以普惠多赢的理念推动共建"一带一路"，打造了多个"样板工程"。

希腊比雷埃夫斯港（简称"比港"）的"重生"就是一个经典案例。中远海运2008年入股比港，2016年全面收购其港务局，累计为当地带来直接社会贡献逾14亿欧元，提高了当地人民的幸福感和获得感。依托比港构建的中欧陆海快线，成为辐射中东欧9个国家7 100万人口的中欧贸易第三条大通道。

作为国际航运业的主力军，中远海运积极打造高效的立体运营网络，为"一带一路"沿线国家及地区间贸易往来、商品流通、基础设施建设等提供全方位综合物流供应链服务。截至2022年1月，中远海运在全球投资经营码头58个，在重要枢纽布局集装箱码头20个，在"一带一路"沿线布局集装箱班轮航线195条，投入运力203万标准箱，占集团集装箱船队总运力的68%。中远海运加大对亚欧海铁联运、亚欧国际班列业务的投入，助推内陆沿边地区成为开放前沿，带动形成陆海内外联动、东西双向互济的开放格局。

中远海运还是全球唯一一家运营南北极航线的航运企业，目前已实现北极商业运营常态化、规模化。未来，集团将有越来越多的船舶穿越"冰上丝路"。

（案例来源：根据中国远洋海运集团有限公司党组书记、董事长发表的相关文章整理。）

问题思考：中远海运在高质量共建"一带一路"的过程中，进行了哪些积极探索？

　　　　　　　　　　　　　　　　　　　　　　　　　　市场营销基础

2. 法律环境

法律环境的具体内容包括国家或地方政府颁布的各项法规、法令和条例等。法律环境对市场消费需求的形成和实现具有一定的调节作用。企业研究并熟悉法律环境，既可保证自身严格依法管理和经营，也可运用法律手段保障自身的权益。近年来，我国制定和颁布了一系列法律法规，如《中华人民共和国民法典》（简称《民法典》）、《中华人民共和国产品质量法》《中华人民共和国公司法》《中华人民共和国反不正当竞争法》《中华人民共和国电子商务法》（简称《电子商务法》）、《中华人民共和国消费者权益保护法》等。其中，《民法典》是市场经济的基本法、人民生活的基本行为准则。《电子商务法》则对电子商务经营主体、经营行为、合同、快递物流、电子支付等电子商务发展中比较典型的问题都做了具体的规定，为电子商务的健康发展提供法律框架。

（二）经济和人口环境

1. 经济环境

经济环境一般是指影响企业市场营销方式与规模的经济因素，如经济发展状况、收入与支出状况等。

（1）经济发展状况。企业的市场营销活动会受到以下经济因素的制约：

① 经济周期。经济周期可以按四阶段循环模式来描述，即繁荣、衰退、萧条和复苏。在繁荣阶段，消费支出快速增长，消费者愿意为名牌商品支付更高的价格；在衰退阶段，消费者更喜欢那些价格低、性能好的产品；在萧条阶段，消费者支出降低到最低水平；在复苏阶段，经济从衰退中走出来，消费者购买力增加，但不会立刻放开消费。

② 通货膨胀。在经济周期的每个阶段都可能出现的限制消费者支出的一个主要因素是通货膨胀。通货膨胀使货币贬值。如果收入能和价格同步上涨，通货膨胀对购买力的影响将表现得不那么严重。通货膨胀使消费者更关心价格，消费者可能会认为价格还要上涨从而不得不进行决策，或立即购买，或转而购买其他替代品。

③ 失业率。失业率是指在经济生活中积极寻找工作但仍没有工作可做的人所占的比率。通常，在衰退阶段失业率上升，而在复苏和繁荣阶段失业率下降。失业与通货膨胀一样，通过改变消费者行为影响营销活动。

④ 国际经济环境。营销人员还必须密切注意其他国家的经济环境。在经济全球化时代，国际经济形势也是企业营销活动的重要影响因素。

（2）收入与支出状况。同样地，不同的收入和支出水平也会影响营销活动，主要涉及以下几个因素。

① 个人可支配收入。个人可支配收入中有相当一部分要用于维持个人与家庭生存不可缺少的费用，如住房、水电、食物和服装等开支项。这部分收入既是消费需求变化中最活跃的因素，也是企业研究营销活动时所要考虑的主要对象，在很大程度上影响着消费者支出模式与消费结构。

其中，恩格尔系数是一种有效的分析手段。恩格尔定律表明，在一定条件下，当家庭个人收入增加时，收入中用于食物开支部分的增长速度要小于用于教育、医疗和享受等方面开支的增长速度。食物开支占总消费数量的比重越大，恩格尔系数越高，生活水平越低；反之，食物开支占的比重越小，恩格尔系数越小，生活水平越高。

$$恩格尔系数 = \frac{人们用于食品的支出金额}{人们全部的消费支出金额}$$

消费结构的变化是一个长期的过程，利用恩格尔定律分析问题时，要注意剔除影响其客观性的因素，不同国家和地区在一定经济水平上形成的消费水平和消费结构会呈现出一定的规律性。在比较时，要注意时间差、空间差和文化差。

② 储蓄。储蓄是指城乡居民将可任意支配的那部分收入储存待用。储蓄的形式可以是银行存款、债券或现金。储蓄率高会推迟现实的消费支出，但会加大潜在购买力。

③ 信贷。信贷是指金融或商业机构向有一定支付能力的消费者融通资金的行为。信贷的主要形式有短期赊销、分期付款和消费信贷等。消费信贷使消费者可先取得商品使用权，再按约定期限归还贷款。消费信贷的规模与期限在一定程度上影响着某一时限内现实购买力的大小，也影响着提供信贷的商品的销售量。

2. 人口环境

人口是构成市场的第一位因素。市场是由有购买欲望同时又有支付能力的人构成的，人口的多少直接影响着市场的潜在容量。

（1）人口总量。一个国家或地区总人口数量的多少，是衡量市场潜在容量的重要因素。随着社会主义市场经济的发展，人民收入水平不断提高，中国已被视作世界上最大的市场之一。

（2）年龄结构。随着社会经济的发展、科学技术的进步、生活条件和医疗条件的改善，世界人口的平均寿命大大延长，但人口年龄结构呈现老龄化加速的趋势。随着老年人口的绝对数和相对数的增加，"银色市场"日渐形成并扩大。

"银发经济"的市场机会

2021 年 5 月 11 日，中国第七次全国人口普查数据公布：全国人口共 141 178 万人，与 2010 年相比，增加了 7 206 万人，增长 5.38%；其中 60 岁及以上人口为 26 402 万人，占 18.70%，与 2010 年相比上升了 5.44%。有数据预测，接下来的 14 年会是中国老龄化加速的时期。

近年来，越来越多的老年人活跃在互联网平台上，年轻人熟悉的社群电商、拼团模式同样在老年人群体中出现，老年人和年轻人之间的行为习惯边界变得越来越模糊。

例如，对于在年轻人群体中很火的民宿旅游，老年人同样也有需求甚至更超前。据此，部分企业推出"全国旅居会员制一卡通"模式，老年人入会后就可以住遍公司旗下的所有民宿，可能这个月在浙江农村、下个月就在海南三亚。老年人喜欢这样的服务，性价比高是一个方面，但根本原因是老年人也想要体验和发现新的世界。

再如，老年人更看重对健康的自主管理。智能家居适老化改造，正好满足了老年人的自主管理需求：通过在家里安装智能家电，让老年人在日常生活中只需要靠简单的触碰和语音，就可以完成很多动作。如把智能音箱和电视连接起来，让老年人不需要遥控器就可以进行开关电视、换台等操作；在客厅、厨房中装上传感器，只要在晚上感应到有人走动，灯就会自动开，如果 2 分钟内发现没人的话，灯会自动关。智能家居适老化改造的核心，是在尊重老年人原有生活习惯的基础上，简化他们的日常操作，同时降低了他们在家居生活中遇到的风险，从而让老年人能在自己熟悉的环境里独立生活得更久。

关注并满足老年人群体的消费需求，催生出一个庞大的"银发经济"市场，此间孕育着大量的市场营销机会。

问题思考：企业如何适应老年消费群体需求？

营销启示："老吾老以及人之老"是中华民族的传统美德，关注老年人的生活质量，结合现代老年人的心理需求，提供丰富的适老产品和服务，既能系统性地提高老年人的幸福感，也能有效挖掘新的营销增长机遇。

（3）地理分布。居住于不同地区的人群，由于地理环境、气候条件、自然资源和风俗习惯的不同，其消费需求的内容和数量也存在差异。人口的城市化和区域性转移，也会引起社会消费结构的变化。

（4）性别差异。性别差异会导致消费需求、购买习惯与购买行为的差别。一般来说，在一个国家或地区，男、女人口总数相差不大。但在一个特定范围内，如矿区、林区、工地，往往是男性占较大比重；而在某些行业，女性占较大比重。这种细分市场的性别差异会影响营销活动。

（三）社会和文化环境

社会和文化环境是指一个国家、地区的民族特征、价值观念、生活方式、风俗习惯、伦理道德、教育水平和语言文字等内容的总和。它对所有营销参与者的影响是多层次、全方位和渗透性的，不仅影响企业营销组合，而且影响消费心理和消费习惯。这里主要分析以下四个方面：

1. 教育程度

教育程度不仅影响劳动者收入水平，而且影响消费者对商品的鉴赏力，影响消费者心理、购买的理性程度和消费结构，从而影响企业营销策略的制定和实施。

2. 价值观念

价值观念是指人们对社会生活中各种事物的态度和看法。不同的文化背景下，价值观念差异很大，影响消费需求和购买行为。对于具有不同价值观念的人群，营销管理者应研究并采取不同的营销策略。

3. 消费习俗

消费习俗是指随时间传递下来的一种消费方式，是风俗习惯的一项重要内容。消费习俗在饮食、服饰、居住、婚丧、节日和人情往来等方面都表现出独特的心理特征和行为方式。

4. 消费流行

社会文化等多方面的影响会使消费者产生共同的审美观念、生活方式和兴趣爱好，这种导致社会需求一致性的影响方式就是消费流行。消费流行在时间上有一定的稳定性，在空间上还有一定的地域性，同一时间内，不同地区流行的商品品种、款式、型号和颜色可能不尽相同。因此，掌握消费流行的趋势，对于企业驾驭流行、掌握营销主动权、提高经营效益而言，具有极为重要的意义。

加 密 服 装

2022 年 3 月，"加密服装周"开幕。这是一个纯数字世界的服装展，展示的是一系列的虚拟服装。消费者可在线购买这些服装，通过增强现实的 AR 眼镜，看到自己穿着的效果，也可以下载自己穿着虚拟服装的高清照片。除了这样的"加密服装"，传统服装也来凑 NFT[①] 的热闹。消费者在指定的平台下单，上传自己的照片，设计师就会渲染出穿着对应服装的新"照片"。这种新兴的数字时尚和风格表达，一方面让设计更加天马行空，另一方面用加密技术解决了价值问题，也许将引领一个全新的消费流行趋势。

问题思考：加密服装为什么能流行？

营销启示：不论什么消费者，都有消费情结。元宇宙、区块链中的消费者，同样也需要一种来自"数字世界"的满足。

商业谚语

一货有一主，
一主有一情。

（四）科学技术和自然环境

1. 科学技术环境

科学技术是第一生产力，科技的发展对经济发展有巨大的影响，不仅直接影响企业内部的生产和经营，还与其他环境因素互相依赖、互相作用，给企业营销活动带来多重影响。当前，世界新科技革命正在兴起，高新技术不断改造传统产业，加速了新兴产业的建立和发展，产品从进入市场到市场成熟的时间不断缩短。值得注意的是，高新技术的发展促进了产业结构趋向尖端化、软性化和服务化，营销者必须适应知识经济时代的要求，更多地考虑应用前沿技术，加强服务。

🌼 行业观察

人工智能技术在 2022 冬残奥会上的应用

2022 年 3 月 13 日，北京冬残奥会顺利闭幕，人工智能技术在本届冬残奥会上得到了广泛应用。在开幕前夕，人工智能机器人用六个国家不同的手语方式，打出

[①] NFT 为 Non-Fungible Token 的缩写，指非同质化通证，实质是区块链网络里具有唯一性特点的可信数字权益凭证。

"北京欢迎你"，让来自世界各地的冬残奥会运动员倍感亲切。主办方在比赛场地上配备了很多带有智能语音识别、机器翻译功能的产品，为运动员服务。在训练当中，针对残疾运动员的特殊身体状况，设计了专门的智能监控系统等。小到日常生活，大到比赛训练，人工智能全面为冬残奥会运动员赋能。

在北京冬奥会和冬残奥会主媒体中心的智慧餐厅，由两条六轴协作式机械臂组成的双臂机器人"豹大白"可以左右同时开工，精准执行冲泡咖啡和烹煮茶叶等动作。它娴熟的技术和冲泡的美味饮品征服了很多运动员。据工作人员揭秘，"豹大白"的岗前培训非常严苛，人工智能学习时间超过3000个小时，双臂调教配合了3万个小时，还要进行百万数据级的视觉训练。其实，和"豹大白"一样的机器人大厨还有很多。因此，外媒形容这个科技味儿十足的餐厅"就像是一部科幻电影"。

北京冬奥会和冬残奥会上唯一的户外安防巡检机器人叫安迪，它的职责是在人无法到达的、极端或危险的地方，进行防火、防化、防爆等安防巡查。它的绝招是步甲机器人底盘，可横向、斜向移动，运动方向灵活多变，甚至在石子路、山路、草地等复杂地面都能自如穿行。它配有360度环形无死角的高清摄像头，可实现气体监测、体温测量、夜视热成像、异物识别等功能，可以自由升降，以查看不同高度的情况。

在北京朝阳区服务型智能机器人集中示范区，每一位智能机器人都有冬奥故事。智能垃圾收集机器人具备自主巡航、自动充电、灭菌消毒等能力，挥挥手就能唤它过来，把空饮料瓶"投喂"给它；配送机器人是冬奥会和冬残奥会保障酒店里的"快递小哥"，提供"非接触式"服务；"仙气飘飘"的消毒清洁机器人吐出"雾气"，可以在公共区域内实现消毒、洗地、除菌、降灰等功能。

问题思考：高科技对企业来说，一方面是高研发投入，另一方面是价值提升潜力，如何找到平衡点呢？

营销启示：科技是第一生产力，为人类文明提供了不竭的动力，奇思妙想纷纷走进现实，让产品越来越先进，让我们的生活变得更美好。

2. 自然环境

自然环境主要是指营销者需要的或受营销活动影响的自然资源。营销管理者应注意自然环境变化，如资源短缺、环境污染严重和能源成本上升等。从长期观点来看，自然环境应包括资源状况、生态环境和环境保护等方面，许多国家政府对自然资源管理的干预也日益加强，因为人类只有一个地球，自然环境的破坏往往是不可弥补的。企业应在营销战略执行过程中推进生态营销和绿色营销，这是维护全社会长期利益的必然要求。

第二节　消费者需求洞察

一、消费者购买动机分析

洞察消费者，是指全方位地了解目标消费者的所思、所想、所为，使企业能以消费者喜欢的方式将产品和服务持续地销售给他们。消费者可以被分成两大类：一类是个人消费者，另一类是机构消费者。与这两类消费者打交道的企业通常分别被称为 B2C 企业和 B2B 企业。B2C 企业面对的消费者是个人，而 B2B 企业面对的消费者是企业或其他组织。个人消费者与机构消费者在购买动机和购买路径上有很大的差异。

个人消费者是指为了生活消费而购买商品和服务的个人或家庭购买者。个人消费者的购买决策受情感因素的影响较大，购买的随机性较强。品牌和便利性是个人消费者购买决策的主要驱动力。本节主要围绕个人消费者展开分析。

机构消费者是指以某种组织为购买单位的购买者，其购买目的是生产、销售和维持组织运作。机构消费者的购买以生产资料为主，计划性很强，属于专家型购买。其购买决策更多是由经济价值和投资回报率驱动的。

（一）消费者需求动机

消费者需求动机是指消费者为了满足某种需要而产生的购买商品的欲望。消费者需求动机主要分为生理性动机和心理性动机两类。

1. 生理性动机

生理性动机是指消费者为保持和延续生命有机体而引起的各种需要所产生的购买动机。随着物质生活的改善和精神生活的丰富，消费者的购买行为单纯受生理性动机驱使的情况已经不多了。企业的营销人员提供满足消费者生理性需要的商品或服务时，既要注重商品和服务的实用价值与内在质量，又要考虑消费者的非生理性动机，使其需要得到更多、更好的满足，从而建立良好的品牌形象。

2. 心理性动机

心理性动机是指人们由于心理需要而产生的购买动机。根据对人们心理活动的认识以及对情感、意志等心理活动过程的研究，可将心理动机归纳为感情动机（如求新、求美、求荣）、理智动机（如求实、求廉、求安全）、惠顾动机。心理动机分析的常用工具有以下两种。

（1）阶梯法。心理学者西格蒙德·弗洛伊德（Sigmund Freud）认为，人们的很多行为都受到无意识因素的影响，这就意味着消费者的很多消费行为可能是下意识的。为了充分发掘和分析消费者需求，可以使用阶梯法，即从产品的有形属性上溯到心理属性，最终分析其内心深层次的需求，发掘消费者可能难以用语言来表述的需求，如图2-5所示。

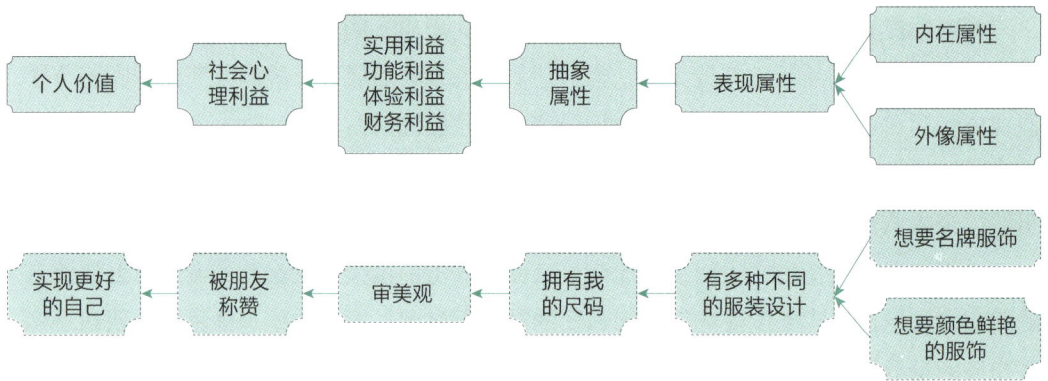

图2-5 阶梯法

（2）马斯洛需要分析。社会心理学者亚伯拉罕·马斯洛（Abraham Maslow）将人类的需要分为三个层面：生存性需要、归属性需要和成长性需要，类似于金字塔形，分别对应五个层级，从下到上依次为：生理需要、安全需要、社会需要、尊重需要和自我实现需要，如图2-6所示。一般待低层次的需要基本满足后，人们就会设法去满足更高层次的需要。

对于市场营销者来说，要了解不同消费动机与商品或服务之间的对应关系，判断何种商品或服务能最好地满足处于不同需要层次的消费者。例如，同样是买电热毯，对老年人来说，可能是生理需要，因此，营销者需要向这样的消费者介绍电热毯对于身体的好处。对于年轻人来说，可能是买来送给长辈的，这是一种社会需要，因此营销者除了要描述电热毯的功能，还要强调购买者在尊重老人方面可获得的情感价值。

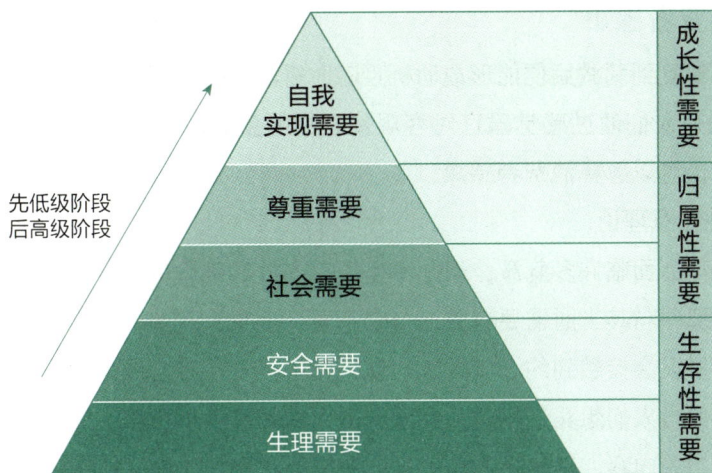

图 2-6　马斯洛需要理论的五个需要层次

行业观察

手机壳"自我升级"中隐藏的需求动机

2022 年 2 月，国内手机出货量为 1 486.4 万部，同比下降 31.7%。中国用户的平均换机周期延长到了 28 个月，不少"95 后"消费者表态，他们一部手机能用 4 年。虽然年轻人不换手机了，但他们开始更频繁地换手机壳，整个手机壳产业也进行了一场悄无声息的产品升级。

手机壳的"自我升级"主要表现为三类。第一类是硬核技术升级，如把汽车防撞技术应用到手机壳上，这些技术让消费者感觉"很酷"。第二类是个性时尚升级，把手机壳做成一种时尚单品，和卡通 IP、知名博物馆及知名艺术家作品进行联名，满足文艺青年的消费需求。第三类是低调实用升级，有的手机壳虽然外观很低调，但充满各种贴心的小细节。

手机壳现已成为重要配饰，每天出门前，有的人会根据不同的穿搭和心情来选择不同的手机壳。消费者买手机壳不仅是为了满足外在的需求，也是在内心中对自我形象进行确认。

问题思考：手机壳消费升级满足了消费者的哪些需求？

营销启示：俗话说"吃菜吃心，听话听音"，对任何事物要把握其本质。消费者对商品的需求往往会反映其内在的真实需求，营销者应深入分析，探寻消费者需求的本质所在。

（二）消费者感知

人们的需要受到刺激后便能形成动机且随时行动，但如何行动要看他对客观情况的感知。感知就是人们通过感觉器官对客观刺激物的反应，同一刺激物会产生不同的反应。有三种理论可以解释消费者感知。

1. 选择性注意理论

人们每天都会面临许多刺激，但并不是所有的外界刺激物都会引起同等的注意，人们倾向于注意那些与其当时需要有关、与众不同、反复出现的外界刺激。中国一线城市的消费者平均每天会接触到约 3 000 条信息，其中很多是来自商家发布的广告，人们不会都去关注。但当人们想买手机时，会感觉满大街都是手机广告，这就是根据自己的需要去注意那些相关内容，其实是人的一种自我屏蔽和保护功能。

2. 选择性曲解理论

人们面对客观事物时会有一种把外界输入的信息与头脑中早已存在的模式相结合的倾向，这种按人们已有的想法来解释信息的倾向就是选择性曲解，简单说就是先入为主。例如，某一商品在消费者心目中已树立起良好的信誉，形成品牌偏好，即使一段时间后该品牌商品的质量下降了，消费者也会继续购买；而另一新品牌的商品即使实际质量已优于前者，消费者也不会轻易认可，总以为原先的那个品牌更好一些。

3. 选择性保留理论

选择性保留指受众对所接受信息的基本倾向，即保留那些与自己观念一致的内容。受众在接受和处理传播内容时，并不是不加分析地、一股脑儿地全部接受，他们主动地、积极地、有选择地筛选并保留那些与自己固有观念、兴趣、爱好相符合的部分，而把其余内容从自己的记忆中加以排除，从而满足自己的需要，达到心理平衡。由于每个人的感知能力、知识态度和关心的问题不同，同样的外界刺激作用在不同人身上会有不同的反应，形成不同程度的记忆，从而导致消费者购买行为的差异。

（三）消费者学习和记忆

1. 消费者学习

学习是指由经验引起的个人行为的改变。消费者在购买和使用商品的实践中会逐步积累经验，并根据经验调整自己的购买决策。消费者学习是通过驱策力、刺激物、提示物、反应和强化的相互影响、相互作用而进行的。如某消费者重视身份地位，尊重需要就是其驱策力。这种驱策力在被引向某种刺激物时就会转变为动机。在动机支配下，消费者就会完成购买。如果此次购物具有很好的消费体验，就会强化他对此商品的认知，如被反复强化，就会形成购买习惯，这就是消费者的学习过程。

企业营销要注重消费者购买行为中"学习"这一因素的作用，通过各种途径给消费者提供信息，如重复广告，目的是加强诱因，激发驱策力。

2. 消费者记忆

记忆可以分为短期记忆和长期记忆。短期记忆是有限且短暂的，而长期记忆一般是无限且永久的。按照认知心理学，人的认知就像一张地图，关键词会形成一个个节点，每个节点就是一个信息点，而一个个信息点之间又是相连的。这就是在认知过程中大脑会形成的知识结构。品牌认知就是为消费者建立一个关于品牌的认知地图，其中的每个节点就是企业品牌的核心价值或是企业期望消费者记住的信息点。将这些信息点汇聚成面，就会形成品牌资产。这是企业进行后续更复杂的市场营销活动所需的心理基础。

❁ 营销新视界

美加净的消费者洞察

国潮兴起，不少国货老字号纷纷转型，其中也包括成绩斐然的美加净。

1. 瞄准目标消费群体展开攻势

美加净是国货老字号品牌，其产品如面霜、牙膏等都是大多数"80后""90后"的童年记忆，美加净对该消费群体实施"情怀共振"策略，然后借助此人群进行口碑传播，再次吸引更多潜在目标群体。

2. 通过直播成为一个与时俱进的新"老朋友"

美加净从2013年起先后入驻天猫、京东、苏宁等多个平台，2019年采用更为丰富、更具有代入感的场景化方式开展直播。美加净将直播代入整个生产供应链，深入工厂研发、制作、生产第一线，以最直观的方式让消费者知悉整个生产过程。场景化的直播形式，直面生产制造的全视角，既建立了消费者对品牌的信任感，也增强了消费者对品牌的黏性。

3. 陪"Z世代"消费者走过青春过往

Z世代消费者对品牌的认知已经扩张到"产品周边"，企业通过推出新产品、新周边、革新包装，成功触达Z世代消费群体，找到年轻人价值共鸣热点进行热点营销，与年轻消费群体建立更深层的情感链接。

（案例来源：根据《国货老字号如何成功转型？这个品牌打了个样》等相关资料整理。）

问题思考：美加净是如何洞察消费者的？

（四）外部因素的影响

1. 相关群体

相关群体是指那些影响人们的看法、意见、兴趣和观念的个人或集体。相关群体可分为参与群体与非所属群体。参与群体是指消费者置身于其中的群体，包含经常性受其影响的非正式群体（如朋友、家人等）和并不经常受到其影响的正式群体（如工会、相关协会等）。非所属群体是指消费者置身其外，但对消费者购买行为有影响作用的群体。一种是期望群体，即个人希望成为其中一员或与其交往的群体；另一种是游离群体，即遭到个人拒绝或抵制，极力划清界限的群体。企业应该重视相关群体对消费者的影响作用，合理利用相关群体的影响开展营销活动。

2. 社会群体

社会群体是指一个社会按照其社会准则将其成员划分为相对稳定的不同群体。不同社会群体的经济状况、价值观念、兴趣爱好、生活方式、消费特点、闲暇活动、接受的大众传播媒体等各不相同。企业要关注社会群体划分情况，针对不同社会群体的爱好要求，通过适当的信息传播方式，在适当的地点，运用适当的销售方式，提供适当的产品和服务。

二、消费者购买行为分析

（一）消费者购买行为模式

消费者购买行为是指人们为满足需要和欲望而寻找、选择、购买、使用、评价及处置产品、服务时介入的活动过程。企业在市场营销活动中要与各种各样的消费者打交道。如果不能深入、及时地了解消费者的购买行为模式，仅以单一的方式对待消费者，某些可能成功的交易就会遭遇失败。因此，企业必须认真研究消费者购买行为模式及其特点，以提高交易的成功率。

1. 消费者购买行为的基本内容

消费者购买行为模式理论认为，要在市场上从事有效的营销活动，就需要搞清楚消费者购买行为的基本内容，它包括购买主体（Who）、购买对象（What）、购买原因（Why）、购买地点（Where）、购买时间（When）和购买方式（How）等内容，也就是

商业谚语
若要生意精，
察言观色会
变通。

通常所说的"5W1H"，具体内容如下：

（1）购买主体（Who）是指既要了解消费者是谁，又要弄清购买行动中的"购买角色"。消费者是谁，指的是企业的目标顾客是谁。购买者与消费者是两个不同的概念，购买者通常指执行购买决策、从事购买的人，也即支出货币换取商品的人，依年龄、性别、职业、收入不同可划分为不同的类型。购买者可能是商品的消费者，也可能不是。在许多商品的购买活动中，决策者、购买者与消费者是分离的。因此，要搞清楚谁对购买决定有重大影响，这样，企业在确定自己的目标市场时才能掌握消费者心理，更有针对性地运用产品、价格、渠道及促销策略。

（2）购买对象（What），即了解消费者知道什么，购买什么，也就是购买者选择哪种规格、型号、颜色、式样、包装、价格、商标等的商品。这些商品往往是他喜欢且经常重复购买的商品。例如，某汽车企业在推出新型汽车时，要了解消费者"知道什么"，通过分析既可以搞清楚市场占有率和不同牌号的销售情况，也可以搞清楚消费者的偏好，以提供满足消费者需要的车型和服务。

（3）购买原因（Why），即为什么要购买，也就是消费者的主导动机或真正动机的反映。或是消费者的兴趣爱好、生活必需；或是收入增加、商品调价；或是出于新奇；或是馈赠亲友的需要等。消费者动机多种多样，只有探明了真实的原因与动机，企业才可以比较全面地了解消费者的需要。

（4）购买地点（Where），即了解消费者在哪里购买，在哪里使用。弄清在哪里购买，是了解消费者在购买某类商品时的习惯，这样可以有针对性地确定销售渠道。了解在哪里使用，就是要了解消费者是在什么样的地理环境、气候条件、场所使用商品。根据消费者使用的地点、场所的特征，可以使企业提供的商品和服务更符合消费者的需求。

（5）购买时间（When），即了解消费者在一年中的哪个季节、哪个月、哪个星期、哪一天或更具体的时间，实施哪类购买行为和需要什么样的商品或服务。搞清楚消费者什么时候消费哪类商品和服务，对于开发新产品、拓宽服务领域、增加服务项目有重要的意义。

（6）购买方式（How），既要了解消费者怎样购买，喜欢什么样的促销方式，又要搞清楚消费者对所购商品如何使用。企业弄清楚了这两个问题之后，不仅可以针对不同商品的用途突出商品的差异，而且可以作出适当的促销决策。例如，特定地区的消费者更宜接受人员推销方式，企业便可适当减少对这个地区的广告投入而增加人员销售，以适应这部分消费者对促销方式的要求。

一般来讲，企业营销人员对于目标市场上消费者购买行为的六个方面了解得越清楚，就越能掌握市场需求、消费者偏好的变化规律，也就越能制定出行之有效的营销策略。

2. 市场营销刺激

行为心理学的"刺激—反应"原理，指出人类的复杂行为可以被分解为两部分：刺激和反应。人的行为就是受到刺激的反应。而刺激来自两方面：身体内部的刺激和体外环境的刺激，反应总是随着刺激而呈现的。按照这一原理分析，从营销者的角度出发，许多市场营销活动都可以被视作对消费者行为的刺激，如产品、价格、销售渠道、促销方式等。除此之外，消费者还会受到其他方面的外部刺激，如经济、技术、政治和文化方面的刺激等。所有这些刺激在进入消费者的大脑后，经过一系列的心理活动，产生人们看得到的消费者反应：购买、拒绝或是需要更多的信息。消费者一旦决定购买，其反应便通过其购买决策过程表现在消费者的购买选择上，包括产品选择、品牌选择、购买地点选择、购买时间选择和购买数量选择，如图 2-7 所示。

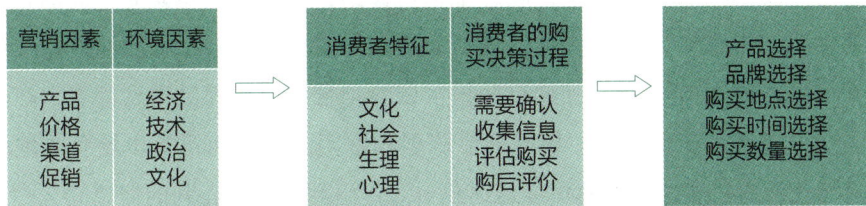

营销因素	环境因素		消费者特征	消费者的购买决策过程		产品选择
产品 价格 渠道 促销	经济 技术 政治 文化		文化 社会 生理 心理	需要确认 收集信息 评估购买 购后评价		品牌选择 购买地点选择 购买时间选择 购买数量选择

图 2-7　营销刺激与消费者反应模式

尽管消费者的心理是复杂的、难以捉摸的，但这种心理活动可以被反馈出来而使人们认识。营销人员可以从影响消费者行为的诸多因素中找出普遍性的规律，由此进一步探究消费者行为的形成过程，并在能够预料消费者反应的情形下，自如地运用市场营销刺激。

（二）消费者购买决策过程

消费者购买决策过程由一系列相互关联的活动构成，它们在实际购买发生以前就已经开始，并且一直延续到实际购买之后。研究消费者购买决策过程，目的在于使营销者针对决策过程不同阶段的主要特点，采取不同的市场营销策略。一个完整的消费者购买决策过程一般包括五个阶段，如图 2-8 所示。

需要确认 → 收集信息 → 方案评价 → 购买决策 → 购后评价

图 2-8　消费者购买决策过程

1. 需要确认

需要确认是消费者制定购买决策的第一阶段，在该阶段消费者识别问题与需要所在。这种需要可能由内在的生理活动引起；也可能受外界的某种刺激引起；或者是由内外因素共同作用的结果。营销者在这一阶段应注意不失时机地采取适当措施刺激，唤起和强化消费者的需要。

2. 收集信息

当消费者产生了购买某种商品的动机后，为了了解这种商品的情况，往往需要去收集信息。此阶段，消费者增加了对有关广告、谈话等的注意，有时还通过查阅资料，向亲友和熟人询问情况等方式更积极主动地收集信息。消费者收集信息的多少，取决于他的动机强度、已知信息的数量和质量，以及进一步收集信息的难度。

消费者获取信息的来源主要有：① 个人来源，即从家人、朋友、邻居和其他熟人中得到信息。② 商业来源，即从广告、推销员介绍、商品展览与陈列、商品包装、商品说明书中得到信息。③ 公众来源，即从大众宣传媒介的客观报道和消费者团体的评价中得到信息。④ 经验来源，即通过触摸、试验和曾经使用商品得到信息。在这一阶段，企业要做好商品广告宣传，搞好商品陈列和说明，积极向目标市场有效地传递信息，吸引消费者的注意力，使消费者迅速获得对作出购买决策有利的信息。

3. 方案评价

这是消费者决策过程中具有决定性意义的一个关键环节。消费者得到的各种有关信息，可能是重复、相互矛盾的。消费者需要进行分析、评估和比较，才能作出是否购买的决策。因此，方案评价和下一阶段购买决策也被合称为评估购买。

营销者可采取以下四种策略，积极影响消费者的选择，以提高其产品被选中的机会：① 实际的重新定位，即修正产品的某些属性，使之接近消费者"理想"的产品。② 心理的重新定位，即改变消费者心目中的品牌信念，通过广告和宣传报道努力消除不符合实际的偏见。③ 竞争性反定位，即改变消费者对竞争品牌的信念，当消费者对竞争品牌的信念超过实际时，可通过比较性广告，改变消费者对竞争品牌的信念。④ 通过广告宣传，改变消费者对产品各种性能的重视程度，设法提高其产品在消费者心目中所占据的位置，引起消费者对产品被忽视的性能的注意。

4. 购买决策

经过对可供选择品牌的评价，消费者形成了对某种品牌的偏好和购买意向，但购买决策的最后确定，还会受到一些其他因素的影响，如预期风险的大小。决定购买意向以后，消费者往往还要做出购买时间、购买地点、购买数量、支付方式等一些具体的购买决策。购买决策是消费者购买行为过程中的关键阶段，在这一阶段营销者一方面要向消费者提供更多、更详细的商品信息，以便使消费者消除各种疑虑；另一方面要提供各种销售服务（如产品使用演示），方便消费者选购，促进消费者做出购买本企业产品的决策。

5. 购后评价

购后评价是消费者通过对已购买商品的使用或他人的评估而对其购买选择进行的检验。① 如果消费者发现产品性能与期望大体相等，就会感觉基本满意；② 若发现产品性能超出了期望，则会感到非常满意；③ 若发现产品性能达不到期望，不能给他以预期的满足，就会感到失望和不满。消费者是否满意，会直接影响他以后是否会购买。如果感到满意，消费者就会进行复购，并会将购物、使用体验分享给身边的朋友；如果感到不满意，除了可能要求退货或寻找能证实产品优点的信息来减少心理不平衡外，通常还会采取相应的行动来发泄不满。这势必给企业的市场营销工作带来负面影响。因此，企业要经常征求消费者的意见，加强售后服务，同消费者保持密切的联系，建立有效的信息反馈系统，进一步改善消费者购后的满意程度和提高产品的适销程度。

营销者通过了解消费者购买决策过程，可以获得许多有助于满足消费者需要的有用线索，为其目标市场设计有效的市场营销策略。

在数字时代，以上步骤都发生了变化。现在有先购买再评估和分享的模式，也有先分享再购买的模式，消费者的某些行为可能会在时间点上发生重叠。但它们并不矛盾，因为消费者行为的具体模式主要取决于产品的决策量级：决策越复杂，消费者行为的模式越多变；反之则越单一。

三、消费者洞察技术

（一）用户画像技术

在大数据时代，用户行为给企业的产品和服务带来了一系列改变和重塑，其中最大的变化是：用户的一切行为在企业面前都是可"追溯"和可"分析"的。企业内保存了大量的原始业务数据，这是企业经营活动的真实记录，如何更加有效地利用这些数据进行分析和评估，成为企业最想解决的问题。随着大数据技术的深入研究与应用，企业的关注点日益聚焦在如何利用大数据来为精细化运营和精准营销服务，而要做到精细化运营和精准营销，首先要建立用户画像。

华商风采

《履中备载》中的用户数据管理

内联升创建于清咸丰三年（1853年），在当时它专门制作朝靴，被誉为"中国布鞋第一家"，其传承百年的千层底布鞋制作技艺，于2008年被列入国家级非物质文化遗产名录。店名中的"内"是指大内宫廷，"联升"寓意顾客穿上本店制作的朝靴，可以官运亨通，连连升迁。内联升店内有个小册子，所有的重要顾客只要来过，其个人信息就会被一一记录在案，包括姓名、官职、靴鞋尺寸、式样面料、喜好、习惯等，这样就形成了一个用户数据档案，即《履中备载》。内联升通过《履中备载》建立了自己的用户群和资料体系，提升了用户体验和营销效果。

如今，内联升延续了《履中备载》的传统，为每一位定制用户设立专门的档案，只要一个电话或一封邮件，不用到店，一双合脚称心的鞋就会送到用户的面前。

问题思考：《履中备载》展现了百年老字号内联升怎样的经营理念？

营销启示：内联升通过用户数据管理实现定制化服务，这与现代企业通过数据管理分析消费者需求、提供精细化服务有异曲同工之妙，这传承了中国传统商业文化的宝贵财富。

用户画像（Persona）即用户信息标签化，企业根据用户的目标、行为和观点的差异，将他们区分为不同的类型，然后从每种类型中抽取出典型特征，赋予名字、照片、人口统计学要素、场景等描述，形成了一个人物原型。用户画像是真实用户的虚拟代表，是建立在一系列属性数据之上的目标用户模型。用户画像为企业提供了足够的信息基础，能够帮助企业快速、精准地找到用户群体，以及用户需求等更为广泛的信息。

1. 用户信息标注

用户画像的重点工作是给用户贴"标签"，即用户信息标注。多维度的用户数据记录着大量的生活、消费、社交、爱好等行为，因此，要给这些不同维度的用户行为贴上标签，形成有价值的结构化数据并保存在存储器中。

（1）组织（企业）用户画像标签的内容。组织（企业）用户画像标签一般包括以下内容：① 基本信息，包括名称、地址、电话、创立时间、所在行业、规模、经营理念、销售或者服务区域、形象及声誉等。② 业务状况，包括采购能力、生产能力、销售能力、发展潜力与优势、存在的问题等。③ 交易状况，包括交易条件、组织用户的信用等级、与该用户关系的紧密程度、组织用户的合作意愿等。④ 主要负责人信息，如高层管理者、采购经理等人员的年龄、性格、兴趣等。

（2）个人用户画像标签的内容。一般来说，不同的业务内容会产生不同的数据，根据不同的业务目标，也会使用不同的数据。个人用户画像标签一般包括以下内容：① 人口属性，包括性别、年龄等基本信息。② 兴趣特征，包括浏览内容、收藏内容、阅读咨询、购买物品偏好等。③ 消费特征，主要指与消费相关的特征。④ 位置特征，包括用户所处城市、居住区域、用户移动轨迹等。⑤ 设备属性，指用户使用的终端特征等。⑥ 行为数据，指访问时间、浏览路径等用户在网站的行为日志数据。⑦ 社交数据，指用户社交相关数据。

用户画像要考虑业务场景、业务形态和业务部门的需求。用户画像一般按业务属性划分为多个类别模块。除了常见的人口统计、社会属性外，还有用户消费画像、用户行为画像、用户兴趣画像等。

用户画像平台的应用场景

用户画像平台以用户标签体系为核心，为每个用户打造特征化的用户画像，同时创新地使用关联图谱技术，动态展示标签深度关联关系。一方面，金融机构可以根据自身业务需求监控、分析用户画像，并因时制宜地制定相应策略；另一方面，用户标签体系能辅助银行自身的数据挖掘建模需求，并不断优化和完善用户标签体系。

神州信息用户画像平台依托大数据、机器学习等先进技术，通过用户数据集市、标签管理、画像管理等功能来实现用户数据的有效整合及分析应用，洞察用户需求，从而帮助金融机构更好地"以用户为中心"，提供金融解决方案。

神州信息用户画像平台已广泛应用于私人定制银行卡中心，统一用户标签体系；协助银行精准定位用户，精准营销；完善用户全景视图系统和零售用户标签体系；协助公司建立360°完整标签体系等场景，大大提升了企业营销效率。

问题思考：神州信息用户画像平台在金融管理中的具体应用有哪些？

营销启示：用户画像平台实现了数据整合，企业可以通过平台分析用户特征，有针对性地管理用户数据，提高营销效率。

2. 六步画像法

用户画像通常可使用六步画像法。

（1）数据采集。用户画像是根据用户的人口信息、社交关系、偏好习惯和消费行为等信息而抽象出来的标签化画像。用户画像数据来源多样，采集方式也不同，如线下采集、线上采集、第三方接口等。

（2）数据清洗。要实现精准的用户画像，就需要对噪声数据进行处理，这个过程叫作数据清洗。

（3）数据标准化。数据标准化的方法有很多种，常用的有"最小—最大标准化""Z-score标准化"和"按小数定标标准化"等。经过标准化处理，原始数据才能转换为无量纲化的指标测评值，即使各指标值都处于同一个数量级别上，这样才可以进行综合测评分析。

（4）数据建模。数据建模是根据用户行为，构建模型产出标签、权重。一个事件模型通常包括时间、地点、人物三个要素。用户的每一次行为本质上是一次随机事件，可以详细描述为：什么用户，在什么时间、什么地点，做了什么事。

（5）标签挖掘。标签挖掘也叫标签生产，即对用户标签体系中的用户数据进行挖掘，形成用户标签。标签的生产方式主要有以下两种：① 基于规则定义的标签生产方式，即根据固定的规则，通过数据查询的结果生产标签，其重点在于如何制定规则。② 基于主题模型的标签生产方式，主题模型开始运用于内容领域，目的是找到用户的偏好，可以参照该模型分类算法对用户进行分类、聚类，使用关键词的算法挖掘用户偏好，从而生产标签。

（6）数据可视化。数据可视化是基于标签体系的用户画像的重要应用，通过对用户的各类标签数据进行翔实、准确地汇集和分析，并以图片、表格等可视化手段对用户关系、用户内容、用户行为等数据进行可视化展示，可以帮助企业营销人员全面了解用户，即了解用户是谁，有什么特征和兴趣偏好等，从而为智能推荐、精准营销、产品和服务创新、渠道优化等业务提供支撑。

3. 用户画像场景应用

用户画像已成为企业营销人员分析用户、触达用户的有效工具。不同的企业做用户画像有不同的战略目的，广告公司是为了提供精准的广告服务，电商企业是为了引导用户购买更多商品，内容平台是为了推荐用户更感兴趣的内容，提升流量变现率。企业对用户的了解越多，就越容易为用户提供所需的产品和服务，从而增强用户黏性，提升企业盈利能力。

（1）用户研究。利用大数据技术，基于标签体系构建用户的360°画像，从用户的各个维度进行分析，是企业制定营销策略、服务策略，提升用户满意度的重要依据。

（2）精准营销。以数据为基础建立用户画像，利用用户标签让系统进行智能分组，获得不同类型的目标用户群，针对每一个用户群体策划并进行精准营销，具有极强的针对性，是企业和用户之间点对点的交互。它不仅可以让营销变得更加高效，也能为企业节约成本。精准营销就是研究在恰当的时间把合适的内容发送给匹配的用户，是数据价值的一个重要出口。

（3）产品创新。构建用户画像是为了还原用户信息，最终要体现在产品的应用上。在以用户需求为导向的产品研发中，企业通过对获取到的大量目标用户数据进行分析、处理、组合，构建用户画像，从而设计制造出用户喜好、功能实用、更加符合市场需求的新产品，为用户提供更加良好的体验和服务。

东鹏特饮的产品改进

东鹏特饮的主力消费人群是长途汽车司机、快递员、外卖员等，这部分消费者常年奔波在路上，针对此类消费群体，东鹏特饮推出了带盖子的瓶装饮料，就像矿泉水瓶那样，喝不完盖上拧紧就行，解决了罐装饮料一口气喝不完，车上不好放，稍微颠簸一下就容易撒得到处都是的消费痛点。

东鹏特饮还发现，此类消费者的体力消耗很大，需要大包装的饮料，250 ml 的罐装对他们来说太精致了，因而推出了 500 ml 的大容量包装，一上市就非常受欢迎。2021 年中国连锁经营协会发布的"便利店畅销商品榜单"显示，饮料类商品中，东鹏特饮 500 ml 大容量包装商品销量排名第二。

问题思考： 东鹏特饮根据用户画像做了哪些产品改进？

营销启示： 中国商业谚语"裁衣先量体，经商先摸底"说的是做衣服之前要先量量身体尺码，而做生意之前同样要先摸透行情。根据用户画像进行用户洞察，可以帮助企业开发适销对路的商品，提供精准服务。

（4）渠道优化。当前企业的销售渠道有多种，如自营门店、经销商代理、电商平台、电商 App 等，每个渠道用户群体的消费能力、兴趣偏好可能是不一样的，通过用户画像可以让合适的产品在合适的渠道投放，从而增加销售量，这是目前零售行业惯用的方法。

（5）个性服务。在用户画像的开发过程中，不仅会开发用户标签维度的数据，而且会开发用户行为特征库、商品特征库、商家特征库等相关数据，为算法开发人员做用户相关商品、内容的个性化推荐提供底层数据支持。众所周知，今日头条是一个个性化的新闻推荐引擎，其之所以能够非常懂用户，精准推荐出用户所喜好的新闻，完全得益于算法，而正是精准推荐，使得每天有超过 2 000 万用户在今日头条上阅读自己感兴趣的文章。

（二）客户旅程图技术

1. 客户旅程图与用户画像的关系

客户旅程图就是以图形化的方式直观地再现客户与企业品牌、产品或服务产生关系的全过程（而非某一个节点），以及过程中客户的需求、体验和感受。客户旅程图可用来描述某一角色客户在特定场景下所经历的故事，如从一个客户接触到某企业广告开始，到咨询、比较、购买、使用、分享使用体验，最后以升级、更换或选择其他品牌的产品结束。客户旅程图能够阐明客户与产品之间的关键交互节点，并通过观察分析客户在各个阶段的行为、想法、情绪，来帮助优化产品流程，并解决痛点。它可以关注某些特定的部分，也可以给出一个完整体验的全貌，让企业更加了解他们的客户。

客户旅程图是用户画像技术的深化。用户画像呈现的是一个客户的整体需求以及需求的变化趋势，是一个由零到整的过程；客户旅程图则是将用户画像中的客户需求分解到每一次与企业的互动中，使之更容易被理解和认知，是一个由整到零的过程。用户画像与客户旅程图结合使用，会提供更好的客户体验。

用户画像是形成客户旅程图的前提，客户旅程图的绘制过程也可以帮助企业梳理出一个针对某一方面（如某个产品系列、某种服务、官网体验等）的用户画像。不同行业有不同的客户旅程，会有不同的步骤和感知触点。根据触点顺序，可以把客户旅程图划分为五大场景，如图 2-9 所示。其中，预触点是指客户了解企业的产品或服务的途径；首触点是客户的第一印象；核心触点是企业为客户提供的核心使用价值，决定了产品的可用性；末触点是客户离开时的体验；内触点是为客户提供的关联服务或者附加价值。

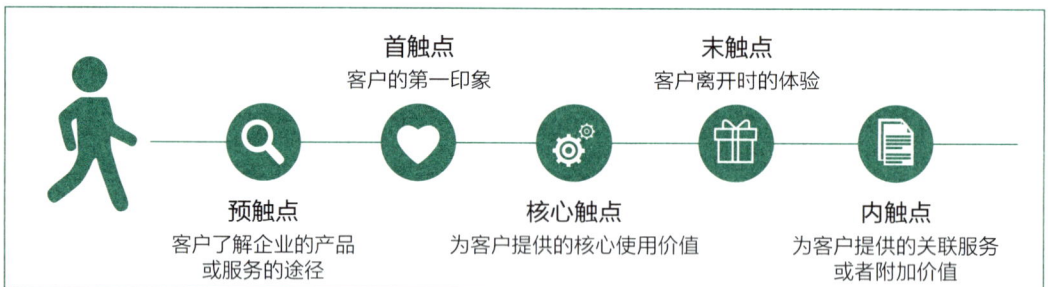

图 2-9　客户旅程图的五大触点场景

2. 客户旅程图的制作

客户旅程图由需求、行动和感受三个最基本的核心要素构成。需求是指客户期望从企业那里获得什么，在每一次互动中想要实现什么目标，客户需要哪些帮助来实现目标，客户期望获得什么样的待遇与感受，客户是否有自己尚未意识到的需求。行动是指为了实现目标，客户所采取的行动与步骤，每个步骤中都有哪些具体的互动点与触点，客户是如何与企业互动的。感受是指客户在与企业互动前、互动中、互动后的感受如何，客户是否感到他们的需求被满足，客户是否满意，客户是否认为这些互动很有价值。客户旅程图制作的具体步骤如下：

（1）确定目标。无论是协调销售和市场部门之间的工作，还是提升客服部门的服务质量，明确的业务目标可以帮助企业创建出与目标相匹配的客户旅程图，而与业务目标一致的客户旅程图将会为企业带来深刻洞察。

（2）选择客户旅程图的类型。常见的客户旅程图可以分为三种类型：①当前状态（Current State）地图基于客户数据和观察研究，描绘客户在与企业互动时所产生的想法、心情和行动。它有助于企业了解当前体验中的缺陷和痛点，优化客户旅程，提升客户体验。②未来状态（Future State）地图基于企业的预测，把客户在未来与企业互动时所产生的想法、心情和行动可视化。它可以帮助企业拓宽视野，为搭建"完美"的客户旅程明确业务目标和方向。③日常生活（Day in the Life）地图展现了客户日常生活中的经历、行为、想法和情绪，可以帮助企业了解客户的生活，发现他们现实生活中的痛点，找到未被满足的客户需求。

通常情况下，企业会把前两者结合使用，即先创建当前状态地图，用于评估当前的业务和体验流程，找出痛点和服务缺口；再创建未来状态地图，明确需要改进的领域和优化的方向。如果企业想深入挖掘客户需求，获得创新客户体验的启示，日常生活地图会是上佳选择。

（3）数据收集和整合。创建客户旅程图需要收集整理手头已有的客户研究资料，如用户画像、各类相关报告等资料，并让所有的利益相关者从他们的视角提供对客户的理解和认知。如果没有用户画像，就需要做更多的数据采集和挖掘工作，经过数据分析和提炼，塑造出合适的人物角色。人物角色可能会有很多个，人物角色不同，体验过程不同，客户旅程图的走向也会不同，一个客户旅程图只能跟踪一个人物角色的体验。

（4）梳理触点。客户旅程图由一系列触点组成，只有梳理好了触点，才能画出一个完善的客户旅程图。第一，罗列出客户当前使用的触点，以及企业希望客户使用的触点；第二，确定各个触点的负责部门、区域和人员；第三，梳理各个触点之间的联系，明确每个触点所能满足的客户需求；第四，根据重要性对所有触点进行排序分级；第五，衡量各部门在各个触点的表现，通过"增加"或"减少"触点，优化客户旅程。

（5）标出资源。绘制完地图后，企业需要在图中的各个触点上清楚地标出，哪些资源是企业拥有的、可以用来优化客户体验的，哪些是企业目前没有但是未来需要的。企业可以清楚地看到现有资源的配置情况和每个触点的资源需求情况，有效地利用资源，提供高质量的服务，最大化地提升客户体验。

（6）亲自体验客户旅程。客户旅程图绘制完成后，营销人员可亲身体验整个客户旅程，帮助企业发现客户旅程图中不切实际的触点、渠道或是交互方式。通过不断的试验和修正，得到最贴近真实的客户旅程图。

从客户旅程图的制作过程中可以看到，地图的明线是时间线，这个时间线背后其实就是一个个场景的连接，是场景中所获得的良好体验使时间线得以延续。客户旅程图是企业打造优质客户体验必不可少的重要工具，它既可以帮助企业站在客户的角度审视自身的业务流程，发现业务流程中的痛点和瓶颈，又能兼顾微观和宏观视角，让企业更全面地认识其产品、服务及客户体验。客户旅程图的要素分解如表2-1所示。

表2-1　客户旅程图的要素分解

要素	要素分解	内容
需求	整体需求	客户期望从企业那里获得什么
	分解的需求	在每一次互动中想要实现什么目标
	需求实现条件	客户需要哪些帮助来实现目标
	期望	客户期望获得什么样的待遇与感受
	隐性需求	客户是否有自己尚未意识到的需求
行动	行动步骤	客户为了实现其目标而必须采取的行动步骤是什么，将整个旅程从客户的角度拆分为一个个的小行动
	互动	每个步骤中客户与企业都有哪些互动
	触点	每个步骤中客户与企业都有哪些触点
	互动方式	客户如何与企业发生互动
	渠道	每个步骤、触点发生的渠道是什么
	服务	在每个步骤中，客户所得到的服务是什么
	关键人物或部门	在该触点中由哪个部门提供服务，影响客户体验的关键人物是谁
	关键诱因	触发客户与企业进行互动的要素是什么，促使客户产生某种感受的因素是什么，促使客户走向下一个阶段的动力是什么
	可改进的互动与触点	哪些地方可以改进，以更好地满足客户需求
感受	真实瞬间	旅程中对客户来说最为重要的真实瞬间有哪些，如感到愉悦、满意的时刻，以及感觉到受挫、失望、愤怒、沮丧的时刻
	满足与否	在每一个阶段、互动或触点中，客户是否认为他们的需求被满足了，是否感到满意，是否认同这些互动的价值

3. 客户旅程图的作用

（1）优化产品、改善流程。企业通过制作客户旅程图，可以深入了解容易被企业忽视的客户需求、感受、体验，从而客观地了解自身的产品或服务在各阶段的优劣势，以便优化产品、改进服务流程。

　　　　　　　　　　　　　　　　　　　　　　　市场营销基础

海尔烤箱的高黏性社区

海尔这些年一直在做智能家电，而且希望建立高黏性社区，让客户和品牌能够持续产生互动。但是烤箱这样的产品，很难建立自己的烤箱社群，怎么改进烤箱功能，才能增加客户黏性呢？

海尔请著名的设计公司对烤箱客户做了一轮深度调研。其中一个客户的诉求是在烤箱里装个摄像头。该客户的想法源自他在玩滑板的时候安装的运动相机，这样就能拍到运动过程中的精彩镜头，以便分享到社交媒体。同样地，如果能在烤箱里装个摄像头，拍下食材在烤箱里变化的整个过程，再分享到社交媒体，肯定特别酷。

根据这一需求，海尔真的推出了一款内嵌耐高温摄像头的烤箱，可以清晰地拍下蛋液沸腾、蛋糕膨胀、颜色变化等烘焙细节。客户把这些视频分享到社交媒体，和原来只能放几张静态图片的效果完全不同，大大提升了客户体验。

摄像头的成本不高，但这样一个小改动，把烤箱从纯粹的家用电器变成了社交工具，实现了海尔希望提高客户黏性的目标。

问题思考：海尔是如何获取产品创新灵感的？

营销启示：做生意要"想客所想，投客所好"，企业只有深度挖掘客户需求，不断创新产品和服务，才能进一步提升客户的购物体验。

商业谚语
不懂顾客脾气，枉费经营力气。

（2）提高执行效率。客户旅程图是真实情境的再现，企业通过制作客户旅程图可以认识到客户所经历的过程及体验，以同理心对待客户，客户的心声更能得到正确的传递和采纳。

（3）提高沟通效率。客户旅程图提供了对客户需求与感受的细致描述，为企业设计与客户的沟通提供了参考。对企业内部而言，只需一张客户旅程图便能说明相关的问题，这有助于提高沟通效率。

学习实践

分析用户画像与客户旅程图的关系，选择一个喜欢的新国货品牌，尝试构建用户画像并制作客户旅程图。

第三节 市场调查分析

洞察市场机会的关键是对市场相关信息的收集与研究。在大多数企业制定营销策略的过程中，起着关键先导性作用的就是市场调查。《孙子兵法》有云，"凡事预则立，不预则废"，也从不同角度强调了市场调查的重要性。

一、市场调查的方法

市场调查是一种通过特定信息将消费者与营销者联系起来的手段。有效的市场调查的步骤如图 2-10 所示，通常称为六步调查法。

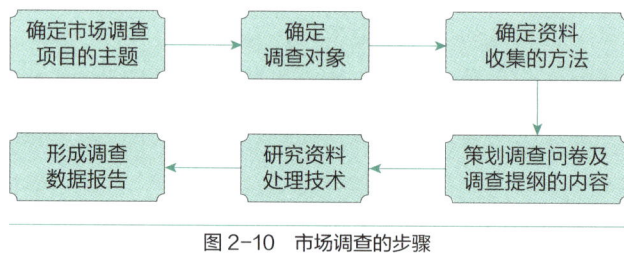

图 2-10　市场调查的步骤

1. 确定市场调查项目的主题

首先，要确定市场调查项目（或接受委托调查项目）的主题。企业可以成立调查工作项目组，指定项目经理负责组织实施这项调查任务。在该项目经理的带领下，项目组开始着手策划并实施市场调查工作。

2. 确定调查对象

调查项目的主题确定后，调查组需要围绕项目主题收集下列资料：① 同类企业（竞争对手）的相关资料、行业市场的背景资料，主要通过互联网、委托企业获得；② 零售商与代理商经营情况资料，在委托方提供名录后，可通过有针对性的实地调查获得；③ 消费者信息资料，需要在调查人员选定调查的个体对象后获取。

3. 确定资料收集的方法

项目组应根据所确定的资料来源和调查对象，考虑调查工作的人力状况与财务预算，提前设计科学合理的调查形式。数据资料可以按照被收集的方式分为一手数据和二手数据两大类。

市场营销基础

（1）一手数据，指通过人员访谈、询问、问卷、观察等方式直接获得的新数据。一手数据收集的方法有定性调查和定量调查两类。定性调查主要指一对一深度访谈或组织互动的焦点座谈会，定量调查则指向消费者发送结构化的调查问卷。企业通常先进行定性调查，再通过定量调查来数量化测量和表达定性调查中的发现。

（2）二手数据，指特定的调查者按照原来的目的收集、整理的各种现成的资料，或是前人统计好的数据。要想获得二手数据，可通过搜索引擎进行信息搜索，如查询国家统计年鉴、行业书籍、行业专项报告、上市公司财报、国家和行业公布的相关政策，也可定期观察竞争者的网站和店面等。

"近山识鸟音，近水知鱼性"。在市场调查过程中，企业还可以采用更为深入的调查方法，包括陪同观察、共同生活等。随着大数据和人工智能技术的发展，企业也可以利用爬虫技术对网络中的各种文本信息进行抓取、整理、聚类和分析，进而得出更多的分析结果。

◈ 营销新视界

爬虫技术符合市场伦理吗

"爬虫"也被称为网络蜘蛛或网络机器人，它是一种能自动浏览网页，并且提取相关数据的程序。企业可以利用爬虫技术抓取一些公开信息，辅助商业决策，如利用爬虫技术来搜集平台关键词的热度变化等。除了搜索平台关键词的热度变化，企业还可运用爬虫技术搜集全网数据，对已发现的需求做进一步印证。

但是，这样一个快速、有效挖掘"隐藏"信息的互联网新技术，它符合市场伦理吗？

《中华人民共和国数据安全法》第七条明确规定："国家保护个人、组织与数据有关的权益，鼓励数据依法合理有效利用，保障数据依法有序自由流动，促进以数据为关键要素的数字经济发展。"爬虫作为促进数据流动和有效利用的一种技术，本身不被法律禁止。

从制度经济学角度讲，约束人类经济行为的有两个因素，即法律和伦理，它们是具有不同内涵的两个概念。爬虫技术是一个合法工具，但用合法工具做的事不一定是合法的，更不能等同于合乎伦理道德。

问题思考：如何合理利用爬虫技术进行数据收集？

营销启示：满足市场需求既要遵循"合法、正当"的原则，也要合乎商业伦理道德，保证经济活动既充满生机又有利于社会健康发展。

4. 策划调查问卷及调查提纲的内容

（1）调查问卷的内容设计。问卷设计的质量对调查结果会产生至关重要的影响，问卷提供了标准化和统一化的数据收集程序，它使问题的用语和提问的程序标准化。问卷结构要包括说明部分、甄别部分、主体部分、个人资料部分，访问员记录、被访者记录等。问卷形式采取开放性和封闭性相结合的方式，按照被调查者思考问题的方式和对产品了解的程度来设计。

（2）销售终端与代理商的访谈提纲设计。访谈提纲的内容设计应当包括销售额、利润、进货周期、畅销款式等，还应该包括顾客与竞争对手的信息资料。

5. 研究资料处理技术

在问卷回收分析阶段，应由专人负责回收问卷，在统一审核基础上，首先要剔除无效问卷，之后对问卷进行统一编码，即将问卷中的开放题或半开放题的答案用标准代码表达出来，以便于统计。为了确保原始码表趋于完善，应当选择不同地区、不同层次的问卷分别编制。对于可能出现的新码，应该在原始码表上留下补充余地，从而便于灵活添加。数据录入可利用 Excel 软件完成。数据信息分析可借助专业的市场调查分析软件如 SPSS 进行，也可以使用 Excel 的统计分析功能进行。

6. 形成调查数据报告

基于对调查资料的处理与分析，形成调查数据报告，其中应包括该项市场调查的基本目标和要求，数据资料的处理技术，使用的分析软件，数据分析的结果及呈现形式等。

二、市场调查分析的应用

（一）市场营销环境分析

市场营销环境分析即跟踪市场营销环境的发展变化，发现市场机会和威胁，从而及时调整以适应环境变化。前期市场调查并不能准确地给出决策方案，但它可以为营销决策提供所需要的信息，此时企业可利用市场机会—环境威胁矩阵法来加以评价、分析。

1. 市场机会矩阵

市场机会是指市场环境中对企业营销有利的各种因素的总和。要有效地抓住和利用市场机会，并结合企业自身的实际状况，变市场机会为企业机会。评价分析市场机会主要考虑两个方面：一是市场机会对企业的潜在吸引力大小；二是市场机会出现的概率大小。如图 2-11 所示。

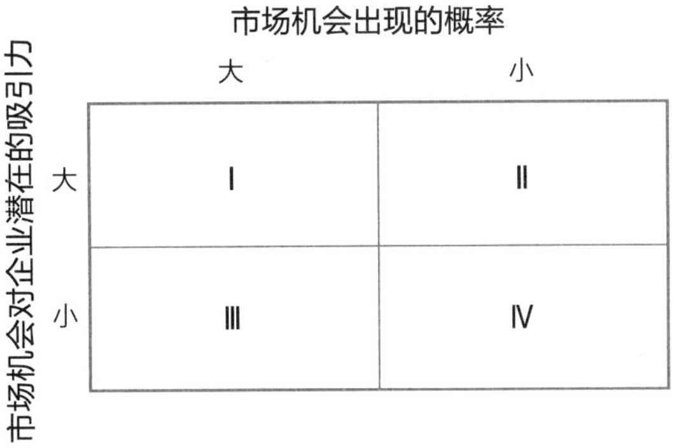

图 2-11　市场机会矩阵

在市场机会矩阵图中，横向表示"市场机会出现的概率"；纵向表示"市场机会对企业潜在的吸引力"。对其评价分析有如下几个方面。

区域I：市场机会出现的概率大，市场机会对企业潜在的吸引力大，成功的可能性大。企业必须高度重视。

区域II：市场机会出现的概率小，市场机会对企业潜在的吸引力大，成功的可能性小。企业需注意把握市场机会，努力创造有利条件。

区域III：市场机会出现的概率大，市场机会对企业潜在的吸引力小，成功的可能性大。企业要及时抓住市场机会，制定相应的营销对策，将市场机会尽快转化成为企业的发展机会。

区域IV：市场机会出现的概率小，市场机会对企业潜在的吸引力小，成功的可能性小。企业要观察环境变化，并依据情况及时采取措施。

2. 环境威胁矩阵

环境威胁是指市场环境中对企业营销不利的各种因素的总和。面对环境威胁，企业要善于识别评价威胁的可能性和严重性，以便制定相应对策，减轻或消除其对企业营销的危害性。评价分析环境威胁主要依据两个方面：一是环境威胁对企业潜在的危害大小；二是环境威胁出现的概率大小。如图 2-12 所示。

环境威胁矩阵图中，横向表示"环境威胁出现的概率"；纵向表示"环境威胁对企业潜在的危害"。对其评价分析有如下几个方面。

区域I：环境威胁出现的概率大，对企业潜在的危害大。在该区域内环境威胁程度高，企业应高度关注环境威胁的发展趋势，及时采取应对措施，防止影响企业的市场地位。

区域II：环境威胁出现的概率小，对企业潜在的危害大。在该区域内威胁程度一般，企业应重视环境威胁变化，尽可能降低其对企业潜在的危害性。

　　　　　　　　　　　　第二章　市场洞察　乐观时变

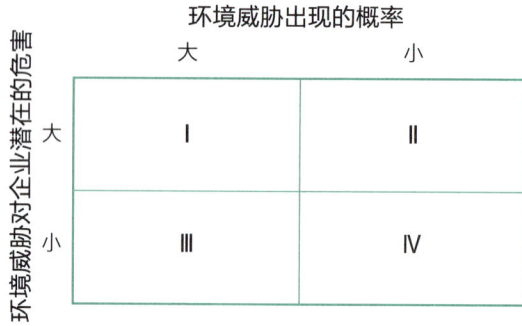

图 2-12　环境威胁矩阵

区域Ⅲ：环境威胁出现的概率大，对企业潜在的危害小。在该区域内威胁程度一般，企业应结合自身优势，准备好应对方案，化不利因素为有利因素。

区域Ⅳ：环境威胁出现的概率小，对企业潜在的危害小。在该区域内威胁程度最低，企业应注意威胁发展趋势，集中精力抓好现有市场营销。

3. 市场机会—环境威胁矩阵

在企业面临的市场环境中，单纯的市场机会或环境威胁是罕见的，一般情况下要面对的是机会与威胁并存、利益与风险相伴的复杂综合性环境。企业对环境的选择建立在分析了机会与威胁出现的可能性大小的基础上，其分析评价主要依据两个方面：一是市场机会水平，二是环境威胁水平，如图 2-13 所示。

在市场机会—环境威胁矩阵图中，纵向表示"机会水平"，横向表示"威胁水平"。对其评价分析有如下几个方面。

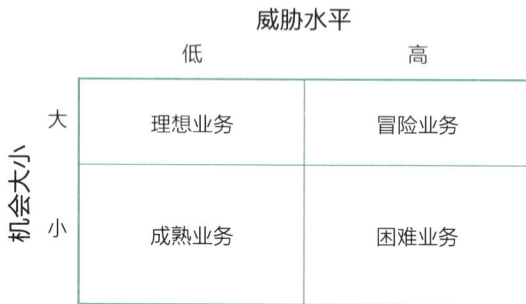

图 2-13　市场机会—环境威胁矩阵

冒险业务区域：市场机会大，企业面临的威胁也大，利益与风险共存，因此处于冒险环境中。

困难业务区域：市场机会小，企业面临的威胁大，风险大于利益，市场竞争激烈，市场容量基本饱和，企业处于困难环境中。

成熟业务区域：市场机会小，企业面临的威胁也小，市场处于相对稳定状态，企业处于成熟环境中。

理想业务区域：市场机会大，企业面临的威胁小，利益大于风险，企业处于理想环境中。

❀ 行业观察

北京冬奥会带动冰雪产业发展

根据国家体育总局的数据，2015年北京申办冬奥会成功后，国内的滑雪场数量就开始飙升，到2021年初，国内有了650多块标准雪场，比2015年增长了3倍。2021年全国新增了1 200多家滑雪相关企业，同比增长了60%以上。2019—2020年滑雪季，全国滑雪人次为1 045万人；2020—2021年滑雪季，全国滑雪人次为2 076万人。2022年北京冬奥会成为中国大众共同的"冰雪课堂"，让大众进一步熟悉冰雪运动，让滑雪产业在国内进入高速发展期。

（1）迎来政策利好，谋划跨越式发展。紧抓冬奥会机遇，共同做大冰雪旅游市场成为业界共识。文化和旅游部持续发力，以政策"组合拳"推动冰雪旅游跨越式发展，如联合相关部门公布"筑梦冰雪·相伴冬奥"全国冰雪旅游精品线路，发布"2022年春节假期体育旅游精品线路"，公布国家级滑雪旅游度假地名单，发布《京张体育文化旅游带建设规划》等。各地文化和旅游部门乘着冬奥会东风，不断加大对冰雪旅游发展的支持力度，带动当地经济社会发展。

（2）随着装备技术的进步、冰雪消费意识的觉醒、户外运动需求的增长，冰雪旅游将不再是冬季的"专利"、北方的"专利"，南北并进的格局将进一步形成。冬奥会不仅留下了可用于国际赛事的重要场馆类遗产，还沉淀了很多具有自主知识产权的技术，为提高冰雪场馆的区域适应性、季节适应性、市场适应性创造了全新的条件，让冰雪运动成为一项大众性甚至是日常性的休闲运动。

（3）注重产品转化，更加契合需求。广大旅游企业也紧抓机遇，加大产品设计、转化力度，契合、引领大众需求。如重庆南川金佛山滑雪场拥有滑雪、戏雪、娱乐、泡温泉等多个特色专区；很多旅游网也不断创新，推出多种滑雪旅游套餐。

当然，我国的滑雪人口渗透率还比较低，冰雪旅游的高质量发展，也不只是建几个滑冰场、滑雪场那么简单，需要各方共同推动冰雪产业发展配套政策、项目建设、产品体系的日益完善，才能使冰雪旅游的综合带动作用得以更高质量地发挥。

问题思考：北京冬奥会给中国冰雪产业发展带来的市场机遇有哪些？

营销启示：北京冬奥会给中国冰雪产业带来了巨大的推动作用，包括冰雪旅游、冰雪运动、冰雪装备等新的市场机遇。各旅游企业应抓住这些市场机遇，创新产品与服务，满足市场需求。

（二）市场竞争态势分析

任何企业的经营过程，都是不断地在其内、外部环境及其经营目标三者之间寻求动态平衡的过程。因此，应对比分析外部环境中存在的机会和威胁与企业内部的优势和劣势，以便充分发挥企业的优势，把握住外部的机会，避开内部的劣势和外部的威胁。最常用的内外部环境综合分析技术就是 SWOT 分析法。SWOT 包括优势（Strengths）、劣势（Weaknesses）、机会（Opportunities）和威胁（Threats）四个维度。

1. 机会与威胁（OT）分析

环境发展趋势分为两大类：一类表示环境威胁，另一类表示环境机会。环境威胁指的是环境中一种不利的发展趋势所形成的挑战，如果不采取果断的战略行为，这种不利趋势将导致企业的竞争地位下降。环境机会就是对企业行为富有吸引力的领域，在这一领域中，该企业将拥有竞争优势。

2. 优势与劣势（SW）分析

当两个企业处在同一市场且都有能力向同一消费者群体提供产品和服务时，如果其中一个企业有更高的盈利率或盈利潜力，那么就认为这个企业比另外一个企业更具有竞争优势。竞争优势可以指消费者眼中一个企业或它的产品有别于其竞争对手的任何优越的东西，它可以是产品线的宽度，产品的质量、可靠性、适用性、风格和形象，以及服务的及时、态度的热情等。

3. SWOT 分析矩阵

企业可以按照这种方法分析自身的优势和劣势，分析外界的机会和威胁，把环境分析结果归结为 SO、WO、ST 和 WT 四种战略，形成环境分析矩阵。

SO 战略（优势＋机会，具有杠杆效果）。杠杆效果产生于内部优势与外部机会相互一致和适应时。在这种情况下，企业可以用自身的内部优势撬动外部机会，使机会与优势充分结合发挥。然而，机会往往是稍纵即逝的，因此，企业必须敏锐地捕捉机会，把握时机，以寻求更大的发展。

WO 战略（劣势＋机会，具有抑制性）。抑制性意味着妨碍、影响与控制。当环境提供的机会与企业内部资源条件不相适合，或者不能相互重叠时，外部机会再好也将得不到利用。在这种情况下，企业就需要提供或追加某种资源，以促进内部资源劣势向优势转化，从而迎合或适应外部机会。

ST 战略（优势＋威胁，具有脆弱性）。脆弱性意味着优势的程度降低，当环境状况对企业优势构成威胁时，优势得不到充分发挥，出现优势不优的脆弱局面。在这种情况下，企业必须克服威胁，以发挥优势。

WT 战略（劣势＋威胁，具有问题性）。当企业内部劣势与企业外部威胁相遇时，企业就会面临严峻挑战，如果处理不当，可能直接威胁到企业的生存。

✛ 学习实践

构建新能源汽车的 SWOT 矩阵

中国汽车工业协会数据显示，2021 年中国新能源汽车销量呈现出高增速，达到了 325.1 万辆，位居全球第一，我国已连续 7 年取得这一成就。2022 年 1 月，中国新能源汽车产销分别完成 45.2 万辆和 43.1 万辆，同比分别增长 1.3 倍和 1.4 倍。

目前，中国已经成为全球最大的新能源汽车市场，新能源汽车成为中国经济高质量发展的新引擎。回顾中国汽车工业发展史，我国成功实现了从进口、合资、仿造到如今可以为海外市场定制"全球车型"，中国车企正在成为新能源汽车行业的标准制定者和有力竞争者。

中国新能源汽车能够实现"弯道超车"的原因主要在于：① 国家提前布局，采取政府与市场的双轮驱动，加快推进新能源汽车的市场化之路；② 充分发挥后发优势，在锂电池技术上取得了突破，是国内自主品牌获得成功的关键；③ 电动汽车价格下降，外观得到改善，充电桩、零部件等配套设施的完善，提高了中国新能源汽车厂商的竞争力；④ 用电成本远低于燃油，噪声和汽车加速的平稳性也具有优势等。

请大家收集相关资料，分析并构建中国新能源汽车企业的 SWOT 矩阵。

三、商务数据分析的应用

（一）商务数据的主要类别

商务数据主要是指记载商业、经济等活动的数据符号，是构成商务信息或者知识的原始材料。按来源的不同，商务数据主要分为以下几类：

1. 交易数据

交易数据包括 POS 机数据、信用卡刷卡数据、电子商务数据、互联网点击数据、企业资源规划（ERP）系统数据、销售系统数据、客户关系管理（CRM）系统数据、企业生产数据、库存数据、订单数据、供应链数据等。

2. 移动通信数据

能够上网的智能手机等移动设备越来越普遍，移动通信设备记录的数据量和数据的立体完整度，常常优于各家互联网公司掌握的数据。移动设备上的软件能够追踪和沟通无数事件，从运用软件储存的交易数据（如搜索产品的记录事件）到个人信息资料或状态报告事件（如地点变更即报告一个新的地理编码）等。

3. 人为数据

人为数据包括电子邮件、文档、图片、音频、视频，以及通过微信、微博等社交媒体产生的数据流。这些数据大多数为非结构性数据，需要用文本分析功能进行分析。

4. 机器和传感器数据

机器和传感器数据包括来自感应器、量表和其他设施的数据，定位系统数据等。这其中包括功能设备创建或生成的数据，如智能温度控制器、智能电表、工厂机器和连接互联网的家用电器的数据。来自物联网的数据可以用于构建分析模型、连续监测预测性行为、提供规定的指令等。

5. 开放数据

开放数据主要是指互联网上可获取的数据，如政府机构、非营利组织和企业提供的数据等。

（二）商务数据分析

1. 商务数据分析的概念

商务数据分析以商业理论为基础，以决策优化为目的，从数据分析出发，依靠统计工具洞察数据背后的规律，从而为商业创造最大价值。商务数据分析不仅需要向管理层提供各种数据，而且需要采用更深入的方法来记录、分析和提炼数据，并以易于理解的方式呈现结果。商务数据分析经常应用于行业分析、客户分析、产品分析及运营分析等商业领域。

2. 商务数据分析的价值

从企业经营角度来看，商务数据分析的目的是帮助企业解决经营决策的难题。经营决策是指企业为达到经营目标设置的战略和策略，包括战略决策、投资决策、营销决策。商务数据分析的价值就体现在对这三方面的支持上。

从企业应对风险的角度来看，商务数据分析在企业日常经营中能够帮助企业发现做得好的地方，预防企业经营中的风险，指出需要改进的地方，并把握未来的发展方向。

商务数据分析就是将数据与风险相关联，对风险进行数据化的监督，最大程度发挥数据的价值，应对企业的已知风险、可预测风险和不可预测风险。

（三）商务数据分析的应用场景

对于不同的业务场景，商务数据分析的内容与方法各有不同。商务数据分析主要应用于以下几个业务场景。

1. 行业分析

一般来讲，由于行业市场的复杂性，很难对一个行业的市场规模有精确的掌握。所以，对行业市场进行分析时，定性分析居多。定性分析就是对研究对象进行"质"方面的分析，主要解决研究对象"有没有"或者"是不是"的问题。一般会运用归纳和演绎、分析与综合，以及抽象与概括等方法，对获得的各种材料进行加工，揭示内在规律。这种分析对人们鉴定和判别事物属性具有一定的参考和评估价值，比如前述波特五力模型就是采用定性分析的方法，确定企业所在行业的相对竞争程度。

2. 客户分析

客户分析的重点是通过对客户的分析，了解各类客户的特征，采取差异化营销策略，主要包括分类分析和聚类分析。

（1）分类分析。分类分析通过找出数据库中一组数据对象的共同特点并划分为不同的类别，将数据库中的数据项映射到某个给定的类别。例如，一个汽车零售商将客户按照对汽车的喜好划分成不同的类别，营销人员就可以将新型汽车的广告手册直接邮寄到有这种喜好的客户手中，从而增加成交机会。分类最重要的是确定分类的维度。以客户细分为例，细分的维度有事前和事后两类。事前维度包括性别、年龄、收入、行为等表露在外的属性。事后维度包括态度、价值观、心理等隐藏在内的属性。事后维度比事前维度的分析难度大，但是体现了客户内在的本质区别，效果更好。

（2）聚类分析。聚类分析是按照数据库中数据已有的标签进行分类，基于分类开展分析。聚类分析是一种无监督的学习，事先不知道数据的类别标签，通过对相关属性的分析，将具有类似属性的样本聚成一类。例如，从态度习惯、行为偏好等维度将客户分类，然后针对各类客户的特点开展精准营销。例如，针对价格敏感型客户，多做促销让利活动；针对印象驱动型客户，注重品牌形象塑造等。

3. 产品分析

产品分析主要是对企业的销售额、利润、价格等数据进行分析，以了解产品的市场状况。常用的产品分析方法是对比分析。对比分析是数据分析中最常见、最基础的一种分析方法。如果对数据的评估和汇报缺少了对比，就无法说明效果是好还是坏。对比分

百度怎么会知道你在超市买了刮胡刀？

析主要解决三个问题：对比的内容、对比的方法、对比的对象。

对比分析分为绝对数对比和相对数对比，其中绝对数对比主要对比本身具备价值的数字，如产品销售额、成本、利润等。相对数对比主要对比两个有联系的指标的比值，比如单纯对比销售额不能确定产品的收益情况时，就需要考虑成本和利润，对比销售利润率或成本利润率。

对比分析的方法有环比分析和同比分析，其中环比分析是分析连续两个统计周期内量的变化，同比分析一般是指本期水平与往年同期水平的对比分析。对比分析的对象有自身对比和行业对比。在进行自身对比时，可从时间维度、不同业务线和往期均值等方面对比自己的发展情况。如果通过自身对比无法找到合适的原因，就需要与行业比，看是自身原因还是行业的趋势导致的涨跌。

4. 运营分析

运营分析除了可以使用前面所介绍的分类分析、对比分析等方法外，还可以使用分布分析、相关分析、回归分析等方法。

（1）分布分析。分布分析是集中和离散趋势的分析，当对比分析中对比的对象不是一个数值而是一组数值时，就要用到分布分析。

（2）相关分析。相关分析研究的是现象之间是否存在某种依存关系，并对具有依存关系的现象探讨其相关方向及相关程度。相关关系是一种非确定性的关系，具有随机性。

（3）回归分析。回归分析是预测分析的一种方法。预测是用已知推断未知，用现在推断未来的过程，可以帮助企业对未来的趋势做出预测，便于企业制订运营计划。

❖ **行业观察**

在数据分析中寻找转机

2012—2018 年，东阿阿胶一直保持高增长，2017 年和 2018 年的净利润均突破了 20 亿元。但到 2019 年它一下子亏损了 4.4 亿元。产品价格 9 年涨 9 倍，但总营业收入只涨了 3 倍，这说明了什么？在不断涨价的过程中，销售数量是在减少的。那么，在高端市场趋于饱和，同时有一大批囤积的阿胶即将到期的情况下，经销商就会停止进货，而且竞相打折去库存，从而导致东阿阿胶的业绩出现暴跌。

面对危机，东阿阿胶采取了重新定位产品、渠道扁平化改革等一系列转型自救措施。首先是零食化，推出了重新包装后的桃花姬阿胶糕，主攻年轻人养生。然后是场景多样化，进一步细分场景，消除淡旺季的波动。例如，针对熬夜场景，推出真颜小分子阿胶；针对健身减脂场景，推出阿胶芝麻丸；针对胶原蛋白流失场景，推出阿胶红枣汁软糖等。还推出阿胶粉作为饮品伴侣，比如"酸奶＋阿胶粉""冰激凌＋阿胶粉""奶茶＋阿胶粉""咖啡＋阿胶粉"等，搭上了咖啡茶饮的快车，做起了年轻人喜欢的各种联名款。

用数据说话，东阿阿胶的自救措施是行之有效的。截至2021年第三季度，参与营销活动的年轻消费者占比达到70%，不到2年上涨了7倍。在小红书上，有关东阿阿胶的笔记有2万多篇，东阿阿胶成为年轻消费者犒劳自己的"养生时尚"。2021年，东阿阿胶扭亏为盈，实现净利润3.5亿元。

问题思考：商务数据分析对东阿阿胶市场转型有哪些帮助？

营销启示：数中有术，商务数据是市场营销的"监测仪"，也是"指挥棒"，科学合理地运用商务数据不仅有助于企业解决市场难题，也有助于企业提升风险管理水平。

课后实践

❖ 基础知识练习

一、单选题

1. （　　）是指集中具有某些相同功能的一组产品。

    A. 产品形态　　　　B. 产品类别　　　　C. 产品结构　　　　D. 产品项目

2. 企业应在营销战略执行过程中推进（　　）和绿色营销，这是维护全社会长期利益的必然要求。

    A. 生态营销　　　　B. 关系营销　　　　C. 产品营销　　　　D. 数字营销

3. 一个完整的消费者购买决策过程一般包括：需要确认、收集信息、方案评价、购买决策和（　　）。

    A. 支付货款　　　　B. 反复比较　　　　C. 购买操作　　　　D. 购后评价

4. 恩格尔定律表明，随着消费者收入的提高，恩格尔系数将（　　）。

    A. 越来越小　　　　B. 保持不变　　　　C. 越来越大　　　　D. 趋近于零

5. （　　）环境主要指一个国家或地区的民族特征、价值观念、生活方式、风俗习惯、伦理道德、教育水平和语言文字等的总和。

    A. 社会文化　　　　B. 政治法律　　　　C. 科学技术　　　　D. 自然资源

二、多选题

1. 人们之所以对同一刺激物产生不同的知觉，是因为人们要经历三种知觉过程，即（　　　　）。

    A. 选择性保留　　　B. 选择性注意　　　C. 选择性曲解　　　D. 选择性忘记

2. 波特五力模型认为，行业中存在着决定竞争规模的五种力量，包括（　　　　）。

    A. 同行业内现有竞争者　　　　　　　B. 潜在竞争者

    C. 替代品　　　　　　　　　　　　　D. 供应商

    E. 购买者

3. 亚伯拉罕·马斯洛将人类的需要分为三个层面，即（　　　　）。

    A. 生存性需要　　　　　　　　　　　B. 归属性需要

    C. 成长性需要　　　　　　　　　　　D. 自我实现的需要

4. 客户旅程图的五大触点场景，包含预触点和（　　　　）。

A. 核心触点　　　B. 末触点　　　C. 内触点　　　D. 首触点

5. 用户画像已成为企业营销人员分析用户、触达用户的有效工具，其主要应用场景有（　　　　）。

A. 用户研究　　　B. 精准营销　　　C. 个性服务　　　D. 渠道优化

❖ 案例分析

国货出海：安克创新

伴随着消费电子产品的不断发展，安克创新旗下的智能充电品牌 Anker 以其独到的功能设计和品质一跃成为北美、日本、欧洲等市场的一线品牌，产品畅销 100 多个国家和地区，覆盖超过 3 000 万用户，深受消费者的喜爱。不仅如此，安克创新还在智能家居、音频数码和智能车载等领域提供产品，不断为消费者提供多元化的选择。

1. 尊重规则，长远发展

进入一个新的市场，首先要理解市场规则，尊重规则。安克创新确立了三重保障，以保障其业务是合规和长期的。第一，安克创新的运营团队会持续解读亚马逊、易贝等各种平台的规则，做好合规经营。第二，成立公司的内控团队，归纳总结经验教训，保证划好边界不犯错。第三，成立法务团队，持续地研究每个国家的法律法规，确保整个业务是符合规范的。

2. 尊重客户，专注产品

安克创新把充电宝卖成了亚马逊上的第一名，质量好是一方面，在外观上下了不少功夫是另一方面。作为全球高品质智能充电专家，安克创新持续关注消费者的充电需求。安克创新调研发现，市面上大部分充电宝功能单一，只能给移动设备提供有限的充电容量，而且外形体积比较笨重，携带出门也不是很方便，无法满足新时代消费者对颜值、功能、体积的新需求。针对此类现象，安克创新推出了"口红超极充"这一创新产品，一度成为亚马逊销量破百万件的超级爆品。

跨境电商面向国际市场，需要尊重本土化的消费需求。美国的很多家庭是有院子的，他们会在屋檐下或者在树上装摄像头，摄像头最好是无线的。市面上大多数无线摄像头的待机时间是 30~60 天，最多不超过 90 天。架在高处，用户每隔一两个月都要爬上去取下来更换，很麻烦。这是用户的痛点，正好是安克创新的机会，安克创新把做充电宝的电流技术用在了无线摄像头上，让摄像头的待机时间可以长达半年，是原来市面上待机时间最长的产品的两倍。这款摄像头一推出就在美国成了爆款。

安克创新全球品牌负责人表示，"产品是所有0前的1，也是我们坚持的信仰和执念。"只有不断用心去洞察消费者的痛点，做出真正符合他们需求的产品，这样最终才能拥有被大众认可的"榜样力量"。

案例分析：收集相关资料，从市场洞察的角度分析安克创新的出海之路，并分析安克创新是如何将"乐观时变"的商业哲学应用到营销实践中的。

◈ 综合技能实训

1. 实训目标

通过实训，使学生能够应用市场洞察知识，借助大数据平台等工具进行数据收集，针对不同的企业需求进行用户调查、竞品调查等，构建用户画像，提出产品及服务的改进方向，并引导学生树立实事求是的价值观和惟真惟实的工作态度。

2. 背景资料

对于游客来说，品牌化的旅游纪念品有助于其识别、选择和评价不同产品，游客可以通过对旅游纪念品品牌的选择来获取旅游活动的最大满足感，以致影响整个旅游目的地的品牌印象。如"朕就是这样汉子"折扇、朝珠耳机、故宫日历、如意凉拖、"朕知道了"纸胶带、"正大光明"充电器等故宫文创产品，以社会公众需求为导向融入日常生活，并根据顾客需求不断改进，获得了很好的市场效果。

S公司是乡村旅居＋田园康养的"农文旅、农商旅、农康旅"旅游度假区，在纪念品开发过程中难以准确把握消费者、对接消费市场，未能形成品牌效应。请大家结合S公司的实际情况，有针对性地开展市场调查，了解消费者的需求，为其设计出适销对路的纪念品提供建议。

3. 实训步骤

（1）小组分工协作，查找标杆企业在旅游纪念品开发中的先进经验。

（2）进行二手资料的收集，对所选的旅游项目进行营销环境分析。

（3）借助大数据平台等工具收集用户数据，构建用户画像。

（4）应用如图 2-14 所示的市场营销调查伦理检验模型，对小组市场调查活动进行自我检验。

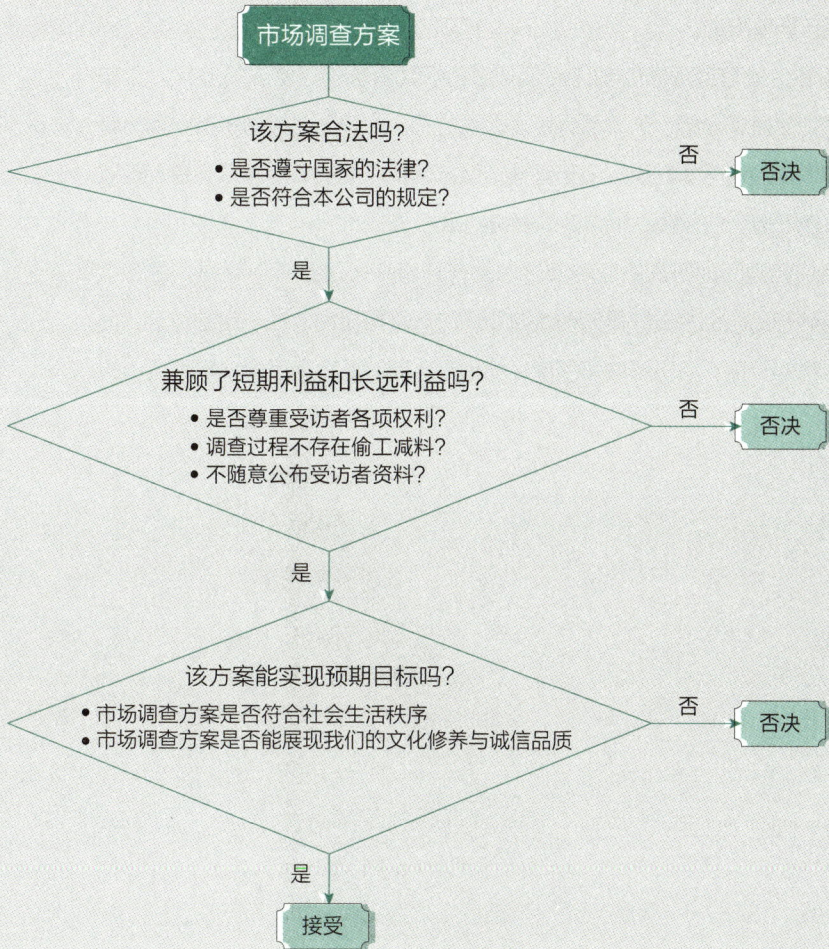

```
                    ┌─────────────┐
                    │ 市场调查方案 │
                    └──────┬──────┘
                           │
                    ┌──────┴──────┐
                    │  该方案合法吗？  │              否    ┌──────┐
                    │ • 是否遵守国家的法律？ │ ─────────────→ │ 否决 │
                    │ • 是否符合本公司的规定？ │                └──────┘
                    └──────┬──────┘
                           │ 是
                    ┌──────┴──────┐
                    │ 兼顾了短期利益和长远利益吗？ │
                    │ • 是否尊重受访者各项权利？ │     否    ┌──────┐
                    │ • 调查过程不存在偷工减料？ │ ─────→ │ 否决 │
                    │ • 不随意公布受访者资料？ │           └──────┘
                    └──────┬──────┘
                           │ 是
                    ┌──────┴──────┐
                    │ 该方案能实现预期目标吗？ │
                    │ • 市场调查方案是否符合社会生活秩序 │  否  ┌──────┐
                    │ • 市场调查方案是否能展现我们的文化修养与诚信品质 │→│ 否决 │
                    └──────┬──────┘            └──────┘
                           │ 是
                    ┌──────┴──────┐
                    │    接受     │
                    └─────────────┘
```

图 2-14　市场营销调查伦理检验模型

（5）根据检验结果，修订市场调查方案及结果。

（6）对该旅游度假区的纪念品开发提出合理化建议。

4. 实训成果

（1）S 公司的市场调查方案及调查报告。

（2）市场营销调查伦理检验清单。

（3）该旅游度假区的纪念品开发建议。

市场认得清，商品卖得精。在日益激烈的市场竞争中，企业要想生存和发展，就需要不断地开拓新的市场，为自己的产品和服务创造更多的发展机会，这就需要对营销环境进行调查研究。

营销环境是企业营销活动的制约因素，营销活动依赖于这些环境才得以正常进行。营销管理者虽能分析、认识营销环境提供的机会，但无法控制所有因素的变化，更无法有效地控制竞争对手；由于营销决策与环境之间的关系复杂多变，营销管理者无法直接把握企业营销决策实施的最终结果。

此外，企业营销活动所需的各种资源需要在环境许可的条件下获得，企业生产与经营的各种产品，也需要获得消费者或用户的认可与接纳。在一定条件下，企业也可运用自身的资源，积极影响和改变环境因素，创造更有利于企业营销活动的空间。

市场瞄准　同行各利

第 三 章

学习目标

知识目标

- 了解市场细分的定义、原则、标准和方法
- 熟悉企业选择目标市场的基本模式
- 熟悉市场定位的内涵、意义和方法
- 掌握品牌定位的方法

技能目标

- 能够根据企业实际情况进行有效的市场细分
- 能够基于企业的市场细分，对企业的目标市场选择提出有效建议
- 能够准确判断定位现状，对企业的市场定位和品牌定位战略提出一定的合理化建议

素养目标

- 深刻理解中华传统商业文化——同行不同利的精髓
- 培养时时留心市场动态变化的职业敏锐性
- 学会与市场竞争者保持共赢关系，不毁人以自益

思维导图

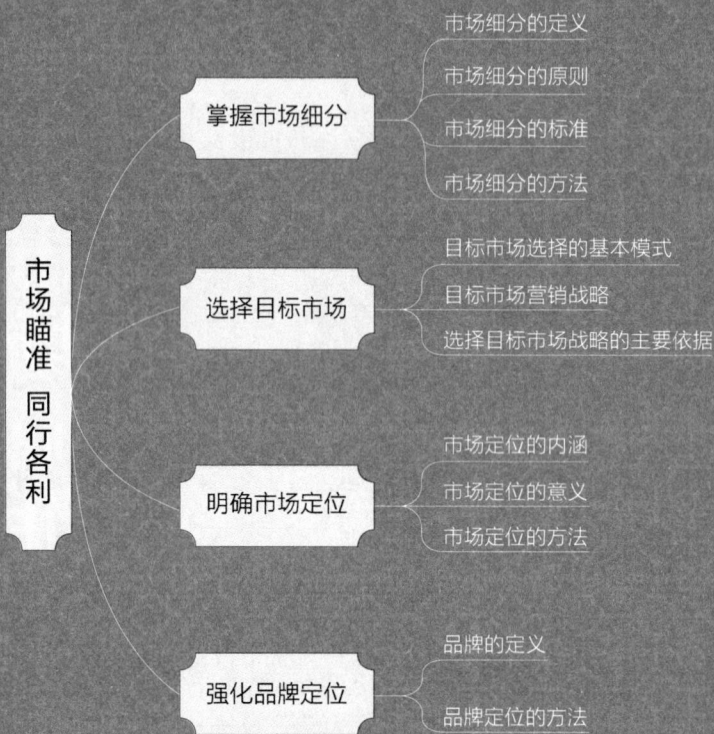

学习计划

- 知识学习计划

_____

_____

- 技能训练计划

_____

_____

- 素养提升计划

_____

_____

❖ 直面营销

巴奴毛肚火锅

近年来，巴奴毛肚火锅在餐饮市场上异军突起。巴奴作为火锅界的"小兄弟"，并没有一直跟在"大哥"后面亦步亦趋，而是有效地进行市场细分，经营出了自己的特色。巴奴的差异化定位很清晰："服务不是巴奴的特色，毛肚和菌汤才是。"有人戏称，这是源于巴奴粉丝们的微博留言："我们不是冲着你们的服务来的，我们是冲着你们家的毛肚、菌汤来的，好吃啊！"而巴奴只要服务好这些"吃货型"顾客，就能闯出一条路来。这条路被巴奴总结成"产品主义"：不以服务取胜，而以产品说话。

巴奴为了突出自己的代表性大单品——毛肚，专门把饭店名称从"巴奴火锅"改成了"巴奴毛肚火锅"。巴奴独特的菜单看上去就像一张餐桌图，中间居"C位"的就是巴奴毛肚；围绕毛肚的是巴奴为顾客精心挑选好的12道配菜，有荤有素，而且都是点单率很高、品质不错的菜品，方便顾客下单。

巴奴从各个环节突出毛肚这个核心单品，让"巴奴＝毛肚火锅"这个定位在消费者心里反复出现。巴奴把品牌和"毛肚"强关联，实际上就在火锅赛道中最先抢占了这一定位——"吃火锅涮毛肚，涮毛肚去巴奴"。正如巴奴创始人所说，在餐饮行业，顾客是先想"吃什么"，再想"去哪儿吃"。

巴奴毛肚火锅就这样在消费者头脑中形成了从产品到品牌的"超链接"，一触即达。

问题思考： 请查阅更多资料并分析，巴奴的市场定位与其他火锅店有何不同？这对其营销策略有何影响？

营销启示： 在同一个大市场中，每一个企业都要找准自己的服务对象，找到与他们进行情感交流的通道，走出自己不同的经营之路。巴奴围绕明星单品毛肚做文章，有效细分和定位市场，主打菜品特色，赢得了市场。

商业谚语
同行不同利，
同行共兴盛。

商业谚语
货中主人意，
便是好东西。

在市场营销活动中，企业要先识别各个不同的购买者群体，选择其中一个或几个作为目标市场，再运用适当的市场营销组合，集中力量为目标市场服务，满足目标市场的需要。上述内容通常被称为"目标市场营销"策略，由掌握市场细分、选择目标市场、明确市场定位、强化品牌定位四个步骤组成。

第一节　掌握市场细分

一、市场细分的定义

市场细分就是在市场调查的基础上，按照消费者需求的差异，把某一产品（服务）的总体市场划分成若干个各具特征的子市场的过程。

进行市场细分的意义在于：

1. 有利于选择目标市场

不进行市场细分，企业就无法制定市场营销策略，就不知道要研发什么产品，以及把产品卖给谁。市场细分是目标市场选择的基础。细分后的市场比较具体，同一细分市场中的用户需求具备同质性，这使得企业可以根据自身的特点选择目标市场。

2. 有利于制定差异化的市场营销策略

通过市场细分，企业可以更有针对性地对市场中的需求进行分析，并从产品、价格、渠道、促销等方面制定与目标市场更匹配的市场营销策略；而不再是针对市场上的所有用户提供标准化的产品或服务，采用毫无针对性的市场营销策略。

3. 有利于对市场机会和威胁快速作出反应

市场细分使企业在业务上更加聚焦，更加有助于企业更早地察觉细分市场中新出现的机会和威胁，并迅速调整市场营销策略，以应对市场的变化，提升企业的竞争力。

4. 有利于企业减少浪费，提升收益

通过市场细分，企业在资源分配方面可以更加聚焦，将有限的资源用于满足特定用户的需求，而不是对所有用户采取通用策略，这将有助于企业减少不必要的风险，降低成本并提升收益。

总之，市场细分可帮助企业聚焦于某一专门市场，获取竞争优势。

二、市场细分的原则

企业在进行市场细分时既可以依据单一因素划分，也可以依据多个因素划分。选用的细分标准越多，相应的子市场数量也就越多，各子市场的容量相应就越小；反之，选用的细分标准越少，子市场数量就越少，各子市场的容量则相应越大。如何寻找合适的细分标准对市场进行有效细分，在营销实践中并非易事，一般而言，成功、有效的市场细分应遵循以下几个基本原则。

1. 可衡量性

可衡量性指细分市场的购买力和规模是可以识别和衡量的，即细分出来的市场不仅范围明确，而且对其容量大小也能够做出判断。

2. 可盈利性

可盈利性指细分出来的市场的容量足以使企业获利。在进行市场细分时，企业必须考虑细分市场上的顾客数量、购买能力和购买产品的频率等因素。如果细分市场的规模过小，市场容量有限，不足以使企业获利，那么该细分市场对于企业而言就没有开发的意义了。

3. 可进入性

可进入性指所选定的细分市场必须与企业自身状况相匹配，企业有优势占领这一市场，即企业通过其营销活动能够使产品（服务）有效进入该市场，并能对该市场内的顾客施加较大的影响。否则，该细分市场就价值不大了。

4. 差异性

各细分市场的顾客对同一市场营销组合因素和方案会有差异性反应，或者说对于不同的营销组合因素和方案，不同细分市场会有不同的反应。如果不同细分市场的顾客对产品（服务）的需求差异不大，或者对不同的营销组合因素和方案没有太大的差异性反应，企业就没有必要进行市场细分了。

三、市场细分的标准

市场细分的标准指以消费者、生产者所具有的明显不同的特征作为市场分类的依据。

1. 消费者市场细分的标准

消费者市场细分建立在消费者需求的差异性上，因此，各种导致需求差异的因素都可以作为消费者市场细分的标准。消费者市场细分的标准通常包括四大类，即地理标准、人口标准、心理标准和行为标准。

（1）地理标准。地理标准指按照消费者所处的地理位置、自然环境来细分市场。地理标准主要包括行政区域、地形、气候、城镇大小、交通条件等。由于不同地理位置、自然环境、气候条件、社会风俗等因素影响，消费者形成了不同的消费习惯和偏好，具有不同的消费需求。对同类产品的消费需求，同一地区往往具有相似性，而不同地区则具有较明显的差异性。

（2）人口标准。人口标准是指按年龄、性别、家庭人数、生命周期、收入、职业、教育、民族、国籍、社会群体等人口统计因素来细分市场。人口标准是市场细分常用、主要的标准之一。具体的细分举例如表 3-1 所示。

表 3-1　按人口标准细分举例

维度	分类举例	市场细分举例
性别	男、女	服装市场可分为男装、女装市场
年龄	儿童、青年、中年、老年	娃哈哈在建厂之初选择儿童专用营养液这个细分市场作为目标市场，并制定了一套营销组合策略
收入	高收入、次高收入、中等收入、次低收入、低收入	豪华汽车主要面向高收入人群，经济型汽车主要面向中低收入人群
职业	工人、学生、教师、医生、军人、文艺工作者等	教师比较注重书籍方面的需求，文艺工作者则比较注重服饰方面的需求

（3）心理标准。心理标准是指按照消费者的心理特征来进行市场细分，主要包括以下几个方面。

① 生活方式。生活方式是指人们对工作、消费、娱乐等的特定习惯和模式，不同的生活方式会产生不同的需求和消费偏好。即使对同一种商品，也会在质量、外观、款式、规格等方面产生不同的需求。例如，某服装公司把女性消费者分成"朴素型""时髦型""气质型"三种类型，分别为她们设计和生产不同式样、颜色的服装。

② 消费个性。个性是指个人独特的心理特征，这种心理特征使个人对其环境保持相对一致和持久的反应。每个人都有影响其购买行为的独特个性，不同个性会对消费者的需求和购买动机产生不同程度的影响。例如，性格外向、容易感情冲动的消费者往往喜欢购买能表现自己个性的商品；性格内向的消费者则喜欢大众化的商品；创造性和冒险心理强的消费者，则对新奇、刺激性强的商品特别感兴趣。

③ 购买动机。购买动机是指驱动消费者购买的内在力量，购买动机可分为求实动机、求名动机、求廉动机、求新动机等。例如，有人购买服装是为了遮体保暖，有人是为了追求美，有人则是为了体现自身的经济实力等。

（4）行为标准。行为标准是按照消费者的购买行为来进行市场细分的，主要包括以下几个方面。

① 购买时机。根据消费者购买和使用商品的时机，如入学、结婚、购房、出差、旅行、度假等进行市场细分。

② 追求利益（品牌的核心竞争力）。根据消费者从商品中追求的不同利益来细分市

场。如消费者对牙膏的选择，有的是为了清爽口气，有的是为了预防牙病，有的则是为了洁齿美白。

③ 使用状况。根据消费者对商品的使用状况来进行市场细分，如将消费者分为初次使用者、经常使用者、潜在使用者、曾经使用者、非使用者等。

④ 品牌忠诚度。消费者的忠诚度是企业最宝贵的财富。根据消费者对品牌的忠诚度来进行市场细分，可分为单一品牌忠诚者、多品牌忠诚者、转移的忠诚者和无品牌忠诚者。假设市场上的同类商品只有 A、B、C、D 四种品牌，不同消费者的购买行为如表3-2 所示。

表 3-2 按品牌忠诚度细分

忠诚度类型	购买行为	营销对策
单一品牌忠诚者	AAAAAA	利用会员制等方法巩固、维护老顾客
多品牌忠诚者	ABABAB	分析竞争者的营销策略
转移的忠诚者	AAABBB	突破自身的营销瓶颈
无品牌忠诚者	ADCBAC	使用有力的营销手段吸引、留住顾客

2. 生产者市场细分的标准

许多细分消费者市场的标准同样也可用于细分生产者市场。例如，根据地理、追求的利益、品牌忠诚度等变量加以细分。但是，由于生产者与消费者在购买动机、行为上存在差异，也可以用以下标准来细分生产者市场。

（1）用户规模。在生产者市场中，用户的购买数量不尽相同，有的用户购买量很大，而另一些用户的购买量则可能很小。企业应当根据用户规模大小来细分市场，并根据用户规模的不同制定不同的营销组合方案。例如，对于大客户，宜于直接联系和直接供应产品，在价格、信用等方面给予更多优惠；而对众多的中小客户，则可让产品进入商业渠道，由批发商或零售商去组织供应。

（2）产品的最终用途。产品的最终用途不同也是生产者市场细分的标准之一。例如，工业用户购买产品，一般都是供再生产之用，对所购产品通常都有特定的要求。

（3）购买状况。即根据生产者购买方式来细分市场。生产者购买的主要方式包括直接重购、修正重购及新任务购买。不同购买方式的采购程序、决策过程等不相同，因此可以将整体市场分为不同的细分市场。

四、市场细分的方法

并不是每种产品都需要按照所有市场细分的依据来进行细分，而只需根据产品的特点采用有实际意义的依据来细分市场。例如，儿童玩具市场主要按年龄划分；文具用品市场则主要按受教育程度划分等。市场细分的方法一般可分为单一变量法、综合因素法和系列因素法。

1. 单一变量法

所谓单一变量法，是指根据市场营销调查结果，选择影响消费者需求最重要的因素作为细分变量，从而达到市场细分的目的。例如，服装市场就有明显的年龄特征，可以按年龄细分为16岁以下、16~24岁、25~44岁、45~59岁、60岁以上等几个市场。

2. 综合因素法

所谓综合因素法，即运用两个或两个以上影响消费者需求的因素，同时从多个角度对市场进行细分。例如，将服装市场根据性别、收入、年龄三个因素进行细分，可得到更多的细分市场。这种方法需要从多方面分析、认识市场，适合于消费者需求较为复杂的市场。

3. 系列因素法

当细分市场所涉及的因素较多时，可以按照影响消费者需求的各种因素，由大到小、由粗到细地进行系列划分，这种方法称为系列因素法。

市场细分的标准具有相对的静态性和绝对的动态性，即各种标准和因素是不断变化的。例如，年龄、受教育程度、职业等标准会随着时间的流逝而有所变化，所以市场细分要具有动态思维，注意随时调整市场细分的标准和方法。

🪷 学习实践

牙膏市场细分

云南白药是驰名世界的中成药，具有化瘀止血、活血止痛、解毒消肿的功效。问世百余年来，云南白药以其独特的功效被誉为"中华瑰宝，伤科圣药"，也由此蜚声海内外。2005年，云南白药牙膏上市，成功开拓了功能性牙膏高端市场的新大陆。2021年，云南白药的营业收入突破360亿元，其牙膏业务贡献了一大部分，使它一举成为医药产品进军日化领域的成功典范。

云南白药牙膏以云南白药的独有性、药理的广博性、药效的确切性获得了消费者的充分信任。云南白药牙膏在营销传播中主打对"牙龈出血、牙龈肿痛、口腔溃病"这 3 大类症状的缓解效果，不仅吻合老百姓熟知的云南白药"止血、止痛、消炎"的功效，还能给消费者购买云南白药牙膏带来一种"紧迫感"。

在使用牙膏产品时，追求不同利益的消费者群体都有特定的人口统计特征和行为、心理特征，在各细分市场上都有一些偏爱品牌。阅读栏目中的案例，请以小组为单位，搜寻生活中所接触过的牙膏产品及市场细分情况，完成表 3-3。

表 3-3 牙膏市场细分

细分市场	追求利益	人口统计特征	行为特征	心理特征	品牌偏好
1					
2					
3					
4					

第二节 选择目标市场

在对整体市场进行有效细分后，企业必须评价各种细分市场并确定为哪些细分市场服务，这就是选择目标市场。目标市场又称目标消费者群，是指企业根据自身资源优势所决定为之服务的，具有相同需求或特征的购买者群体，即企业的服务对象。

在市场细分的基础上，企业所确定的目标市场必须具有较大潜力，能为自己带来较大利润。因此，在确定目标市场时，应该遵循以下 3 个原则：

（1）所确定的目标市场必须足够大，或正在扩张中，以保证企业获得足够的经济效益。

（2）所选择的目标市场是竞争对手尚未满足的，因而有可能属于自己的市场。

（3）所确定的目标消费者最可能对本品牌提供的好处做出肯定反应。如果所选择的目标市场很大，但该市场的消费者对本品牌不感兴趣，那么企业仍然不能获得利润。

一、目标市场选择的基本模式

在选择目标市场时，有五种基本模式，如图 3-1 所示。

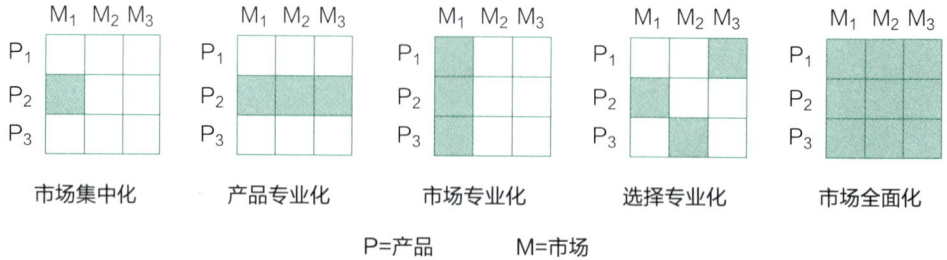

图 3-1 目标市场选择的基本模式

1. 市场集中化

这是一种最简单的目标市场选择模式。市场集中化是指企业只选取一个细分市场，只生产一类产品，只供应给一类顾客，进行集中营销。例如，某儿童鞋厂只生产儿童鞋，满足儿童穿鞋的需求。选择市场集中化模式一般基于以下考虑：企业具备在该细分市场从事专业化经营并能取胜的优势条件；限于资金能力，只能经营一个细分市场；该细分市场中没有强有力的竞争对手；准备以此为出发点，取得成功后向更多的细分市场扩展。

2. 产品专业化

产品专业化是指企业集中生产一类产品，并向各类顾客销售这类产品，如计算机生产商只生产计算机产品，可以同时向家庭、机关、学校、银行、企业等各类用户销售。产品专业化模式的优点是企业专注于某一种或某一类产品的生产，有利于形成和发展生产和技术上的优势，在该专业化产品领域树立形象；其局限性是当该产品领域被一种全新的技术所代替时，销售量会有大幅度下降的危险。当然，这种全新的替代性技术并不是经常出现的，且由于该产品市场的顾客类型较多，营销风险比集中化市场要小得多。

3. 市场专业化

市场专业化是指企业围绕某一类顾客，专门生产这类顾客需要的各类产品，如某工程机械公司专门向建筑业用户供应推土机、打桩机、起重机、水泥搅拌机等建筑工程中所需要的各种机械设备。由于经营的产品类型众多，能有效地分散经营风险，但由于集中于某一类顾客，当这类顾客需求下降时，就会造成企业收益下降，因此市场专业化模式的风险是不确定的。

4. 选择专业化

选择专业化是指企业选取若干个具有良好的盈利潜力和结构吸引力，且符合企业的目标和资源的细分市场作为目标市场。该目标市场选择模式中的各个细分市场之间联系较少或基本不存在联系。选择专业化的优点是可以有效地分散经营风险，即使某个细分市场经营不佳，企业仍可在其他细分市场获取利润。选择此模式的企业应具有丰富的资源和较强的营销实力。

5. 市场全面化

市场全面化是指企业生产的多种产品能够满足各类顾客的需要。因此，只有实力雄厚的大型企业才能选用市场全面化模式。这种模式由于面广、量大，能够收到良好的营销效果。例如，华为公司在全球智能产品市场上采取市场全面化的目标市场选择模式。

❖ 行业观察

找到破局点

极飞无人机从创立开始，就遇到了一个无比强大的竞争对手——大疆。极飞该怎么办？投入重金去研发比大疆更先进的航拍无人机吗？资金不允许，时间也不允许。能不能找到另外一块市场空间，避开跟大疆的竞争呢？

2013年，极飞在农村找到了思路。在一望无际的棉花地里，农民戴着简易的自制口罩，背着农药箱，手里拽着一个农药喷头，艰难地行走着给棉花喷洒农药。喷洒农药时，时常被熏得睁不开眼睛，甚至还有中毒的危险。

极飞团队看着农民们艰难的背影，突然来了灵感，能不能用无人机帮助农民们喷洒农药呢？用无人机洒药，既可以大幅度减轻农民的工作负担，又可以降低人工成本。并且农业场景市场规模巨大，现阶段竞争对手少。看到这个机会，极飞毅然决然地砍掉其他所有业务，全部投入农业这一个赛道，这就是极飞的破局点。

在使用极飞的无人机后，3 000亩①的棉花田，居然只需要两个"90后"小伙子就能完成管理。他们只要在手机上给无人机发指令，无人机就能自动起飞、自动洒药、自动飞回。有时他们一边打着篮球，一边就把活干完了。

事实证明，极飞这一步走对了。截至2020年年底，极飞已经将6万多台农业自动化设备铺设到了全球42个国家和地区的田间地头，服务了超过931万农户、7.8

---

① 1亩约等于666.67平方米。

亿亩农田。这大大减轻了农民的劳动负担，也让人们以更加智能高效、轻松简单的方式管理农田，提高收入。

问题思考：极飞无人机采取了什么目标市场选择模式？

营销启示：创新是引领发展的第一动力，国家赖之以强盛，企业赖之以兴旺，人民赖之以幸福。找到破局点就是不在对手的优势赛道上缠斗，而是通过自己的差异化竞争优势找到突破口。在本案例中，极飞无人机巧妙地找到切入市场的破局点，充分利用自己的技术优势引领细分市场创新。

二、目标市场营销战略

企业在选择目标市场时还需要考虑其营销战略问题，即在进入目标市场时确定采取何种营销战略，直至占领该目标市场。一般来说，企业可以根据具体条件选择三种目标市场营销战略，如图 3-2 所示。

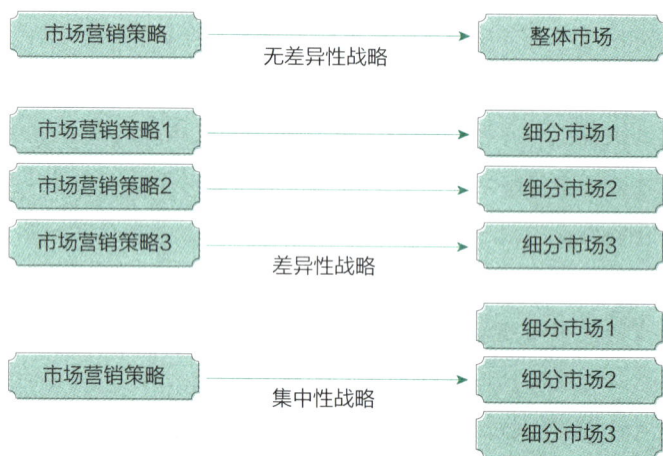

目标市场营销 STP

图 3-2　目标市场营销战略

1. 无差异性战略

实行无差异性战略的企业，面对整个市场，只提供一种产品，采用统一的营销策略吸引所有的顾客。此战略把整个市场看作一个整体，只注重其需求的共性。例如，涪陵榨菜、椰树牌椰汁等产品就会选择无差异性战略，用单一的口味、单一规格的包装长期占领市场。在大量生产、大量销售的产品导向时代，企业普遍采用的是无差异性战略。

无差异性战略的最大优点是成本的经济性。大量生产必然降低单位产品成本，大量销售能节省市场调查、产品开发、广告宣传、管理等费用，从而取得较好的经济效益。

无差异性战略的缺点是产品的市场适应性较差。市场环境是在不断变化的，随着消费者经济收入的提高，一种产品很难在长时间内被所有消费者接受。同样，一个企业不可能独占市场，当许多大企业都采用这一战略进入同一个市场时，就会造成异常激烈的竞争。例如，过去美国的三大汽车公司都认为消费者偏好大型轿车，从而争夺同一目标市场，长时间实行无差异性战略，结果几家大公司间竞争激烈，销售受到限制。与此同时，由于经济环境的变化，消费者对小型轿车的需求增长，美国汽车公司却不能迅速适应这种变化，结果被日本的小型轿车抢占了市场先机。

2. 差异性战略

在激烈的市场竞争中，企业产品的特色和个性化是企业竞争力的重要体现。采用差异性战略的企业对整体市场进行市场细分，根据企业的资源与营销实力，选择不同数目的细分市场作为目标市场，并为所选择的目标市场设计不同的产品，采取不同的营销组合策略，满足不同目标顾客的需要。

差异性战略的最大优点是市场适应性强。该战略能够有针对性地满足不同顾客群体的消费需求，扩大市场范围，提高产品的竞争能力，增强市场经营的抗风险能力。

采用差异性战略会导致产品品种、销售渠道、广告宣传的扩大化与多样化，企业的产品研制费用、分销费用、广告宣传费用、储存费用、管理费用等都会大幅度增加。该战略在推动销售额上升的同时也会使成本增加，可见目标市场选择和产品品种并非越多越好，企业要根据客观条件，权衡得失后做出科学决策。

3. 集中性战略

无差异性战略和差异性战略都是以整体大市场作为目标市场的，一般适用于实力较强的大企业。对众多中小型企业而言，集中性战略是一个不错的选择。

集中性战略是指在市场细分的基础上，选择一个或少数几个细分市场作为企业的目标市场，经营一类产品，实施一套营销策略，并集中企业的资源和实力为之服务，争取更大的市场份额。这种策略一般适用于中小型企业，或出口企业进入国外市场的初期阶段。例如，日本公司在汽车、手表、家电等行业就是运用这种策略进入美国市场，并在美国市场取得成功的。

集中性战略强调把企业资源集中在一个或少数几个小型市场，不求在大市场上得到一个较小的市场份额，而是要在一个较小的市场上获得较大的市场占有率。这个策略的优点是能够发挥企业的资源优势，集中资源在小市场上获得营销成功；由于目标市场集中，企业能更深入地了解目标市场的需求，生产出更加适销对路的产品；能够促进专业化经营，有利于树立企业形象和品牌形象；还能节省生产成本和营销费用，增加利润。

集中性战略的经营风险较大，如果目标市场过于集中，一旦这个市场突然发生变化，如消费者偏好改变、强大的竞争者进入市场等，就会使企业措手不及，陷入困境。因此，实行这种策略时要做好应变准备，加强风险意识。

❀ 营销新视界

汽车营销瞄准女性市场

现如今，汽车行业选择全面进驻小红书。一向主要瞄准男性市场的汽车品牌为什么会选择入驻一个做美妆推荐的平台呢？

其实，在很大程度上这不是一种选择，而是一种必然。在增长最迅猛的新能源汽车领域，女性用户已成为绝对主导。例如，2021年前三季度，特斯拉 Model 2 和 Model Y 的女性用户占比超过 75%，宏光 MINI EV 的女性用户更是超过了 85%。

可以说，女性用户的崛起正在颠覆汽车行业的营销逻辑。男性用户占比高的汽车类专业网站不再是广告投放的首选，而女性用户占 90% 的小红书则变成了广告投放重地。目标消费者变了，传播的渠道和内容也得改变。

女性用户对汽车外观更重视，一些热销的新能源汽车，在营销时并未在性能、参数上下功夫，而是在小红书上发起了一波又一波的"潮创"活动，鼓励用户根据自己的喜好来改变汽车的颜色和内饰。这些个性化定制汽车往往颜值很高，在小红书上一曝光，就有了快速吸引消费者的效果，在目标用户心里成功"种草"。根据宠物市场的调查，现在养猫的主力人群是年轻、单身的白领女性。欧拉汽车改名为欧拉好猫，是向外界表明它主力服务年轻女性用户群。

除了"颜值"，小红书上的汽车推广视频还有一个显著的特点，就是不再以车为中心，而是以人为中心。小红书上的汽车博主会事无巨细地分享生活，包括她是怎么上下班的，路上要花多久，堵不堵车，闺蜜们都在开什么车，她有了宝宝之后对车做了哪些改装，如果以后换车有哪些考虑，等等。让人们"种草"的不是一辆车，而是人人都向往的美好生活。

问题思考：汽车市场上女性用户群日益崛起，营销策略会发生哪些变化？

市场营销基础

三、选择目标市场战略的主要依据

无差异性战略、差异性战略和集中性战略这三种目标市场战略各有利弊，各自适用于不同情况。企业在选择目标市场战略时，必须全面考虑各种因素，权衡利弊，慎重决策。企业选择目标市场战略的依据主要有以下几种。

1. 企业实力

企业实力指的是企业生产、技术、销售、管理等力量的总和。如果企业资金雄厚，市场营销管理能力强，就可以选择无差异性战略和差异性战略；如果企业能力有限，无力兼顾整体市场，则宜选择集中性战略。

2. 产品属性差异程度

产品在性能、特点等方面的差异程度是不同的。有些差异小，如食盐、食糖、大米等产品，一般可视为"同质"产品，对于同质产品，一般宜实行无差异性战略；有些差异大，如化妆品、服装、家具等产品，可视为"异质"产品，对于异质产品则宜采用差异性战略或集中性战略。

3. 市场差异性

市场差异性指市场是否"同质"。如果市场上所有顾客在同一时期的偏好相同，市场需求表现差异不大，对营销刺激的反应也相近，一般宜实行无差异性战略；如果市场需求差异较大，则宜采用差异性战略或集中性战略。

4. 产品市场生命周期的不同阶段

对于处于不同市场生命周期阶段的产品应采取不同的目标市场战略。通常，当产品处于导入期和成长期时，可采用无差异性战略，以扩大市场规模，提高市场占有率；当产品进入成熟期时，市场竞争激烈，可改用差异性战略，以开拓新市场、新产品，增强企业竞争力；当产品进入衰退期时，企业应采用集中性战略，以缩短战线、缩小市场，延长产品的生命周期。

5. 竞争对手的目标市场战略

企业采用何种目标市场战略，往往要视竞争对手所采取的目标市场战略而定。一般来说，企业的目标市场战略要与竞争对手有所区别。若实力强大的竞争对手采取无差异性战略，在这种情况下要想打进市场，企业应采用差异性战略。如果企业面对的竞争对手较弱，也可采取与之直接对抗的策略，凭借实力击败竞争对手。

当然，这些只是一般原则，并没有固定不变的模式，营销者在实践中应根据市场具体情况及与竞争对手的力量对比，灵活采取具体的目标市场战略。

第三节 明确市场定位

定位是对目标顾客的心理所下的功夫。定位的实质是找区别，也是重新制定标准。定位要从产品开始。但是，定位不是企业对产品要做的事，而是对目标顾客的心智要做的事。换句话说，定位是在目标顾客的心智中占领一个真正有价值的差异化位置。

定位理论指出，消费者往往排斥过多的信息、品牌，消费者在购买某类别或特性的商品时，更多地会优先选择该类别或特性商品的代表品牌，如购买矿泉水时，可能更多地会选择农夫山泉。企业要全力以赴，让品牌在消费者的心智中占据某个类别或特定位置，即成为该类别或特性商品的代表品牌，让消费者产生相关需求并成为其首选。

一、市场定位的内涵

市场定位就是勾画企业产品在目标市场（即目标顾客心智）中的形象，使企业所提供的产品具有一定特色，并与竞争者的产品有所区别。

1. 市场定位的基点是竞争

市场定位是一种帮助企业确认竞争地位，寻找竞争战略的方法。通过市场定位，企业可以进一步明确竞争对手和竞争目标，发现竞争双方各自的优势与劣势。

2. 市场定位的目的在于吸引更多目标消费者

消费者各种各样的偏好和追求都与他们的价值取向和认同标准有关。企业只有在正确进行市场定位的基础上才能确立企业形象，赋予产品特色，吸引目标消费者。例如，同仁堂以"百年老店""货真价实"来定位；金利来以高档男士服饰用品来定位。通过市场定位可使企业的形象更为鲜明，产品特色更为明确，从而对相应的消费者群体产生吸引力。

3. 市场定位的实质是设计和塑造产品的特色或个性

产品的特色或个性可以有多种表现：可以通过产品实体本身来表现，如功能、结构、成分、款式、颜色等；也可以从消费者对产品的心理感受来表现，如豪华、朴素、时髦、典雅、别致、通俗、活泼、庄重等；还可以通过价格、质量、服务、促销方式等其他形式来表现。可见，产品不同，产品特色或个性的表现形式也会有所不同。产品的某个特色往往是由多个方面的因素构成的，如电视机的高质量这个特色是由电视的画面清晰度、使用寿命等多种因素构成的。

二、市场定位的意义

首先，市场定位有利于企业及产品在市场中树立自己的特色，可以使企业在激烈的市场竞争中立于不败之地。干活要有力气，买卖要有眼力，赢得并保持顾客的关键在于比竞争对手更加了解他们的需要和购买动机，并带给他们更大的价值。随着商品经济的发展，买方市场已经形成，几乎每个市场都存在供过于求的现象，为了争夺有限的顾客，防止自己的产品被其他产品替代，保持或扩大企业的市场占有率，企业必须为其产品树立特定的形象，塑造与众不同的个性，从而在顾客心中形成一种特殊的偏好。例如，海尔公司经过不懈的努力，在竞争激烈的家电市场上树立了以质量和服务取胜的形象，取得了消费者的信任，同时也增加了公司的效益。

其次，企业的市场定位决策是制定市场营销组合策略的基础，市场定位在企业的营销工作中有着极为重要的战略意义。企业的市场定位信息要通过一系列营销活动向目标消费者传达，让消费者注意到这一品牌并感到它就是他们所需的，这样才能真正占据消费者的心，使企业选定的目标市场真正成为其市场。例如，企业决定生产质优价高的产品，这种定位就决定了企业所生产的产品质量一定要好，价格要定得高，相应的广告宣传侧重点应该是强调产品所具备的高质量，让消费者相信，虽然产品价格高，但是物有所值，销售渠道应选择档次较高的商场，而不是廉价品市场。可见，企业的市场定位决定了企业要设计与之相适应的营销组合策略。

✿ 行业观察

参半漱口水的全新定位

参半漱口水自 2020 年 9 月底上线以来，在 80 天内总销售额突破 1 亿元，上线首月便跻身天猫漱口水品类销量第二位，次月排名第一。

作为新崛起的口腔护理品牌，参半在2018年5月推出高端牙膏切入口腔护理赛道，但反响平平；随后在2020年下半年推出益生菌漱口水，改换漱口水赛道让参半成为新锐口腔护理品牌。参半的成功，依靠的是相对于传统品牌的全方位差异化定位。

第一，从消费场景上做差异。参半瞄准"饭后"和"社交"消费场景，宣传上多强调清新口气的功能。围绕参半的关键词多为"清新口气""香味持久"等，这也将参半漱口水从传统的家庭、药用等场景中脱离出来，可以出现在任何需要与人近距离聊天的场景，如饭后约会、会见客户等。

第二，从产品设计上做差异。在口味方面，参半对标饮料市场。首先推出的是阳光西柚和海洋薄荷两种口味，用来打开市场，之后又研发了馥郁葡萄、多酚绿茶、桃气乌龙三种口味。在包装方面，参半选用养乐多的瓶身和元素相呼应，增强益生菌系列的品牌记忆点。益生菌会让人联想到引发口臭的根本原因在于口腔内的菌种失调，改善口腔菌群环境能够保持口气清新。在容量上，参半推出了500毫升的瓶装和12毫升的便携式条装。瓶装满足家庭及办公室场景，便携式条装满足外出需求。

第三，从产品渠道上做差异。起势于线上的参半，已完成了在淘宝、京东等主流电商平台以及抖音、小红书等社交电商平台的布局。参半还开发了便利店、美妆店等新的线下铺货路线，即便是与传统漱口水相同的药店或者超市铺货路线，参半也不放在传统的口腔护理区，而是跟口香糖一样放在结账的收银台旁边，便于消费者随手拿取。

以前的口腔护理产品更多的是一种耐用品，消费者不会经常性购买。如今，口腔护理赛道最大的机会来自口腔护理产品的快消化。参半对漱口水的重新定位，不是为了差异化而差异化，而是优化用户体验、降低使用门槛，使漱口水从耐用品转为了快消品。

问题思考：参半如何改变漱口水的市场定位，实现发展？

营销启示：凭借差异化的定位和相应的营销组合策略赋予品牌活力，这使得参半等新企业成功破局，成为行业的佼佼者。

　　　　　　　　　　　　　　　　市场营销基础

三、市场定位的方法

市场定位的目的在于塑造独特的企业和产品形象，并在顾客心中形成差异化且长期的认知。市场定位让企业在高度竞争的环境中更容易被顾客看到和听到，更容易让顾客做出有利于企业的选择。市场定位有三种经典方法：迎头定位、避强定位、重新定位。

1. 迎头定位

迎头定位也称对峙性定位，是指企业根据自身的实力，为占据较佳的市场位置，不惜与市场上占支配地位的、实力较强的竞争对手发生正面竞争，而使自己的产品进入与对手相同的市场位置。通过强调品牌在同行业或同类产品中的领先地位和专业地位，达到强化品牌认知和定位的目的。简单来说就是强调"人无我有""人有我优"。

一个产品或服务品类的"先进入者"，或者希望顾客相信自己是这个品类的先进入者的品牌，通常都会选用迎头定位。例如，奔驰会强调自己是汽车的发明者来显示自己的产品实力和领导地位；王老吉不仅强调自己是凉茶的发明者，而且强调自己"正宗"。

迎头定位的依据是人们对"第一印象"最深刻的心理规律。例如，第一个登上月球的人，第一次成功或失败等。尤其是在当今信息爆炸的社会里，各种广告、品牌如过江之鲫，但消费者对大多数信息毫无记忆。据调查，一般消费者只能回想起同类产品中的七个品牌，而第二个回想起来的品牌销量往往只是第一个回想起来的品牌销量的一半。领导者定位是几乎所有市场竞争参与者最喜爱的定位方法和结果。只要有一丝机会，市场竞争者都愿意把自己定位成领导者。因为领导者的定位本身会构成"护城河"，而通常居于领导者定位的品牌的市场份额也确实很大，并且相对第二名优势明显。

2. 避强定位

企业在定位时，如果发现这个领域已经有了强有力的竞争对手，那该怎么做呢？这时最好的策略不是发起正面攻击，而是要用曲线思维，想办法在一个新的细分领域当中和人们已有的认知建立关联，从而让人们记住。这就是避强定位。

避强定位是指企业避免与强有力的竞争对手发生直接竞争，而将自己的产品定位于另一市场的区域内，使自己的产品在某些特征或属性方面与强势对手有明显的区别。简单来说就是强调"人有我异"，即"创建自己的空位"。在竞争对手的身上找到薄弱环节或者在竞争对手尚未满足顾客需求点上找到"空白"让自己填补。这样的"空白"可以是产品规格、价格和服务品质等所有可能的机会点。例如，塔斯汀主打"中国汉堡现烤堡胚"、蜜雪冰城推行高质低价的"土味营销"，这都是非常典型的避强定位。

元气森林的"独树一帜"

2021年12月，胡润研究院发布"2021年全球独角兽榜"，其中，元气森林在中国榜单中排名第九，估值达到了950亿元。从0起步到估值近千亿元，短短五年的时间，爆红的元气森林成为国内饮料市场的新贵。元气森林能够挤进大量知名品牌构建起的饮品堡垒，其切入点最为关键。

新生代的消费观念不同于以往的传统消费观，特别是当Z世代成为消费主流的今天，他们更多追求一种理念上的认同与共鸣，开始关注健康和身材问题，轻食、无糖成为饮品界新宠。

元气森林通过对现有市场类型进行二次细分并抓住了消费者痛点，从而成功突出重围。

一方面，以"无糖解腻"概念突破传统茶饮大类市场。茶饮料的糖分过高与纯茶的口感问题是当下年轻群体关注的主要矛盾点，元气森林"无糖解腻"燃茶的推出解决了这两个问题，健康与口感的兼顾戳中年轻用户的痛点，燃茶开始在年轻群体中走红。

另一方面，以"0糖0脂0卡"气泡水在碳酸饮料大类市场成功破壁。碳酸饮料的庞大市场规模，驱使着一个又一个品牌前赴后继，但高度同质化的产品调性无法让受众产生新鲜体验感，元气森林的气泡水饮品贴合了受众的求新求异心理，自然能够脱颖而出。

问题思考：元气森林选择的是哪种市场定位方法？

营销启示："知己知彼，百战不殆"。市场很大，机会很多，但市场和机会往往只留给有创新精神和时代意识的企业。元气森林在初创时成功进行避强定位，有效切入细分市场，成功突围。

3. 重新定位

重新定位是指伴随着企业的发展、技术的进步和市场环境的变化，企业对过去的定位做出了修正，以使企业拥有比过去更强大的适应性和竞争力。一般来说，企业主要在以下几种情况下需要重新定位。

（1）企业的经营战略和营销目标发生了变化。例如，当娃哈哈从一个儿童饮料品牌发展成为全系列的、涉及多个年龄群体的品牌时，其市场定位就需要进行延伸乃至重塑。

（2）企业面临激烈的市场竞争。例如，可口可乐公司由于竞争加剧，特别是百事可乐和七喜的异军突起，其独霸市场的局面被打破，不得不开始改变其原来的产品定位，增加芬达、雪碧等新产品，以满足各种消费者群体的需要，避免了与竞争对手在狭窄的市场领域发生激烈竞争，并使公司获得更多的发展机会和空间。

（3）企业要适应目标消费者的新需求。消费需求是不断发展变化的，而企业的市场定位往往具有一定的稳定性，当消费需求不断变化时，企业的市场定位就需要根据需求的变化而不断调整。

企业的市场定位是一个动态战略过程，需要针对新的环境、新的需求、新的企业战略而不断调整。市场定位的方式有很多种，没有一个固定、统一的模式。假如存在固定模式，差异性就会大大减少，个性也会淡化，影响力也会随之减弱。所以，无论采用哪种定位方式，其本质都是"一语中的"地讲清楚差异化。

✿ 行业观察

凉茶的重新定位

随着时代的发展，在众多凉茶老字号中，名声很大的 W 品牌重新定位，成为预防上火的功能型饮料，并确立了"怕上火喝×××"的广告语。这条广告语成为 W 品牌走红的一个关键因素。

W 品牌把市场瞄准在喜欢吃烧烤、火锅，会通宵看足球，夏日晒阳光浴的这一类消费者身上。"预防上火"的品牌定位让消费者能尽情享受生活。

这样的市场定位有利于 W 品牌面对更多的消费者。不再局限于两广地区，同时也避免了 W 品牌直接与国内外其他知名饮料品牌的直接较量和竞争。

W 品牌的定位明确了营销推广方向，从而确立了广告的标准——其广告恰当地选取了消费者认为日常最易上火的五个场景：吃火锅、通宵看足球、吃油炸食品、烧烤和夏日阳光浴。广告画面中人们在开心享受上述活动的同时纷纷畅饮 W 品牌的凉茶，再结合动感十足的广告歌曲，促进消费者自然产生联想，从而促成购买。

问题思考：W 品牌是如何进行凉茶的市场重新定位的？

营销启示：W 品牌创新饮用场景，重新定位，成为凉茶行业的翘楚。

第四节 强化品牌定位

一、品牌的定义

品牌是一种名称、术语、标记、符号、图案，或者是它们的组合，以识别出某个或某类产品提供者以及他们的产品与竞争对手的区别。这个定义从最直观、最外在的表象出发，将品牌看作一种标榜个性、具有区别功能的特殊符号。

品牌主要由显性要素和隐性要素构成。显性要素是指品牌外在的、具象的东西，可直接给予消费者较强的感觉上的冲击，包括品牌名称、标志与图标、标准字、标准色、标志包装、广告曲等。隐性要素是品牌内含的因素，不可以被直接感知，它存在于品牌的整个形成过程中，是品牌的精神核心，包括品牌承诺、品牌个性和品牌体验等。

🌐 营销新视界

小熊电器：做年轻人喜欢的小家电

2022年5月20日，小熊电器举行品牌战略升级发布会。小熊电器以"有想法，玩出花儿"为主题开展快闪店活动，通过"玩味登陆""造趣无界"和"花式整活"三大互动区域，展示了年轻人生活、工作、娱乐等不同场景体验下的产品组合，借助虚实结合的场景化设计，营造趣味性人设生活景象，在橱窗中激发灵感，玩出生活新花样。会上，小熊电器股份有限公司董事长揭晓了小熊电器的全新品牌定位："年轻人喜欢的小家电"。

作为区别于传统家电企业的新兴业态，小熊电器通过一系列创新营销，升级用户品牌体验，如通过社群服务、客服小程序和食谱小程序，为用户提供丰富的产品增值服务；通过场景营销和原创内容的输出，为用户提供轻松愉快的生活方式指南，获得了用户的支持与好评。

小熊电器从长远发展着眼进行布局，以创新驱动、产品精品化、运营数字化、用户直达、全球化市场和组织年轻化作为公司经营的六大战略体系驱动创新发展，不断推进智能制造，通过提升制造能力，助力小熊电器发力年轻人的市场，加强数字化建设，实现全域数字化运营，从而推动公司更加高效运营。

2021年6月，小熊电器以101.42亿元的品牌资产价值首次入围由世界品牌实验室发布的"中国最具价值品牌500强"榜单。此外，小熊电器还荣获"全国产品和服务质量诚信示范企业""中国家电创新零售优秀案例奖""最受欢迎品牌"等称号。

问题思考：小熊电器能够入围"中国最具价值品牌500强"的原因有哪些？

营销启示：小熊电器的成功一方面得益于不断创新营销，升级用户品牌体验；另一方面离不开精品战略的驱动和数字化运营的助力。

二、品牌定位的方法

在一定程度上，品牌是一种认知型资产。在顾客形成品牌认知的过程中，企业应该全面考虑所有能帮助顾客建立品牌认知的方式和过程。例如，每个蔚来车主都是蔚来的"代言人"。蔚来车主不仅自己买车，更愿意向周围朋友推荐蔚来汽车，拿出自己宝贵的时间和精力来给蔚来汽车做推广，促进品牌增值。蔚来汽车把用户变成了自己品牌价值的一部分，使得蔚来汽车成为自主品牌新能源汽车中的领先者。

品牌资产应当包含五个部分，即品牌知名度、品牌认知度、品牌联想、品牌忠诚度和品牌其他资产，如图3-3所示。

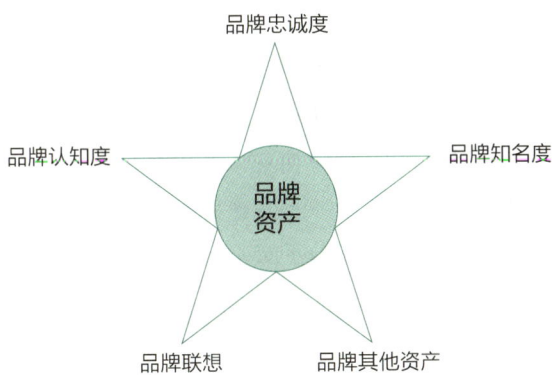

图3-3 品牌资产

要在顾客心中形成品牌认知，强化品牌定位，需要注意以下四点。

1. 品牌认知的主题化

企业在进行一系列品牌认知构建活动时，不要把它们当成一个个互不关联的活动。其实这些活动的主题都来自企业的核心价值。只有将品牌的核心价值和定位与具体的品牌活动相关联，才能持续、统一地创建品牌资产。

2. 品牌认知的体系化

品牌一定要建立一个从有形到无形再到感知的系统。根据市场营销学家的理念，企业应该从产品价值营销进入价值观营销，要注重顾客的心理和价值观层面的需求，而不是简单地仅售卖一个产品。

3. 品牌认知的 IP 化

企业可以把建立品牌定位的过程想象成制作一个文化产品的过程。例如，互联网行业盛行企业吉祥物，京东的小狗、腾讯的企鹅、小米的米兔等形象就是品牌认知 IP 化的具体体现。企业以一个拟物的形象对外开展各种活动，顾客更容易辨识。

4. 品牌认知的社交化

品牌认知要有利于大众的二次传播。在生活中，每个人都有自己传播的需要，尤其是以一种大家喜欢的方式去表达。例如，"95 后"和"00 后"的童年回忆《巴啦啦小魔仙》，其台词"我可以"一度成了 Z 世代的"社交通用语"，人们套用这一句式在朋友圈中进行传播。在顾客形成品牌认知的过程中，虽然不能将一个企业实体"塞入"顾客的心中，但可以将代表企业产品或服务的符号——品牌植入顾客心中。所以，定位的主体不是企业而是品牌。"定位"是"品牌定位"，要让品牌占领顾客心中的独特位置。

❖ 行业观察

国潮风起正当时

从美妆到茶饮，从影视剧到文创周边，越来越多的国货品牌通过"国潮"向消费者展现出了"新"的面孔。据《2020 国货消费趋势报告》显示，国货已成消费首选，"90 后"已成国货消费主力，在所有国货消费者中占比 35.64%。《2022 年中国新消费品牌发展趋势报告》显示，"国潮"相关内容搜索热度十年上涨了 528%；"国货数码""国潮服饰""国货美妆"位居 2021 年"国潮"相关内容热搜话题前三位。

问题思考：试分析国货品牌受到消费者青睐的原因有哪些？

营销启示：需求迭代带来的产品创新让越来越多的国货品牌实现了差异化的定位。"国潮"产业源于强大的民族自信，是结合新人群、新消费所诞生的新行业、新物种。"国潮"从传统文化中汲取营养，在产品创新中焕发活力，随着年轻人对"国潮"的热爱从"看"到"买"，"国潮"品牌的市场地位和市场价值不断提升。

市场营销基础

品牌是一个包含功能价值和情感价值的承诺。企业需要根据定位的构想来设定品牌承诺所对应的功能价值和情感价值。这些功能价值和情感价值要让顾客感觉到、体验到这个品牌，并且让顾客相信这个品牌真的就在那个差异化的位置上。功能价值是顾客在产品（或服务）上获得的功能方面的价值，如汽车作为交通工具的安全性能和节油性能，手机作为通信工具的通话质量和交互界面的体验感受。而情感价值是顾客在产品（或服务）上获得的情感方面的价值，如安全感或身份认同感。通常情况下，普通消费品的功能价值占比较高，主要卖的是产品本身；而高端品牌的情感价值占比较高，卖产品同时也是卖"感觉"。情感价值占比越高，一个品牌的溢价能力和获得高毛利率的能力也就越高。

⬡ 华商风采

瑞蚨祥：160 岁品牌的传统与时尚

1862 年，孟传珊在济南开设了"瑞蚨祥"绸缎庄，其店名源自"青蚨还钱"的典故，融入了中华传统的吉祥祈福寓意和商业文化。1893 年，瑞蚨祥在北京前门外廊坊四条（现大栅栏商业街）设立其在京城的首个绸布店，到民国初年已拥有众多店铺，成为"八大祥"之首。

1. 品牌要素迭代升级

2012 年，考虑到定制原料、传统手工技艺成本及老字号品牌附加值等因素，瑞蚨祥开始升级品牌定位，专注于旗袍和婚庆礼服两大定制业务，着力打造"高级定制的中国服装领导品牌"。基于这一品牌定位，瑞蚨祥推出第二代品牌标识。该标识保留了母子青蚨闭环设计，"瑞蚨祥"三个字从母子青蚨闭环内移到图案下方，呈"一"字横排，适应现代人从左向右的阅读习惯；英文名称"REFOSIAN"和品牌创始时间"1862"列于图案下端，为新增元素。瑞蚨祥品牌标识变化如图 3-4 所示。

原标识　　　　　　　　　　　新标识

图 3-4　瑞蚨祥品牌标识变化

2. 拓展产品和服务品类

近年来，瑞蚨祥在传承品牌特色和传统制作技艺的基础上，融入时尚元素，不断创新产品设计理念与制作工艺。同时，顺应时尚演变和消费升级趋势，通过品牌延伸拓展产品和服务品类，如针对年轻消费群体开发了既突出中式元素又符合现代审美观的产品和文创 IP 联名新款等。

3. 丰富品牌体验

传统文化基因是形成老字号品牌最重要的元素，也是老字号品牌独特的竞争优势。2017 年以来，瑞蚨祥注重打造非遗文化体验区和定制区，加强与顾客的互动，丰富品牌体验。

4. 线下线上渠道融合

瑞蚨祥的线下实体门店各具特色：前门总店侧重高端定制服务和非遗文化体验；金源燕莎门店重点打造现代时尚生活方式和体验式营销模式；地安门门店主打经典复古风格，侧重服务"老北京"群体。

2020 年，瑞蚨祥积极对接电商平台，通过非遗传承人与主播组合，以"有温度的手艺，有故事的产品"吸引广大消费者关注，探索"直播＋生活＋场景"线上新营销模式。瑞蚨祥通过微信公众号、微博等新媒体平台，讲述品牌故事、发布新款产品、推送最新活动信息，有效提升了流量转化效率。瑞蚨祥通过开发高端定制软件，为顾客提供线上量体、个性化搭配、专属定制等服务。

问题思考：瑞蚨祥能够长盛不衰的原因有哪些？

营销启示：瑞蚨祥传承了老字号的文化内涵，从文化属性方面将老字号口碑做得非常到位。与此同时，瑞蚨祥不断创新，走时尚化、年轻化的新国潮道路，主动拥抱时代和年轻人，不断升级品牌定位。

课后实践

◈ 基础知识练习

一、单选题

1. 同一细分市场的顾客需求具有（　　　）。

   A. 绝对的共同性　　　　　　　　　B. 较多的共同性

   C. 较少的共同性　　　　　　　　　D. 较多的差异性

2. （　　　）差异的存在是市场细分的客观依据。

   A. 产品　　　　　　　　　　　　　B. 价格

   C. 需求偏好　　　　　　　　　　　D. 细分

3. 企业选定的细分市场必须与其自身的资源状况相匹配，即企业可以通过适当的

   营销组合占领目标市场，这是市场细分的（　　　）原则。

   A. 可衡量性　　　　　　　　　　　B. 可进入性

   C. 可盈利性　　　　　　　　　　　D. 差异性

4. 采用无差异性战略的最大优点是（　　　）。

   A. 市场占有率高　　　　　　　　　B. 成本的经济性

   C. 市场适应性强　　　　　　　　　D. 需求满足程度高

5. 根据市场调研的结果，运用两个或两个以上影响消费者的因素进行细分的方法

   是（　　　）。

   A. 单一变量法　　　　　　　　　　B. 系列因素法

   C. 综合因素法　　　　　　　　　　D. 双重因素法

二、多选题

1. 一般而言，成功、有效的市场细分应遵循（　　　　　）的基本原则。

   A. 可衡量性　　　　　　　　　　　B. 可盈利性

   C. 可进入性　　　　　　　　　　　D. 差异性

2. 消费者市场细分标准通常包括（　　　　　）。

   A. 地理标准　　　　　　　　　　　B. 人口标准

   C. 心理标准　　　　　　　　　　　D. 行为标准

3. 企业可以选择的目标市场营销战略有（　　　　　）。

   A. 无差异性战略　　　　　　　　　B. 差异性战略

C. 产品化战略　　　　　　　　　　D. 集中性战略

4. 强化品牌定位，需要注意（　　　　）。

　　A. 品牌的主题化　　　　　　　　B. 品牌的 IP 化

　　C. 品牌的体系化　　　　　　　　D. 品牌的社会化

5. 品牌的隐性要素是品牌内含的因素，不可以被直接感觉，它具体包括
（　　　　）。

　　A. 品牌承诺　　　　　　　　　　B. 品牌个性

　　C. 品牌图案　　　　　　　　　　D. 品牌体验

✦ 案例分析

"如家"的与众不同

　　一次偶然的机会，"携程旅行网"创始人在查阅客服记录时发现，有一位客户反映携程提供的异地酒店订购服务信息准确、方便高效，但所有和携程合作的酒店都是星级酒店，价格较高，这对于经常出差的商旅人士来说是个不小的经济负担。

　　在当时的中国酒店行业内，基本上只有两种类型的酒店可供客户选择，一种是硬件设施好但价格高的星级酒店；另一种是价格低廉但硬件设施欠佳的招待所和小旅馆。对于经常出差的人和追求高性价比的旅行团来说，这两种选择都非最佳。

　　携程创始人敏锐地意识到，一个巨大的商机摆在眼前！创办一个与众不同的、介于星级酒店和小旅馆之间的经济型快捷商务连锁酒店的想法迅速形成。

　　2001 年 8 月，携程成立唐人酒店管理公司，开始经营经济型、三星级以下快捷商务酒店连锁业务；2001 年 12 月，正式以"如家（Homelnn）"命名连锁酒店品牌，仅仅 4 个月后，"如家"就加盟发展了 11 家连锁店。如今，"如家"在全国 300 多个城市拥有近 2 000 家酒店，平均客房入住率高达 95% 以上。

　　案例分析：从市场定位的角度分析如家成功的原因。

1. 实训目标

通过实训，使学生能够应用目标市场营销战略知识，针对不同企业类型，提出与之相匹配的目标市场营销方案；并引导学生以正确的价值观自省与完善目标市场营销方案。

2. 背景资料

近年来，中国消费电子企业出海势头高涨，从发展中国家到发达国家，市场占有率越来越高。除海尔、格力、华为、联想等较早出海的企业持续经营海外市场外，小米、大疆、安克、一加、传音等新兴的消费电子企业也加入了出海大军。据商务部数据显示，2020 年前 11 个月，民营企业出口增长 12.2%，拉高整体增速 6.2 个百分点。

甲企业作为一家中国消费电子企业，面对西方发达国家的技术封锁和无理打压，产品销量、营业收入受到了较大影响。作为该企业市场部的成员，大家在保证公司利润的前提下，就如何制定和实施进军国际市场的目标市场营销战略展开了激烈的讨论。

3. 实训步骤

（1）小组协作，找出本行业标杆企业，总结该标杆企业进军国际市场的目标市场营销成功路径或模式。

（2）小组讨论，甲企业应如何制定目标市场营销战略，以进军国际市场。

（3）利用如图 3-5 所示的目标市场营销战略伦理检验模型，检验制定的目标市场营销战略是否符合营销伦理要求。

（4）根据检验结果，优化目标市场营销战略。

（5）思考并总结未来消费电子企业目标市场营销战略的发展方向或趋势。

4. 实训成果

（1）甲企业目标市场营销战略策划方案。

（2）目标市场营销战略伦理检验清单。

（3）未来消费电子企业的目标市场营销战略发展方向或趋势分析。

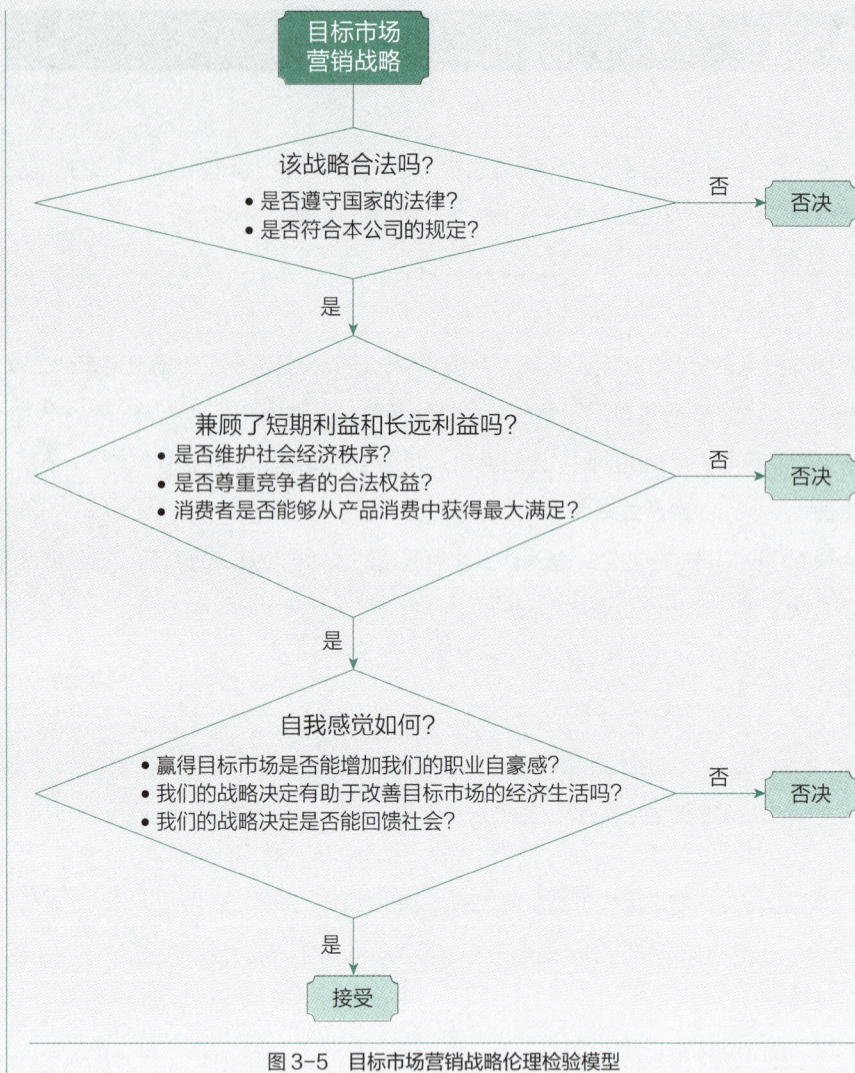

图 3-5 目标市场营销战略伦理检验模型

"鼓要打到点上，笛要吹到眼上"，这反映的是一种企业的营销意识。俗话说"打蛇打七寸"，企业要把有限的精力投放在关键之处。面对消费者需求的多样化和多变性，企业要能够运用洞察力和创新力进行市场细分，并选择合适的目标市场。目标市场精准定位是企业目标市场营销战略成功的关键。

下 篇

相机而动 措置有方

产品策略 适口者珍

第 四 章

学习目标

知识目标

- 了解产品的概念，掌握产品整体概念的五个层次
- 掌握产品组合策略的内涵
- 熟悉产品生命周期各阶段的特征，掌握对应的营销策略
- 熟悉企业新产品开发策略的内容
- 了解新产品采用者类型

技能目标

- 能够运用产品组合理论，对企业产品组合策略提出合理化建议
- 能够运用产品生命周期理论，发现不同阶段的产品需求和竞争环境的变化，制定相应的营销对策
- 能够根据企业经营的需要，对新产品开发与扩散提出一定的合理化建议

素养目标

- 深刻理解中华传统商业文化——物无定味、适口者珍的精髓
- 以消费者需求为中心，弘扬新时代工匠精神与创新精神
- 理解国家在商业领域中的新发展理念，以及企业社会责任的相关内容
- 构建科学系统的营销思维模式和整体运营的职业全局观

思维导图

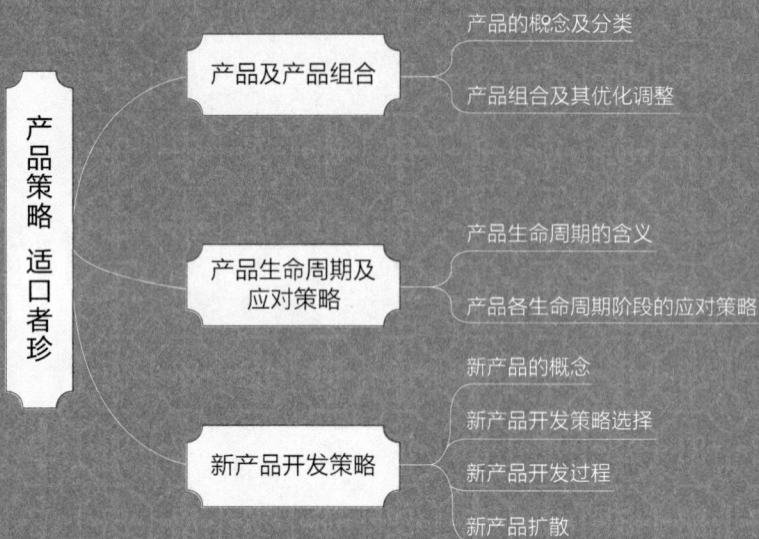

学习计划

● 知识学习计划

_____

_____

_____

● 技能训练计划

_____

_____

_____

● 素养提升计划

_____

_____

_____

✥ 直面营销

一杯枸杞拿铁，老字号走心跨界

为了迎合年轻群体的需要，同仁堂开了一家咖啡店——"知嘛健康"。它的店面有着敞亮的落地橱窗，和消费者记忆中雕梁画栋的传统店铺门面很不一样。这家店无线网络密码的后四位是1669——这正是同仁堂创立的年份。

咖啡店一楼是餐饮区，虽然是时尚咖啡店的模样，但各种细节都在提醒消费者，"我们不一样"：这里卖的所有饮食，无论饮料、汤粥还是面包，都含有中药元素，如枸杞拿铁、西洋参红酒面包等，连柜台上陈设的咖啡罐里装的都是罗汉果、甘草、人参等药材，空气中也弥漫着中药的清香。

咖啡店二楼则"不忘初心"，开方抓药推拿，中药铺该有的它都有。这一点，在从一楼通向二楼的楼梯上就写清楚了："一楼只是序曲，二楼才是正章"。这里有传统的木质药柜，也有时尚的亮色系候诊区；杆秤还在，只是成了装饰品，抓药要用更精确的电子秤。

同仁堂变了，又没变。每一家老字号在诞生之初一定是当时的新锐；能够绵延至今，也必然是适应了不同时代消费人群的需求。如今，跨界营销成了很多老字号的新选择，如上海老字号"乔家栅"开设"乔咖啡"，抹茶拿铁配烧卖、黑咖啡配蟹壳黄，成了上海滩的新时尚。

回到同仁堂咖啡，中药和饮食在中国传统文化中本来就有着密切关系，健康也是任何时代的消费者都关心的问题。同仁堂将跨界的一时新鲜转化为日常需求，将平日不易走近的中药铺转化为随时可以逛的咖啡店，内核仍在，本质不变，用文化的力量和现实的需求再一次击中大众心理。

在这一波跨界热潮过后，如何留住容易喜新厌旧的新一代消费者，才是老字号真正要思考的问题。能占据市场一席之地的商品和店铺，必然要与其安身立命之物契合，就像同仁堂的中药，乔家栅的糕点，它们本来就很好，只是换一种"语言"来与新的消费者对话，并且要听得懂这一代消费者的新需求。

问题思考：像同仁堂这样的老字号在新的发展阶段采取了什么新的营销方法？

营销启示：老字号可以在发扬品牌精神和传承传统文化的基础上，通过分析新时期消费需求的新变化，进行产品和服务创新，制定新的产品策略。

第一节　产品及产品组合

一、产品的概念及分类

产品，是指所有能够满足消费人群或用户群体某种需求和欲望的有形产品和无形产品（或服务）。其中，有形产品可以包括产品的实体和产品具备的品质、样式、特征和包装等；无形产品则是附加在有形产品上的，包括品牌、服务、保证、形象、声誉等能够满足消费人群使用价值及心理上的满足感和信任感的非物化产品。当前，消费者对于产品信息的获取能力和分析能力不断提升，买家是行家，识货的是买主，因此企业在产品的设计和推广中应进一步精细化。

营销中的产品，实质是指产品整体，具体可以分成五个层次：核心产品、有形产品、期望产品、附加产品、潜在产品。

1. 核心产品

核心产品是指消费者购买某种产品时所追求的核心利益。这是消费者真正要买的东西，既包括物质需求的满足，也包括精神需求的满足。在产品整体概念中，核心产品是最基本、最主要的部分。

◈ 华商风采

红旗轿车——中国的骄傲

北京汽车博物馆陈列着这样一辆车，它凝聚了无数中国人的强国梦和民族情，它身上印刻着深深的红色记忆，它就是新中国第一辆高级轿车——红旗 CA72。

为了在国庆 10 周年阅兵式上用上国产的检阅车，1958 年 7 月，中央向第一汽车制造厂（简称一汽）下达了制造国产高级轿车的任务。时间紧、任务重，为了解决制造高级轿车的难题，一汽组成了干部、技术人员、工人"三结合"的攻关突击队，日夜奋战。

工人们打破常规，用"张榜招贤"的方式，对高级轿车 2 000 多个零件制作任务进行认领，并攻克对应的技术难关。中国的高级轿车，一定要用中国发动机。但在 20 世纪 50 年代，没有图纸，没有资料，想要造出当时世界上最先进的 V 型 8 缸发动机难上加难。历经二十多个昼夜的奋斗，在一汽科研人员的协同努力下，由我国自主制造的 V8 发动机终于试制成功。

1958年8月，中国第一辆高级轿车红旗CA72试制成功，创造了中国汽车工业史上的一个奇迹。1959年9月，第一批两辆红旗检阅车送往北京，供国庆10周年阅兵式使用，之后，红旗轿车在多次阅兵式上作为检阅车使用。1960年3月，红旗CA72轿车远赴德国，在莱比锡博览会上展出，并被收录到《世界汽车年鉴》中，成为世界级名车，享誉中外。

进入新时代，"红旗"开启了市场化进程，随着新车型的面世，"红旗"完成了艰苦卓绝的涅槃。2018年1月，中国一汽红旗品牌战略发布会在北京人民大会堂盛大举行。近年来，红旗多款智能高端家用汽车和商用汽车亮相市场。

现在，红旗轿车拥有高端的制造技术、稳定的性能及独具中国风格的民族审美造型，为中国汽车工业赢得了巨大荣誉，也极大地激发了中国人民的民族自豪感。

问题思考：红旗轿车的核心产品是什么？

营销启示：核心产品是产品整体中最基本、最主要的组成部分，为保证产品功能的完备和精神价值的有效提供，企业需要秉持工匠精神和创新精神，打造并不断完善产品。

2. 有形产品

有形产品是核心产品的物化载体，是向消费者提供的产品实体。它在市场上主要表现为产品的外观特色、式样、品牌名称和包装等，如洗衣机的品牌、样式、尺寸和颜色。随着服务类产品和虚拟产品的出现，有形产品的内涵也在不断延伸。对于服务类产品而言，其有形产品就是服务载体，包括服务提供者、服务的时间和地点等；而虚拟产品的情况则更为特殊，如短视频平台基于算法为消费者推送短视频，实际上算法就是此类产品的有形产品。

产品的基本效用必须通过某些具体的形式才能得以实现。市场营销者应立足于消费者在购买时的核心利益需求，通过提供更优质的有形产品为核心产品服务，以求更好地满足消费者的需要。

❀ 行业观察

新的产品分析专家——"成分党"

"成分党"正在成为一部分年轻人的标签，而年轻人对于研究成分的热情，不止体现在护肤领域，在饮食、教育、育儿、装修等领域，他们都热衷挖掘产品背后的相关成分是否科学。当他们抛出那些晦涩难懂的成分名词时，一些外行甚至会误以为他们是某个领域的"专业人士"。

例如，"Z世代"消费者在护肤品购买上有两个特点：一是关注护肤品能给皮肤带来什么样的好处；二是喜欢探究为什么这些护肤品能够给皮肤带来好处。他们会有自己的疑问，并由疑问引发思考。在豆瓣"我爱化妆品"小组搜索关键词"成分"，出现了将近7 000条的帖子，这些帖子的内容大多是分析某款护肤品的成分，以求更科学地护肤。

华熙生物是国内一家生物科技公司和生物活性材料公司，其玻尿酸的研发和产业化水平位居世界前列。该品牌一直以该成分为宣传点打造自己独特的品牌形象，以区别于其他知名国产化妆品品牌。该品牌的运营人员认为，"95后"已经成为消费的中坚力量，他们在选购护肤品时更理性、更专业、更关注功效，因此也为行业带来了一些影响，即能够用有效成分跟消费者进行沟通的品牌都获得了非常好的增长。

每一个品牌都会有自己的品牌故事和品牌主张，它没有标准化。但是成分则不同，不管什么品牌，在产品外包装上必须印上全成分，它是一种标准化的语言。

问题思考："成分党"对企业设计有形产品有哪些新启示？

营销启示：有形产品是产品整体的重要组成部分，也是核心产品的载体，有形产品的设计需要做到"以人为本"，适应消费人群的需求新变化。

3. 期望产品

总体而言，期望产品源自核心产品和有形产品。不同的消费者基于需求、偏好的差异性会对所购买的产品产生差异化的期望。例如，购买洗衣机的消费者，一般所期望的是洗涤、甩干等基本功能完备、价格合理、品质优良；但有些消费者还需要洗衣机具备消毒、多样化的洗涤模式等新功能。

期望产品包含消费者的近期利益和远期利益、显性需求和隐性需求。消费者愿意为期望产品溢价购买相关产品，恰当的期望产品在回报给企业高额利润的同时，还可以增强品牌美誉度。部分消费者也会因为期望的满足而提升对产品的信任度与品牌忠诚度。但如果企业设计了错误的期望产品，可能会导致消费者产生巨大的心理落差，从而对产品、品牌产生怀疑和不满，甚至转而购买其他品牌产品。

破解实体书店经营困局

随着新媒体时代的到来，人们的图书消费习惯和阅读习惯发生了较大变化，实体图书销售受到冲击，线下书店生意日趋萧条，但西西弗书店却依旧红火，它是如何做到的？

西西弗书店定位于大众精品阅读的连锁书店，目前在全国80多座城市开设了约300家门店，拥有超过500万活跃会员。自1993年开店起，西西弗书店就奠定了自己的独特基调，即参与营造本地精神生活。对西西弗书店而言，线下实体书店的功能不仅仅是图书销售，消费者更希望在这里获得更多的精神享受，拥有一个放松和休闲的空间。

西西弗书店坚持"图书＋X"的经营模式。几乎每一家西西弗书店都是由"图书＋咖啡＋文创"组成的，在书店中还会有不定时的读书交流等文化活动。西西弗书店以欧式的装修设计和复古的橱窗摆设吸引读者光顾；幽静的阅读氛围、温馨的咖啡和精致的文创用品使消费者驻足。西西弗书店突破了"纯书店"概念，变成一个提供以图书为核心的综合化服务和文化体验的空间，有效"抓住"了年轻消费者和非阅读爱好者。

问题思考：西西弗书店的发展带来哪些新启示？

营销启示：期望产品是企业基于消费者需求的变化对核心产品和有形产品进行的创新设计，是企业"以人为本"经营理念的重要体现。

4. 附加产品

附加产品是指消费者在购买产品时所获得的全部附加服务和利益，包括提供物流运输、信贷、安装、售后服务等。附加产品的概念是基于消费者对自身需求的深入认识，他们希望得到与满足某种需求有关的各种附加服务。有学者提出，对于企业而言，市场竞争不仅是生产什么产品，也包括其产品能够提供多少种附加利益，如包装、消费者咨询、配送及其他有价值的形式。

5. 潜在产品

潜在产品是指现有产品未来可能的演变趋势和前景。它是在核心产品、有形产品、期望产品、附加产品之外，能满足尚未被消费者意识到的潜在需求，或者已经被意识到但尚未被消费者重视或消费者认为不可能实现的某些需求。例如，在智能手机尚未出现的时候，绝大部分手机用户并没有认识到手机还可以满足其娱乐、工作、学习的多样化需求。

一般而言，潜在产品是产品整体概念当中的最高层次。对于企业而言，在需求挖掘方面和将需求转化为产品方面均有较大难度。如果企业能有效地将潜在需求转化为潜在产品，将引领行业发展，形成绝对竞争优势；也将深度影响消费者对现有产品的价值评估、消费和使用体验。这要求企业具备较强的市场调查与预测能力，以及长远的战略眼光。在获知消费者的潜在需求后，也需要企业具备强大的财力与科研能力，以进行新产品的设计、研发和生产。

◈ 学习实践

阿克苏苹果的产品整体分析

阿克苏苹果以甜脆著称，很受消费者青睐，其中"冰糖心"品种更是广为人知。请大家自主查阅相关资料，结合阿克苏苹果的现状进行产品整体分析，完成表4-1。

表4-1 阿克苏苹果的产品整体分析

产品层次	产品描述
核心产品	
有形产品	
期望产品	
附加产品	
潜在产品	

产品整体概念的五个层次清晰地体现了以消费者为中心的现代营销观念。每一个层次的产品都可以对应消费者不同的需求内容和需求层次。如果企业可以完整把握产品整体概念，从五个层次出发，合理地对产品设计和生产进行规划，就能够更好地满足消费者需求，增加企业产品在市场中的竞争力。

二、产品组合及其优化调整

大多数企业都会生产和销售多种产品，以维持企业生产经营的稳定性和持续性，希望可以实现"君(消费者)之所欲,一应俱全"。但是,并不是经营的产品越多越好,因为涉及多个产品在市场中的营销问题,企业需要分析应该经营哪些产品和产品间应该有什么样的配合关系,这就是产品组合的概念。

(一)产品组合

产品组合是指某一企业在一定时期内所生产和销售的全部产品大类、产品项目的组合。产品大类(又称产品线)是指产品组合中具有密切关联的产品,它们一般具有相似的使用功能,但规格外形不一样,如不同尺寸型号的电视机,不同功能的软件等。产品项目(又称产品品种)是指企业所生产的各种不同质量、型号、规格和品种的具体产品。

产品组合有一定的宽度、长度、深度和关联性。

1. 产品组合的宽度

产品组合的宽度也被称为产品组合的广度,是指一个企业拥有产品线的数量,可以表明企业经营产品的种类和经营范围。例如,某公司的产品宽度为7,产品线分别为清洁剂、牙膏、肥皂、纸尿裤、毛巾、漱口水和卫生纸。

2. 产品组合的长度

产品组合的长度是指在一个企业的产品组合中所包含的产品品种的总数。相应地,每一条产品线内的产品品种数称为该产品线的长度。如果一个公司具有多条产品线,它可以将所有产品线的长度加起来,得到公司产品组合的总长度。

3. 产品组合的深度

产品组合的深度是指产品线中有多少种不同花色、式样或规格的产品品种。如某公司旗下的牙膏产品具有多种规格、功能和香型,这就构成了该公司牙膏产品线的深度。

4. 产品组合的关联性

产品组合的关联性是指一个企业的各条产品线在最终用途、生产条件、目标市场、分销渠道和销售方式等方面的相关程度。

合理规划产品组合的宽度、长度、深度和关联性,对企业营销战略的设计与实施具有重要意义。

(二)产品组合优化调整

企业在优化调整产品组合时,依据不同的情况,可选择如下的不同策略。

1. 扩大产品组合

扩大产品组合包括拓展产品组合的宽度和增加产品组合的深度。前者是指在原产品组合中增加一个或几个产品大类，扩大产品范围；后者是指在不增加产品线的情况下，在原有的产品线内增加新的产品项目，发展新产品系列。当企业预测现有产品大类的销售额和利润额在未来一段时间内有可能增长减缓时，就应考虑在现行产品组合中增加新的产品大类，或加强其中有发展潜力的产品线。当企业打算强化产品特色，或为更多的细分市场提供产品时，则可选择增加产品组合的深度。

一般而言，扩大产品组合可以使企业充分利用现有的人力、物力和财力资源，拓展经营领域，增强市场应变能力和竞争能力。但扩大产品组合策略也会分散企业的资源配置，增加管理者的管理难度，有时新增产品也可能存在质量问题，影响原有的品牌形象和品牌声誉。

❀ 行业观察

北大荒：新征程开启新辉煌

在世界品牌大会暨2021年（第十八届）中国500最具价值品牌发布会上，"北大荒"品牌价值达到1 439.85亿元，同2004年的品牌价值（17.91亿元）相比，17年增长了约80倍，连续16年入选中国最具价值品牌榜，稳居中国农业第一品牌。

北大荒集团把建设粮食生产大基地作为重中之重和安身立命之本。为发挥粮食生产功能区和大豆等重要农产品生产保护区保障国家粮食安全的战略核心作用，发挥粮食生产商的"压舱石"作用，集团统筹推进田、土、水、路、林、电、技、管综合配套体系建设，全面建设高质高效的国家粮食安全产业带和农业现代化示范区。

在此基础上，北大荒不断拓展产品组合，发力休闲农业和旅游产品，开拓产业新增长点，投资超10亿元兴建北大荒现代农业园，园区占地66.7万 m^2，是"国家AAAA级旅游景区"，园区内可垂钓、滑雪、餐饮、培训、度假、游乐、拓展、种植、采摘、观赏热带植物、体验现代农业，是一个集吃、住、游、娱、购于一体的市内大型综合旅游景区。与此同时，北大荒集团进一步推进"农文旅"融合发展，以"旅游、康养"为主题，紧紧围绕"吃、住、行、游、购、娱"六大要素及农业观光、康体养生、生态度假、田园健康等旅游功能，大力发展休闲农业、农事体验、精品民宿、特色种养殖等旅游产品。

北大荒将特色文化旅游产品有机地"嫁接"到农业、畜牧业等传统产业领域当中，从而在更高层次上引领带动文旅产业发展；将文化作为灵魂，发挥北大荒黑土地文化优势，提升核心竞争力和文化软实力；借助历史、人文讲好北大荒故事，打

市场营销基础

造文化符号、文化元素和文化记忆，依靠文化引领提升北大荒品牌价值。

问题思考：北大荒是如何借助现有产品进行产品组合拓展的？

营销启示：在原有产品组合的基础上，北大荒基于企业的发展基础和消费需求变化，积极探寻新的发展点，合理进行产品组合的拓展，有效提升了品牌价值。

2. 缩减产品组合

当原有产品市场不景气或原料、能源供应紧张时，企业可以选择把主要资源集中在一个或几个产品系列或少数产品项目上，通过缩减产品组合的方式使总利润上升。通常情况下，企业的产品大类有不断扩张的趋势，其原因主要有：生产能力富余导致产品大类经理开发新的产品项目；中间商和销售人员结合对于细分市场日益详尽的了解而增加产品项目；产品大类经理为了追求更高的销售额和利润而增加产品项目。随着产品大类的扩张，设计、工程、仓储、运输、促销等费用也随之增加，最终将会减少企业的利润。在这种情况下，企业需要对产品大类的发展进行相应的控制，删除那些冗余的产品项目，使产品大类合理瘦身，提高经济效益。

缩减产品组合策略主要应用在产品的成熟期，因为在成熟期，产品市场逐渐由景气向不景气过渡，产品的销售额和利润额都开始下滑，基本没有上升可能，此时缩减产品线或产品项目可以使企业更加聚焦于获利较多的产品。

3. 产品延伸

一般情况下，产品在进入市场之前都会有较为明确的市场定位，以此吸引目标消费人群。例如，在汽车市场上，不同的汽车品牌会选择对应不同消费档次的市场。产品延伸策略是指根据市场的变化，对全部或部分产品进行市场定位的调整，对原有产品线内的产品项目进行延伸。守则死，动则活，如果企业原来定位于低档市场，但随着市场中消费者对于品质、档次、品牌等要求的提升，可以在原有的产品线内增加高档产品，进入高档市场。

根据延伸方向的不同，产品延伸的主要方式可以分为向下延伸、向上延伸和双向延伸。

（1）向下延伸。这是指企业原来生产高档产品，现在增加低档产品。企业采取这种策略的主要原因有：① 原有的高档产品市场销售增长缓慢，市场空间有限，不得不将产品线向下延伸以获取更大的市场。② 企业的高档产品所在市场竞争激烈，必须用进入低档产品市场的方式来分散竞争压力或反击竞争者。③ 企业当初进入高档产品市场主要是为了建立其品牌形象，当品牌形象基本建立完成后，通过向下延伸再获取主要的目标消费人群。④ 企业增加低档产品是为了填补空隙，建立行业壁垒，减少潜在竞争者。

企业在采取向下延伸策略时，会遇到如下风险：① 企业增加低档产品，有可能使原来高档产品的品牌形象受损，因此，低档产品最好用新的品牌。② 有可能破坏原有的低档产品市场，导致原有生产低档产品的企业转向高档产品市场。③ 企业的经销商可能不愿意经营低档产品，因为经营低档产品所得利润较少。

（2）向上延伸。这是指企业原来生产低档产品，后来决定增加高档产品。向上延伸的主要原因有：① 消费者需求和消费能力变化，高档产品畅销，销售增长较快，利润率高。② 企业预估高档产品市场上的竞争不激烈，容易获得市场空间。

采取向上延伸策略也要承担一定的风险：① 可能引起生产高档产品的竞争者进入低档产品市场，使低档产品市场竞争激烈。② 目标消费者不信任企业能生产高档产品，不认可企业在高档产品市场的品牌形象。③ 企业的经销商可能没有能力经营高档产品。

（3）双向延伸。这是指原定位于中档产品市场的企业掌握了市场优势以后，同时向产品线的上下两个方向延伸，一方面增加高档产品，另一方面增加低档产品，以尽可能获得更多的消费者，扩大市场阵地。例如，黄金珠宝品牌周大福，在品牌"周大福珠宝"的基础上延伸出高端体验品牌"周大福荟馆"和"周大福艺堂"，同时打造了定位轻奢的可追溯的专属钻石品牌"T Mark"和定位低价时尚、针对年轻群体的子品牌"MONOLOGUE"等。

第二节　产品生命周期及应对策略

一、产品生命周期的含义

任何事物都会经历从产生到消亡的过程，产品也是如此。产品生命周期这一概念概述了产品从进入市场（产生）到退出市场（消亡）的市场生命过程，其阶段划分如图4-1所示。一般认为，产品经过研发、试销，然后进入市场，它的生命周期才算开始；产品退出市场，标志着其生命周期的结束。岁有四季，各有胜景，不同的产品生命周期阶段对企业而言存在着不同的机遇和挑战。

　　　　　　　　　　　　　　　　　　　　　　　　　　市场营销基础

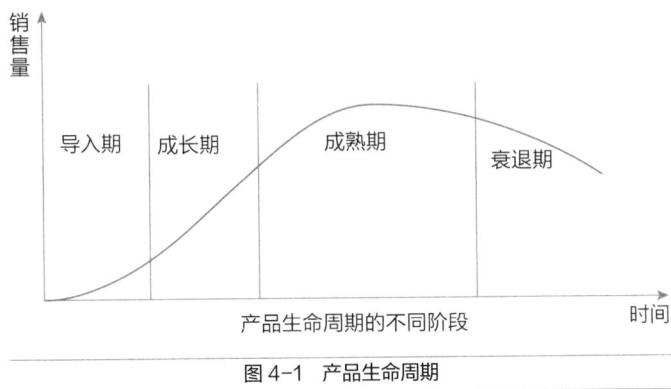

图 4-1　产品生命周期

1. 导入期

新产品投入市场，便进入导入期。在这个阶段，消费者对产品还不太了解和认可。产品的销售对象只有少数求新、求异，对价格关注度不高的消费者，一般为追求时尚的年轻人或企业白领，但总体而言销售量较小。在这一阶段，也会存在由于企业技术方面的原因导致产品不能大批量生产的情况，产品生产成本较高。企业销售额在该阶段一般增长缓慢，企业不但得不到利润，反而可能亏损。产品在导入期如同创业者在创业期，面临多种来自内外部环境的挑战，需要基于环境变化灵活应对。

2. 成长期

当产品在导入期逐步获得市场认可，销售量不断增加后，便进入了产品的成长期。在该阶段，市场对产品已经较为熟悉了，出现了大量新消费者，市场空间和企业销售额迅速增长。对于企业生产而言，产品生产技术应用和生产流程实施日趋成熟，已具备稳定的大批量生产条件，产品生产成本降低。在这一阶段，竞争者看到有利可图，也会开始进入市场，参与竞争，使同类产品供给量增加，市场竞争加剧。

3. 成熟期

经过成长期以后，产品的市场需求趋于饱和，消费者数量趋于稳定，潜在的消费者已经很少，销售额增长缓慢直至转而下降，单位产品的利润率开始降低，这表明产品进入了成熟期。这个阶段的持续时间一般长于前两个阶段，是产品在整个生命周期中最繁荣的时期，也是一个由发展顶峰逐步转向低谷的转折时期。大多数产品都处于生命周期的成熟阶段。

成熟阶段又可分为三个时期：第一时期是"成长中的成熟"，此时由于市场日趋饱和而造成销售增长率开始下降，销售额增长缓慢；第二时期是"稳定中的成熟"，大多数潜在消费者已经试用过该产品，竞争空前激烈，未来的销售额受到人口增长的制约；第三时期是"衰退中的成熟"，此时销售额的绝对水平开始下降，消费者开始转向其他产品或替代品。

4. 衰退期

由于新科技的发展等原因，新产品或新的替代品开始出现，消费者的消费需求和消费习惯会发生改变，开始转向其他产品，从而使原来产品的销售额和利润额迅速下降，产品进入衰退期。

抖音的迭代式发展

近几年来，中国短视频市场进入高速发展期，许多互联网公司纷纷进军短视频市场，琳琅满目的短视频产品也应运而生，"抖音"便是其中最具代表性的产品之一。

2016 年，抖音上线。而在这个阶段已经有比较成熟的短视频产品存在（如快手）。因此，如何暂时避开当时行业领导者的锋芒，让自己能在短视频领域内快速拥有一席之地，是抖音上线第一阶段最重要的事情。

在上线初期，抖音的版本迭代主要围绕提升用户体验和拉新两个大方向展开。修复各种 bug，让产品运行更稳定；优化页面、拍摄流程、加载速度，让用户更便捷地拍摄视频，观看更流畅；全面提升曲库、滤镜、特效、音质、画质等，让产品整体的调性更酷更潮。在产品拉新方面，通过通讯录、QQ、微博等查找好友分享功能则更好地实现了引流。改名为"抖音短视频"也是为了贴合目标用户的特点，让用户对产品有更加清晰的认识。

在运营一段时间后，抖音通过 3D 抖动水印、贴纸、全景相机等新功能，为用户打造了更酷炫的视频玩法，更加满足"年轻人"这一目标群体的心理需求；通过"抖音故事"功能降低用户的视频拍摄难度；增加"不喜欢"机制，利用其优势算法加强对用户的个性化推荐；上线抖音直播，满足各种用户不同的需求。此外还加强了对内容的管理和用户间的互动。

抖音的产品定位也从原来的"专注新生代的音乐短视频社区"逐渐变成"15秒音乐短视频社交工具"。

随着知名度的不断提升和用户数量的不断增加，抖音开始通过各种企业联合运营和城市推广活动实现了大量的流量变现，为自身带来丰厚利润；通过自身社交属性的加强实现了让用户数继续增长，通过良好的用户体验和社交氛围保证了新用户的留存。随着社交化功能的加强，抖音在本阶段也顺势启动了自己的新广告语——

"记录美好生活"。抖音在内容方面，鼓励用户创造更多样化的原创内容，这让抖音开启用户的自增长模式。

在产品基本功能和模块基本稳定，平台运营已趋成熟后，抖音继续研发了 AR 画笔、随拍、AR 文字等新功能，吸引新用户并维系老用户；通过和今日头条、央视网、人民日报等开展合作，采用公益营销的方式提升品牌的美誉度，如联合人民日报打造"国货发光"公益项目等。

问题思考：抖音历经几个发展阶段？查阅相关资料，分析每个阶段抖音的发展策略。

营销启示：企业要正确认识产品生命周期，准确判断其主要产品所处的生命周期阶段，及时调整营销策略，应对不同的发展挑战。

二、产品各生命周期阶段的应对策略

1. 导入期营销策略

导入期开始于新产品首次在市场上普遍销售之时。新产品进入导入期以前，需要经历开发、研制、试销等过程。导入期产品的市场特点是：生产规模小，各种成本和费用高；销售量小，新产品进入市场，可能存在质量和性能问题，存在购买风险，因此购买者较少；利润低，由于销售额低且成本高，所以新产品的利润较小。在这一阶段，促销费用很高，支付费用的目的是要提升消费者对于产品或品牌的认知度，建立完善的产品分销渠道。

在产品的导入期，一般可由价格、促销、渠道等因素组合成各种不同的营销策略。若仅考察促销水平和价格水平两个因素，则至少有如表 4-2 所示的四种具体策略。

表4-2　产品导入期策略

产品导入期策略选择		促销水平	
		高	低
价格水平	高	快速撇脂策略	缓慢撇脂策略
	低	快速渗透策略	缓慢渗透策略

（1）快速撇脂策略。"撇脂"原意为从鲜奶中撇取乳脂，含有提取精华之意。此种策略不仅能在短期内取得较大利润，而且留存了竞争加剧时能够降价的空间，这样一方

面可以限制竞争者的进入，另一方面也符合消费者期待价格由高到低的心理。快速撇脂策略适用于具有独特技术，不易仿制，有专利保护，生产能力不易迅速扩大等特点的新产品。

这种策略促销水平高，以求使新产品可以迅速进入市场，增加销售量；价格高，则可以从单位产品中获得较大的利润，尽快赚回成本，减少损失。采取这种策略必须具备一定的市场环境条件，如大多数潜在消费者还不了解这种新产品；已经了解这种新产品的人急于求购，并且愿意按价购买；企业面临潜在竞争者的威胁。在这种情况下，应该迅速使消费者建立对新产品的偏好。

（2）缓慢撇脂策略。这种策略以高价格、低促销水平的方式进行新产品的销售，高价格是为了获得更多的利润，低促销水平是为了减少成本。也存在部分企业秉持"酒香不怕巷子深"的理念，对产品信心较高，没有对产品进行大量促销规划的情况。这种策略可以在市场规模比较小，市场上大多数消费者已熟悉新产品并愿意支付高价格，潜在竞争威胁不大的市场环境中使用。

（3）快速渗透策略。采用这种低价格、高促销水平的策略，可以使产品迅速打入市场，取得尽可能高的市场占有率。采用这种策略的市场条件是市场规模很大，消费者对新产品了解较少并且对价格非常敏感，市场竞争激烈；企业在未来可以随着生产规模的扩大而降低单位生产成本。

（4）缓慢渗透策略。以低价格、低促销水平来推出新产品，要求企业降低生产成本，从而形成进入壁垒，减少竞争者进入市场的可能。这种策略适用于市场容量很大，消费者对新产品价格敏感，并且有相当多的竞争者的市场环境。

❖ 行业观察

网红雪糕的成名之路

2016年，东北知名雪糕品牌"中街大果"瞄准消费升级趋势，将品牌打造成兼具民族情怀的中高端怀旧品牌形象，去迎合越来越重视民族文化的年轻消费群体的喜好。于是，这一年"中街1946"在上海"横空出世"。

1. 定位"中式雪糕"，契合消费者的民族情怀

"中街1946"提出了"中式雪糕"的理念，即保留大家记忆中的"棍式雪糕"的样式，结合民族文化特色对其进行产品、包装等方面的升级。如在宣传上强调它的历史感；在产品设计上，更加符合当代年轻人的审美等。这样既能加深消费者对品牌的印象，又能契合消费者的民族情怀。

市场营销基础

2. 主打新鲜、无添加产品，迎合消费需求

现如今，年轻消费群体的消费观念发生了巨大变化，健康成为大家的首要需求，但雪糕向来就是高糖度、高热量的代表，与健康理念相差甚远。市场研究咨询机构的调查数据显示，59%的中国消费者更愿意多花钱购买100%纯天然和无添加的冰激凌产品。"中街1946"在洞察到年轻人健康需求的前提下，主打全球选材、无添加剂的健康理念，其产品只有60到90天的保质期，相较于竞品2到3年的保质期而言，真正做到将健康作为打造产品的第一要素。

3. 积极拓展电商平台，突破季节限制

在传统思维中，雪糕是"过路性"消费产品，且受季节影响，消费者的购买频率并不高。"中街1946"积极拓展线上电商渠道，并不断向消费者传递"冬天也要吃的雪糕"的概念，再加上生鲜电商的快速崛起，更是加速了"中街1946"突破季节限制的步伐，达到了让消费者"随时可以享用"状态。数据显示，即使是销售淡季，"中街1946"依然能保持旺季时六成以上的销售额。

4. 千店千面，给用户新鲜视觉享受

传统的雪糕品牌走的是商店、超市的线下渠道，极少有专卖店的说法。"中街1946"在线下建立了直营店，并且不同于其他品牌追求的统一装修，"中街1946"的每一个店面都极具特色，虽然面积都不大，但几乎没有两个一模一样的店。

问题思考："中街1946"采用了什么策略导入产品？为了成功践行该策略，企业做了哪些营销设计？

营销启示：消费者的文化自信和怀旧情怀是企业进行产品及产品策略设计、创新的重要依托，只有深度理解消费者的精神需求，才能将平凡的产品"不平凡"化。

2. 成长期营销策略

经过导入期以后，消费者对该产品已经熟悉起来，消费习惯已经基本形成，产品的销售量会迅速增长。进入成长期以后，原有消费者会重复购买，并且带来了新的消费者；企业建立了比较理想的分销渠道，销售量和企业利润也迅速增长；在这一阶段，销售量和利润增长最快。随着销售量的增加，企业生产规模也逐步扩大，产品成本逐步降低，市场价格稳中有降。新的竞争者会投入竞争，随着竞争的加剧，新的产品特性开始出现，产品市场开始细分，分销渠道增加。企业为维持市场的继续成长，需要保持或微增促销费用。

针对成长期的特点，企业为维持市场增长率，实现产品销售的快速稳定增长，可以

采取下面几种策略。

（1）提升产品质量。产品质量是产品在成长期实现市场稳步提升的重要保障。企业需要稳定并提高产品质量，同时还可以研发产品的新功能、新用途并改变产品款式。

（2）寻找新的细分市场。在巩固原有细分市场的同时，找到新的尚未满足的细分市场，根据其需要组织生产，迅速进入这一新的市场，扩大产品的销售规模。

（3）改变产品广告的宣传重点。由于市场中已经有众多同类产品，消费者对产品已经较为熟悉，企业可以把广告宣传的重心从介绍产品转到建立产品或品牌形象上来，维系原有消费者，吸引新消费者，使产品形象深入消费者心中，将提升的市场需求都集中在本企业品牌上来。

（4）适当降价。随着产品销售量的提升，规模经济的作用逐渐显现。产品的单位成本下降，企业存在降价空间，可以通过适度降价激发对价格比较敏感的消费者产生购买动机并采取购买行动，"多中取利，快中求赚"。薄利多销、加快资金周转对于很多企业而言是可以实现快速发展的一种途径。

3. 成熟期营销策略

产品经过成长期以后，销售量的增长速度会减缓，单位产品的利润开始缓慢下降，这表明产品已开始走向成熟期。进入成熟期以后，产品的销售量增长缓慢，逐步达到最高峰，然后缓慢下降；产品的销售利润也从成长期的最高点开始下降；市场竞争非常激烈，各种品牌、各种款式的同类产品不断出现。

对成熟期的产品只能采取主动出击的策略，使成熟期延长或使产品生命周期进入再循环。为此，可以采取以下三种策略。

（1）市场开发策略。这种策略不是要调整产品本身，而是发现产品的新用途，对产品进行新的品牌定位或改变推广方式刺激现有消费者重复购买等，寻找新的消费人群，开发新的市场，以使产品销售量得以增加。

（2）产品改进策略。这种策略是调整产品的某些性能或设计来满足消费者的不同需求，吸引有不同需求的消费者。整体产品概念任一层次的调整都可视为产品改进。产品改进策略一般包括产品的性能改进、外观改进和服务改进。

❖ 行业观察

企业微信新升级

企业微信是腾讯微信团队打造的企业通信与办公工具，具有与微信一致的沟通体验。新冠肺炎疫情期间，很多企业需要将企业管理、客户维系等工作转移至线上，企业微信为此做了紧急升级，上线了在线会议和紧急通知等功能，并在疫情期间免费开放，为企业提供直播、培训、调研、协作等全面支持。

如超大型国企中石油，将300多个应用迁入企业微信，作为统一的办公入口平台，仅一年的"通过成本"就节约了6亿分钟、23亿张纸，让分布在全球80多个国家的百万名员工跨国协作沟通无阻，方便快捷的沟通和审批流程帮助业务效率提升了30%。又如老牌工程机械龙头三一重工，通过企业微信，不仅连接了全国100多个城市约20 000名经销商，更打造了全国通用的营销资料库，保障所有的经销商都能用崭新、全面且制作精美的产品物料服务消费者，帮助经销商促成交易，打造了制造业以数字工具实现渠道赋能与终端消费者体验优化的全新范式。

问题思考：新冠疫情加速了"云办公"时代的到来，企业微信为此做了哪些升级？为什么要进行这些改变？

营销启示：市场环境不断发生变化，即使已经进入成熟期的产品，企业也需要时时关注其消费需求的变化，进行产品的有效改进，践行服务社会稳定发展的企业责任。

(3) 营销组合改进策略。通过对产品、定价、渠道、促销四个营销组合因素的综合调整，增加产品销售。例如，提高产品质量，改变产品性能，增加产品种类；同时，通过早期购买折扣、补贴运费、延期付款等方法来降价让利；扩展分销渠道，进行线上线下联合分销；调整广告媒体组合，变换广告时间和频率，增加人员推销，开展公共宣传等；也可以多管齐下，进行全方位的市场渗透，扩大企业品牌及产品的影响。

4. 衰退期营销策略

世异则事异，事异则备变。市场发生变化，企业产品所处的生命周期阶段也会发生变化，企业的营销策略就需要随之改变。面对处于衰退期的产品，企业需要进行认真的研究分析，决定采取什么策略，在什么时间退出市场。通常有以下几种策略可供选择。

(1) 继续策略。继续沿用过去的策略，仍按照原来的细分市场，使用相同的分销渠道、定价及促销方式，直到这种产品完全退出市场为止。

(2) 集中策略。把企业能力和资源集中在最有利的细分市场和分销渠道上，从中获取利润。这样有利于延缓产品退出市场的时间，又能为企业创造更多的利润。

(3) 收缩策略。大幅度降低促销投入，通过降低成本的方式增加目前的利润。这样可能导致产品在市场上的加速衰退，但也能从忠实于这种产品的消费者中继续获得利润。通常选择这种策略是企业为了退出市场做准备，这是退出市场前的过渡策略。

（4）放弃策略。对于衰退比较迅速的产品，可以当机立断，放弃经营。可以采取完全放弃的方式，如把产品完全转移出去或立即停止生产；也可以采取逐步放弃的方式，使其所占用的资源逐步转向其他产品。这种策略有助于企业迅速进入新的产品市场，获得有利的市场地位。

第三节　新产品开发策略

一、新产品的概念

企业很难依靠某一个或一类产品实现基业长青，绝大部分企业都面临新产品开发的问题。从消费者角度理解，新产品可以是指具有新功能、新结构和新用途，能在某方面满足消费者新需求，给消费者带来新利益的产品。新产品大体包括以下三类。

1. 全新产品

全新产品是指完全应用新技术、新材料等研制成功的，与市场上现有产品完全不同的产品。例如，电灯、电话、飞机、电视机、计算机、抗生素及化学纤维的研制成功并投入使用，在当时的商业环境中就属于全新产品。这类产品一般基于科学技术在某个方面的重大突破而产生，其普及使用极大地改善了人们的生活。但这也要求消费者必须学习相关产品知识，改变原有的消费模式。全新产品的研制与开发通常需要大量的资金投入，风险高，绝大多数企业难以做到。如果企业可以研发成功，则能够开拓全新市场并且可以借助新技术形成市场壁垒。

2. 换代产品

换代产品是指在原有产品的基础上，部分采用新技术、新材料而制造出来的产品。长江后浪推前浪，一代更比一代强。与原有产品相比，换代产品一般在产品的功能和结构等方面有较大改进，能为消费者带来新的利益或满足消费者新的需求，如台式计算机向笔记本电脑的升级换代。换代产品可能会对消费者的消费和使用模式带来较大影响。随着现代科技的迅速发展和消费者需求的快速变化，产品更新换代呈现出越来越快的趋势。换代产品出现后，原有产品的市场会快速萎缩并逐步被市场淘汰。

3. 改进产品

改进产品是指在不改变现有产品基础功能的前提下适当地在设计、包装、质量等方面加以改进，提升产品的价值。这类新产品与原有产品的差别小，改进的难度低，消费者购买改进产品后，基本可以按原来的方式使用。

二、新产品开发策略选择

企业根据消费者的需求开发新产品是现代市场营销遵循的基本原则，只有这样才能做到"叫好又叫座"。对于大部分企业而言，创新周期长、投入大、风险高，在激烈的竞争环境下，倘若市场不买账，就会严重挫伤企业的积极性。对创新前景的担忧，在相当程度上影响了企业研发的积极性。只有在满足消费者需求的基础上创新，才能从根本上解决这一问题。

企业的新产品开发策略可以依据企业资源条件及所处的市场竞争环境来选择。

1. 领先型新产品开发策略

领先型新产品开发策略是指企业首先研制、开发新产品，并率先将产品投入市场，从而在行业中确立产品技术领先的战略。

领先型新产品开发策略具有以下五方面的优点：

（1）在该战略下，企业对新产品的技术应用享有独占权，可以基于对新技术的掌握较早地建立起进入新产品市场的技术壁垒，在一定时期内，企业处于市场领先者的地位。

（2）企业在新产品生产、管理方面可以积累丰富的经验，有机会快速扩大生产规模，降低生产成本，能够占有较多的市场份额，满足不断扩大的市场需求。

（3）企业可以借助领先的技术应用，树立技术领先的企业品牌形象。

（4）企业对领先型新产品可以选择撇脂定价策略，赚取高额市场利润。

（5）企业还可以在必要时采取出售产品生产许可证的方式，从技术转让中获利。

领先型新产品开发策略所面临的风险主要是投入大、成本高、开发周期长，消费者需求的不确定性和研发的高风险性使得新产品开发的结果难以预料，一旦开发失败，往往会给企业造成巨大损失。

❁ 行业观察

以产品创新引领企业发展

当前，扫地机器人行业具备显著的"供给创造需求"的特点，当供给端出现更优质的产品时，需求端也会迎来阶段性的高速增长。尽管我国智能扫地机器人产业发展较晚，但在当前的产品市场供给与需求上呈现快速增长、高端化的态势。2021年，国内扫地机器人的市场规模在110亿元左右，2 000元以下机型的销量占比减至45%，3 000元以上机型的销量占比由2019年的2%攀升至2021年的29%。

在这样的背景下，有一家专注于高端智能清洁机器人及其他智能电器研发和生产的公司实现了快速发展，这家企业就是石头科技。

当前，国内扫地机器人行业消费需求的痛点主要在于产品质量参差不齐、死角难清扫、路径规划随机式导致部分区域清扫不干净等；另外，清扫过程并未完全解放人力，一些顽固污渍依然需要人力清洁。

基于上述需求痛点，石头科技进行了快速的新产品研发。在新产品研发支持方面，石头科技在多地设有产品研发中心、光电研究院、人工智能研究院、机电研究院等高端研发基地。在研发投入上，2021年公司研发投入4.4亿元，同比增长66.74%。

石头科技的管理者表示，"石头科技的竞争优势和'护城河'就是依托技术的积累。高效且持续性强的研发投入是增强精品化研发能力，促使创新产品延续输出的重要前提"。随着年轻一代消费群体的崛起、消费升级的加速，高端扫地机器人市场正从价格竞争走向产品博弈，以科技创新为依托的高端产品也将迎来发展新契机。2021年石头科技境内市场收入24.73亿元，发布的自清洁扫地机旗舰新品凭借自清洁及自动升降抹布等特点广受消费者喜爱，带动公司营业收入大幅增长。

如今，家庭清洁需求大增，消费者对于智能扫地机器人产品的接受度再度提升，市场可能会随之进一步增大。

市场营销基础

2. 跟随型新产品开发策略

跟随型新产品开发策略是指企业密切关注市场上产品的变化情况，当出现新产品获得成功的情况时，便对企业现有产品依据市场的新产品特性进行改进，或直接生产类似产品，以维持市场或进入新市场。

跟随型新产品开发策略具有以下几方面的优点：

（1）投资风险较小。领先型新产品开发的企业已经解决了产品创新过程中的一系列技术难题，通过市场实践评估了消费者对新产品的接受程度，跟随企业可以减少技术开发与市场开发中的失误和风险，研发成本和市场开发成本也随之降低。

（2）开发的产品可能更具竞争力。领先型新产品在投入市场后，可能会出现一些有待改进之处，跟随企业可以在充分了解消费者需求和期望的基础上，对领先型新产品进行改进，从而生产出更具竞争力的跟随型新产品。

跟随型新产品开发策略的主要缺点是跟随企业进入市场时间较晚，面临的市场竞争比较激烈，与领先型新产品开发企业的产品存在较高的同质性，往往要依靠规模效应等降低产品成本，才能取得竞争优势。

三、新产品开发过程

新产品开发需要遵循科学的过程，具体包括形成创意、甄别创意、形成产品概念、制定营销策略、商业分析、产品开发、市场试销、批量上市八个步骤。

1. 形成创意

与"需"共进，创新为王，新产品首先要有新创意。创意是开发新产品的设想。并不是企业所有的创意都能变成产品，但企业会寻求尽可能多的创意为新产品开发提供更多的可能。新产品创意的主要来源有消费者、科研人员、竞争者、经销商、企业高层管理者、市场研究公司、广告公司等。寻找创意的方法一般有咨询调查法、头脑风暴法和属性分析法等。

（1）咨询调查法是指通过对消费者、企业员工或行业领域专家的调研，收集新产品的设计研发建议，再转化成产品创意。

（2）头脑风暴法是指将消费者或专家集中到一起，给出基本要求后，令其自由地提出创意，集思广益。

（3）属性分析法是指列举现有产品的属性，寻找可能改变的属性点，然后形成创意。

2. 甄别创意

企业取得大量的创意后，需要对这些创意加以评估，选择出可行性较高的创意，这就是甄别创意。甄别创意时，一般要考虑两个因素：一是该创意是否与企业的整体或长远目标相适应，如企业的利润目标、销售目标、销售增长目标、品牌形象目标等；二是企业是否有足够的能力开发这种创意，如企业在新产品设计研发和推广中所需要的资金能力、技术能力、人力资源能力、销售能力等是否满足要求。

学习实践

创 意 评 估

如何能高效喝酸奶，不舔酸奶盖呢？近日，一名小学生秦同学提出了自己的解决方案。她是从雨伞的结构获得的启发。雨伞通过推拉后，伞骨能够张开或收缩，她由此设想了一种吸管，这种吸管是嵌套式的，一根吸管套在另一根稍粗的管里，当抽拉吸管的时候，粗管上的"伞骨"就会撑开，紧贴在酸奶盖上，通过旋转吸管，就可以把盖子上附着的酸奶刮下来，免去了舔酸奶盖这一环节。

请从企业的角度分析，该创意是否具备商业应用价值？在酸奶类产品中，还能想出哪些高价值创意？

3. 形成产品概念

产品创意是企业从自己的角度考虑能够向市场提供的可能产品的构想。这种构想无法预估消费者的使用体验。经过甄别后保留下来的产品创意还只是理念，需要进一步具体化后才能成为产品概念。产品概念是指企业从消费者的角度对这种创意所作的详尽的描述，具体包括产品的具体性能、用途、外观和价格等。企业在确定最佳产品概念后，就可以通过消费者进行产品概念试验。产品概念试验就是用文字、图画描述，或是用实物将产品概念展示在目标消费者面前，观察他们的反应并收集他们的意见。

产品概念也可以理解为一种产品画像。如同用户画像一样，企业可以为产品设计海量的数据标签，标签内容包括产品的特征、设计、功能、口味、价格、流行度等，主要涉及产品整体中的核心产品、有形产品和附加产品层。服装产品（概念）画像，如图4-2所示。

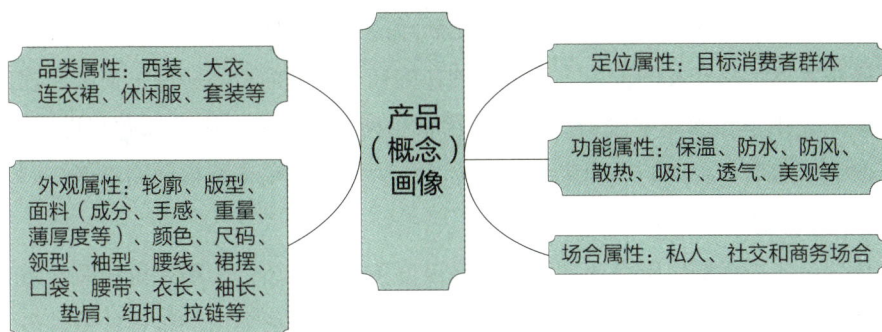

图 4-2　服装产品（概念）画像示例

4. 制定营销策略

形成产品概念之后，需要制定相应的营销策略。"宜未雨而绸缪，毋临渴而掘井"，企业的市场营销人员要提前拟定一个将新产品投放市场的营销策划书。一个产品能够成功进入市场，不仅依靠具体产品，而且需要设计合理的市场营销策略。企业对于新产品的投入不仅包括新产品的研发成本，而且包括营销活动实施费用。只有设计较为完备的营销策划书才能保证商业分析的合理性和有效性。

市场营销策划书的主要内容包括：

（1）选定新产品的目标市场，描述目标市场的规模、结构、行为，新产品在目标市场上的定位等。

（2）设计新产品的计划价格、分销策略，编制第一年的营销预算，预估产品导入期的市场占有率、长期计划销售额和目标利润。

（3）制定本企业在目标市场上的产品组合策略。

5. 商业分析

商业分析是企业营销管理者要预估新产品未来的销售额、成本和利润，对关键的销售额、利润率、市场占有率等目标进行可行性分析，判断这些目标是否符合企业的既定目标。通常要分析产品上市后三年的收益情况。

6. 产品开发

如果产品概念通过了商业分析，企业的研发部门和生产部门就可以把这种产品概念转变为产品，进入试制阶段。在这一阶段，文字、图表及模型等描述的产品设计会转变为实体产品。这一阶段主要考虑产品技术可行性的问题，如果技术不可行，则可以尽可能收集在研发过程中产生的数据等资料，为下次研发做准备。

7. 市场试销

产品的顺利研发生产并不代表新产品开发的结束，接下来就需要对新产品的市场情况进行检验。行百里者半九十，市场试销是新产品开发的倒数第二个阶段，但该阶段可能会最终决定新产品开发的成败。该阶段的目的在于了解消费者和经销商的反馈，如获取消费者的试用率和回购率数据。如果试用率和回购率都高，则可以顺利进入下一步；试用率低但回购率高，说明企业应提高产品推广力度；试用率高但回购率低，则表明新产品需要进一步改进。

市场试销的规模取决于两个方面：一是投资和风险大小，一般投资和风险越大的新产品，试销的规模越大；二是市场试销费用和时间，一般所需市场试销费用越多、时间越长的新产品，市场试销规模应适当控制。总体而言，市场试销费用不宜在新产品开发投资总额中占太大比例。

8. 批量上市

在市场试销阶段后，企业要开始进行新产品的商品化，即批量上市。在这一阶段，企业管理者需要做出以下决策：

（1）什么时候全面推出新产品。企业要决定新产品全面投放市场的时机。例如，如果某种新产品是用来替代老产品的，可以选择在老产品的存货销售完后再将这种新产品投放市场；如果某种新产品的市场需求具有季节性，就应当在销售季节来临时将这种新产品投放市场。

（2）在什么地方推出新产品。企业要决定在什么地方（某一地区、某些地区、全国市场或国际市场）推出新产品。并不是所有企业都能够在全国市场上同时投放新产品的，一般是先选择在部分区域市场开始投放，站稳脚跟后再扩大到其他地区。因此，企业需要制订一个市场投放计划。

在制订市场投放计划时，应当找出最有吸引力的市场先行投放，这需要评估各市场的潜力、企业在该地区的声誉、投放成本、该地区的信息充足程度、对其他地区的影响力，以及竞争格局等。

（3）向哪些目标消费者推出新产品。企业首先需要找到优秀的消费者群体，然后利用该群体带动一般消费者，以最快的速度和最少的费用扩大新产品的市场占有率。优秀的消费者群体一般应具备以下特征：是早期采用者；是大量使用者；是观念倡导者或意见提供者，并能为该产品作正面宣传。

（4）如何推出新产品。企业营销管理部门要制定新产品开始投放市场时的营销策略，包括营销活动的内容、时间和人员安排、预算分配等。

新产品开发过程如图 4-3 所示。

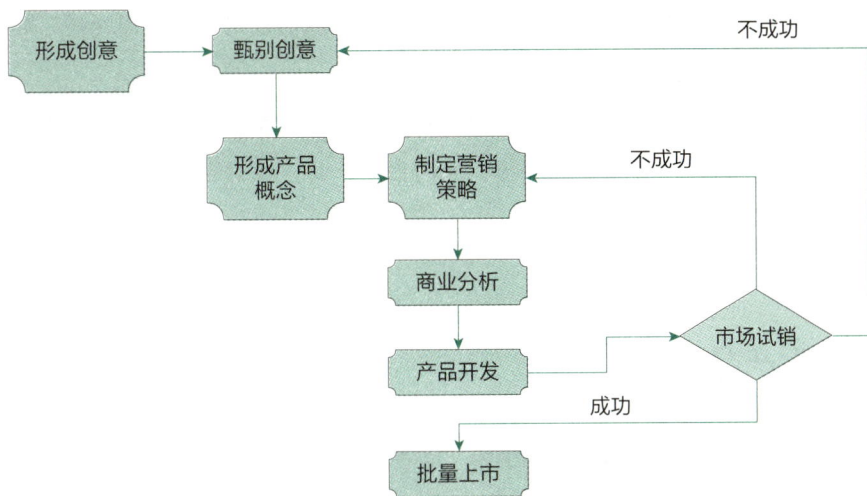

图 4-3　新产品开发过程

营销新视界

中国品牌背后的"中国智造"

第五个中国品牌日，国务院国资委组织"走进新国企·智造中国"采访团，深入振华重工、中车长客等制造基地，探寻这些中国品牌背后的智造基因。

在振华重工的主营业务中，港机、海洋重工都是十足的"大国重器"。

步入振华重工的流动机械集控中心，9块显示屏组成的监控屏正显示着整个厂区的情况，每台流动机械的实时位置和运行状态一目了然。只需要一系列简单的"下单"操作，30秒内处于"空闲"状态的车辆就能迅速"接单上车"。"云管理"让流动机械管控更智能。

在0号码头，可以看到一种既不同于集装箱轮、也有别于普通散装货船的巨型船只。振华重工总工程师介绍，这是振华重工独创的岸桥整机运输货船。由于岸桥体型巨大，以往至少要两个月时间才能完成安装，而现在只需精调一周便可投入运营。

显而易见，在这样的传统产业，工业3.0时代的"中国智造"首先带来用工量的减少，这跟工业1.0时代机器取代人工并无本质不同，但在降成本、提效率的共性之外，"智造"多了一层价值提升的内涵：既是产品质量一致性的提升，也是服务价值和客户附加值的提升，还是工作环境、劳动者获得感乃至尊严的提升。

问题思考：以振华重工为例，试分析中国企业如何推动我国由"中国制造"转变为
　　　　　"中国智造"？

营销启示：在企业发展中要理解国家的新发展理念和新发展格局，坚持创新精神与
　　　　　工匠精神，打造满足市场需求的优质产品，推动企业自身和社会经济高
　　　　　质量发展。

四、新产品扩散

新产品能够迅速进入市场并扩大销量，主要与两个因素有关，一是新产品采用者的
情况，二是企业对新产品扩散过程的管理。

（一）新产品采用者的情况

对于市场中的新产品，不同的消费者接受速度是不同的，这主要受个人性格、文化
背景、受教育程度和社会地位等因素的影响。根据对新产品接受快慢的差异，可以把新
产品采用者划分成五种类型，即创新采用者、早期采用者、早期大众、晚期大众和落后
采用者，如图4-4所示。

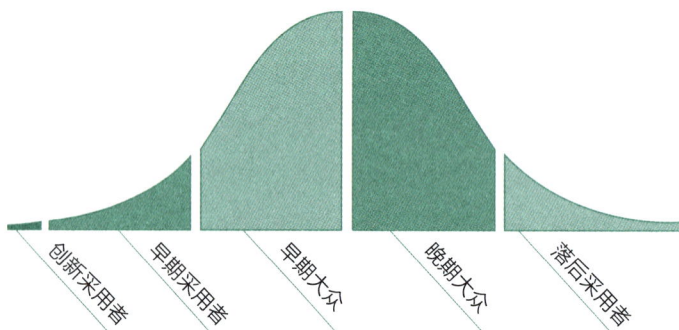

图4-4　新产品采用者的五种类型

从新产品上市算起，采用者的采用时间大体服从统计学中的正态分布，约有68%
的采用者（早期大众和晚期大众）落入平均采用时间加减一个标准差的区域内，其他采
用者的情况类推。尽管这种划分并不精确，但对于研究新产品扩散过程有着重要意义。

1. 创新采用者

该类采用者处于距离平均采用时间两个标准差以左的区域内，约占全部潜在采用者

的 2.5%。创新采用者具备如下特征：极富冒险精神，收入水平、社会地位和受教育程度较高，是某些领域的狂热爱好者，信息获取及时等。在向市场推出新产品时，营销人员应把促销方式和传播工具聚焦于创新采用者，如果他们采用效果较好，就更易形成口碑效应，从而带动更多的消费人群。

2. 早期采用者

早期采用者约占全部潜在采用者的 13.5%。他们大多是影响力中心，在某个群体中具有较高的权威，受到周围朋友的拥戴。他们常常去收集有关新产品的各种信息资料，成为某些领域的意见主导者。这类采用者多在产品的导入期和成长期采用新产品，并对后续的采用者影响较大。

3. 早期大众

这类采用者的采用时间较平均采用时间要早，约占全部潜在采用者的 34%。其特征是：对新产品的购买及使用决策时间较长，较为谨慎，受教育程度较高，有较好的工作环境和固定收入，可能对早期采用者的消费行为有较强的模仿心理。他们虽然也希望在一般人之前接受新产品，但是在经过早期采用者认可后才会购买。

4. 晚期大众

这类采用者的采用时间较平均采用时间稍晚，约占全部潜在采用者的 34%。此类使用者对新产品的信任度较低，信息来源渠道少，较少会求新求异。因此，他们从不主动接受或采用新产品，直到多数人都采用且反映良好时才行动。

5. 落后采用者

这类采用者是采用新产品的落伍者，约占全部潜在采用者的 16%。他们思想保守，拘泥于传统的消费行为模式，与其他的落后采用者关系密切，他们在产品进入成熟期后期乃至进入衰退期时才会采用。

（二）新产品扩散过程的管理

新产品扩散过程不仅会受到外部不可控因素（如竞争者行为、消费者行为、经济形势等）的影响，还要受到企业营销活动（产品质量、人员推销、广告水平、价格策略等）的制约。为了保证新产品迅速进入市场并获得相对稳定的市场份额，企业需要对新产品扩散的过程进行管理。新产品扩散过程管理的主要目标有：导入期顺利进入市场，成长期销售额快速增长，成熟期市场份额最大化并尽可能维持一定水平的利润。

然而，新产品扩散的实际过程却很可能不是这样的。根据产品生命周期曲线，典型的产品扩散模式通常是导入期销售额增长缓慢，成长期的增长率不稳定，产品进入成熟期一段时间后，销售额就开始下降。为了使产品扩散过程达到管理目标，企业营销管理部门要采取一些措施和策略。

1. 导入期顺利进入市场

利用多种媒体平台，实现多触点的广告触达，使目标市场尽快熟悉新产品；开展促销活动，鼓励目标消费者试用新产品。

2. 成长期销售额快速增长

保证稳定的产品质量；继续加大广告投入，强化新产品的市场定位，稳固品牌形象，影响后期采用者；推销人员向中间商提供各种支持；创造性地运用促销手段使消费者重复购买。

3. 成熟期市场份额最大化

关注市场竞争变化，使现有市场保持稳定；更新产品设计和广告策略，以适应后期采用者的需要。

4. 维持一定水平的利润

使处于成熟期的产品继续满足市场需要；扩展分销渠道，开辟新的市场。

课后实践

✤ 基础知识练习

一、单选题

1. （　　）是指消费者购买某种产品时所追求的核心利益，是消费者真正要买的东西，在产品整体概念中也是最基本、最主要的部分。

   A. 核心产品　　　　B. 附加产品　　　　C. 期望产品　　　　D. 有形产品

2. 以洗衣机产品为例，一些消费者追求的不仅仅是洗涤功能，还有消毒、烘干功能等，这是洗衣机产品的（　　）层次。

   A. 核心产品　　　　B. 附加产品　　　　C. 期望产品　　　　D. 有形产品

3. 产品组合的深度是指（　　）。

   A. 产品线中有多少种不同花色、式样或规格的产品品种

   B. 产品组合中产品线的数量

   C. 产品线中有多少不同品牌的产品

   D. 产品组合中产品大类的数量

4. 在产品的（　　）期，消费者对产品已经熟悉，大量的新消费者开始购买，市场快速扩大。

   A. 导入期　　　　B. 成长期　　　　C. 成熟期　　　　D. 衰退期

5. （　　）可以理解为一种产品画像，其标签内容包括产品的特征、设计、功能等。

   A. 产品概念　　　　　　　　　　　B. 产品创意

   C. 产品商业计划书　　　　　　　　D. 产品整体

二、多选题

1. 企业在产品组合策略中选择向下延伸策略的原因包括（　　　　　）。

   A. 企业发现其高档产品的销售增长缓慢，不得不将产品线向下延伸

   B. 企业的高档产品所在市场竞争激烈，必须用进入低档产品市场的方式来分散竞争压力

   C. 企业当初进入高档产品市场是为了建立其品牌形象，然后向下延伸

   D. 企业增加低档产品是为了填补空隙，不使竞争者有机可乘

2. 在产品的导入期，一般可由价格、促销、渠道等因素组合成各种不同的营销策

略，具体可以包括（　　　　）。

 A. 快速撇脂策略   B. 缓慢撇脂策略

 C. 快速渗透策略   D. 缓慢渗透策略

3. 在产品成熟期，企业一般采用的营销策略包括（　　　　）。

 A. 市场开发策略   B. 营销组合改进策略

 C. 收缩策略   D. 产品改进策略

4. 新产品是指与旧产品相比，具有新功能、新结构和新用途，能在某方面满足消费者新需求的产品，大体包括（　　　　）。

 A. 全新产品 B. 换代产品 C. 改进产品 D. 替换产品

5. （　　　　）约占全部潜在采用者的 13.5%，他们大多是某个群体中具有较高威信的人，常常去收集有关新产品的各种信息资料；（　　　　）采用新产品的时间较平均采用时间要早，约占全部潜在采用者的 34%，他们对新产品的购买及使用决策时间较长，较为谨慎，受教育程度较高，有较好的工作环境和固定收入，可能有较强的模仿心理。

 A. 创新采用者 B. 早期采用者 C. 早期大众 D. 晚期大众

案例分析

海尔：致力成为数字经济时代的引领者

  数字经济正在成为重组全球要素资源、重塑全球经济结构、改变全球竞争格局的关键力量。这其中，工业互联网在充分发挥我国制造大国与网络大国优势，实现工业化与信息化融合方面发挥着重要作用。海尔在已布局的智慧家庭、工业互联网和大健康三大产业版图上，加大创新投入，强化引领优势，致力成为数字时代的引领者。

  卡奥斯平台是海尔推出的具有自主知识产权、全球首家引入用户全流程参与体验的工业互联网平台。其核心是大规模定制模式，通过持续与用户交互，将硬件体验变为场景体验，将用户由被动的购买者变为参与者、创造者，将企业由原来的以自我为中心变为以用户为中心。

  依托卡奥斯平台，海尔以先进制造技术与新一代人工智能技术深度融合，实现标准化、无人化、数字化、智能化制造，实现全流程信息自感知、全要素事件自决策、全周期场景自迭代。大规模定制模式可以实现订单直达工厂，工厂直发用户。

卡奥斯将全流程拆分为七大模块，分别对应交互定制、开放创新、精准营销、模块采购、智能生产、智慧物流、智慧服务七个环节，通过泛在物联能力、知识沉淀能力、大数据分析能力、生态聚合能力、安全保障能力赋能千行百业。这七大模块如同定制菜单，客户需要什么，海尔就提供什么。其他企业可以结合自身的产品特征，全流程引入七大模块，也可以根据企业自身需求选择一个或几个模块。

案例分析：以海尔集团为例，思考定制化发展对于企业产品组合的影响。

✤ 综合技能实训

1. 实训目标

通过实训，使学生能够应用产品策略知识分析目标企业的现有产品策略，能结合企业所处行业的特征、用户画像，进行满足企业发展需求的新产品策略的设计；引导学生以正确的价值观自省并完善产品策略设计。

2. 背景资料

近年来，随着《上新了·故宫》等文化类节目的热播及故宫文化创意产品的推广，故宫博物院的文化创意产品逐渐被大众所关注，如个性胶带、翠玉白菜阳伞、朝珠耳机等，它们独特的创意设计与人们的生活紧密相连。故宫博物院在如何运用文化 IP 进行营销时上一直秉持这样的理念：故宫文创产品不是简单复制藏品，而是要研究今天人们的信息和生活需求；要挖掘藏品内涵，用文化影响人们的生活；使用先进的科技手段，追寻无限的传播能力。

正是有这些理念作支撑，故宫文创从产品设计到产品推广都是顺应市场需求的。例如，"Z 世代"年轻群体极具文化自信，既对传统文化感兴趣，也喜欢"萌"感十足的物品，宫猫守卫、乾隆萌物等文创新品都是以他们为目标消费者进行产品设计和推广的。

3. 实训步骤

（1）小组分工协作，利用背景资料和自主收集的资料，从产品整体和产品组合角度出发，分析故宫博物院现有的文创产品策略。

（2）将在校大学生作为目标消费人群，分析该群体的需求特征和消费偏好。

（3）在前期分析的基础上，设计一款文创产品并制定相应的新产品策略，包括新产品开发策略和新产品扩散策略。

（4）应用如图4-5所示的市场营销产品策略伦理检验模型，思考现有的产品策略和所设计的新产品策略是否符合营销伦理要求。

（5）根据检验结果，优化企业现有的产品策略和设计完成的新产品策略。

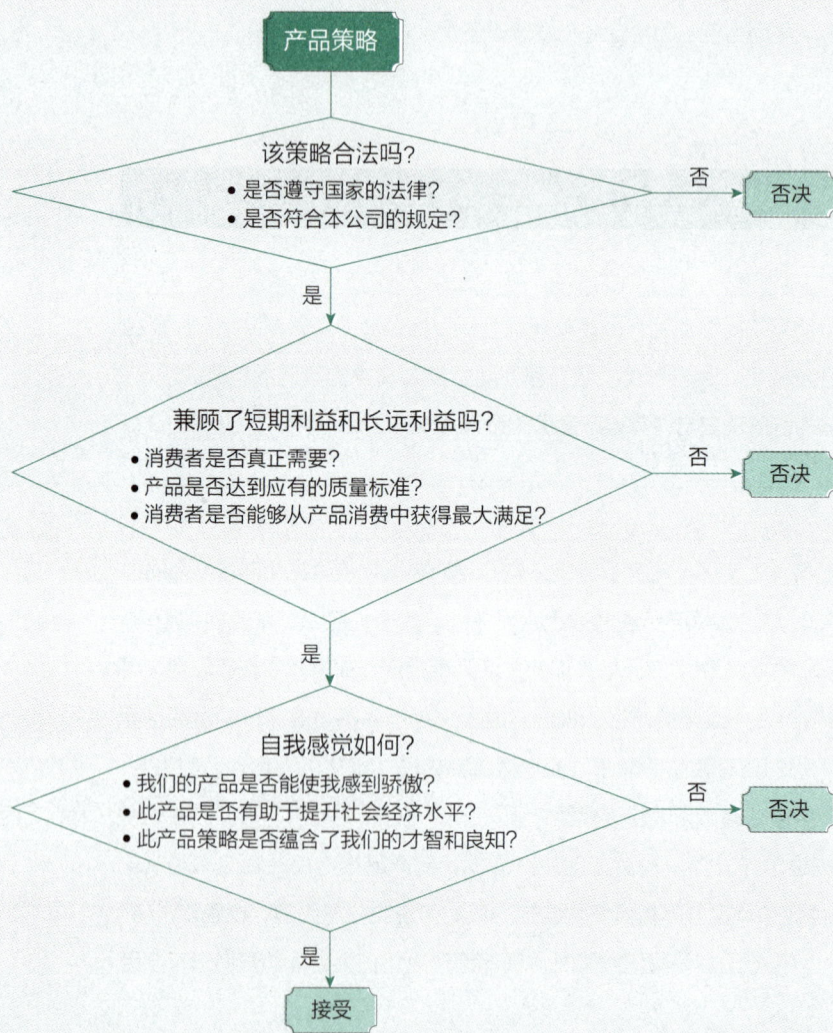

图4-5　市场营销产品策略伦理检验模型

4. 实训成果

（1）故宫文创现有产品策略的分析结果。

（2）故宫文创新产品的设计及推广方案。

（3）市场营销产品策略伦理检验清单。

❖ 画龙点睛

　　货中主人意，便是好东西。对于营销者而言，在衡量产品价值时，除了评估它的成本和质量外，还要考量它能否满足消费者的需要。营销者应聚焦消费者需要的满足情况和消费者对于产品价值的主观衡定。所以，营销者在进行产品设计研发与规划时，无论是单一产品还是产品组合、新产品，都需要把握住消费者的心理，"量体裁衣"。提供适需产品才是营销的硬道理。

价格策略　妙争贵贱

第 五 章

学习目标

知识目标

- 熟悉影响产品定价的因素
- 掌握基本定价方法和主要定价策略
- 熟悉价格调整策略的使用条件

技能目标

- 能够正确分析定价目标
- 能够灵活运用定价方法完成某产品的定价
- 能够基于市场形势与企业的营销目标选择定价策略，制定合理的产品价格
- 能够基于消费者的反应制定合理的价格调整策略

素养目标

- 深刻理解中华传统商业文化——妙争贵贱的精髓
- 培养遵纪守法、实事求是的职业素养
- 树立货真价实、诚信经营的意识，主动维护市场价格秩序

思维导图

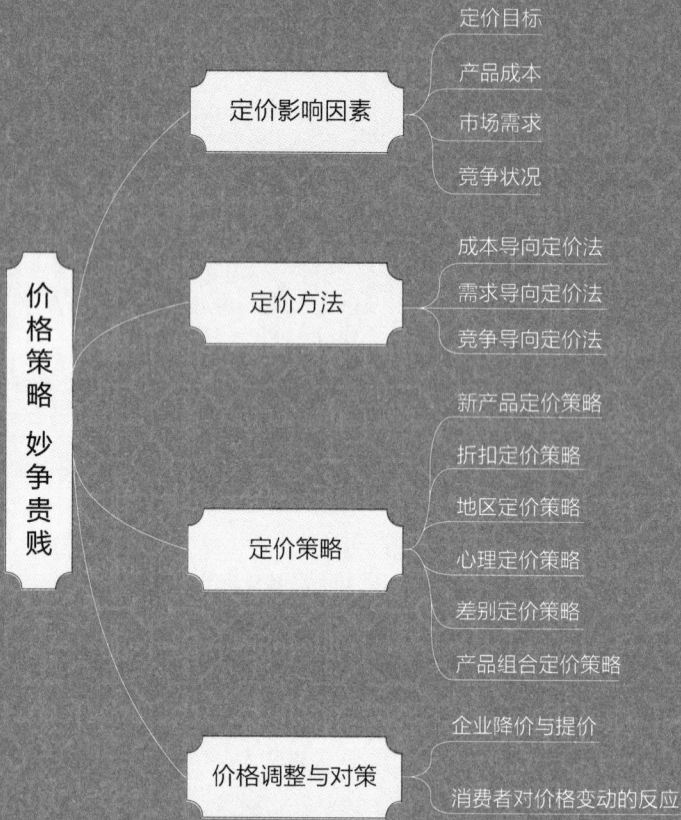

价格策略 妙争贵贱

- 定价影响因素
  - 定价目标
  - 产品成本
  - 市场需求
  - 竞争状况
- 定价方法
  - 成本导向定价法
  - 需求导向定价法
  - 竞争导向定价法
- 定价策略
  - 新产品定价策略
  - 折扣定价策略
  - 地区定价策略
  - 心理定价策略
  - 差别定价策略
  - 产品组合定价策略
- 价格调整与对策
  - 企业降价与提价
  - 消费者对价格变动的反应

学习计划

- 知识学习计划

_____

_____

- 技能训练计划

_____

_____

- 素养提升计划

_____

_____

小文具里的大市值

　　几乎所有"80后""90后""00后"的记忆里，都离不开晨光文具的身影。晨光文具通常会把门店开设在学校周边，进行蜘蛛网式的布局，围绕学生群体设置较低的价格，进行产品推广。

　　虽然一支笔的售价不过几元钱，但高使用频率足以催生出巨大的文具市场。自2015年上市以来，晨光文具的股价以惊人的速度增长，累计涨幅超过844%。仅2019年，晨光文具的笔类产品就卖出了23亿支，平均到1.8亿在校生，相当于每人一年买13支晨光笔。2021年，其总营业收入为176.07亿元，拥有8.5万家零售终端，380家零售大店。

　　1999年，晨光文具在上海奉贤区创立。一开始，它采用了超低价战略，平均价格大约仅为同行的三分之一。有网友算过一笔账，高中三年，如果买进口品牌的笔差不多要用10根笔，另加74支笔芯，按笔每支10元，笔芯每支6元计算，一共要花544元。如果用国产的晨光笔，就算质量不够好，要用30根笔，另加120支笔芯，但笔每支3元，笔芯每支0.6元，一共只用花162元。

　　晨光文具开创性地提出了学生文具的概念，并打出响亮的口号："每周一，晨光新品到"，坚持每年发布1 000余件新品，接连拿下米菲兔、史努比等热门IP授权，加上实惠的价格，对学生们而言非常有吸引力。

　　在价格方面，晨光文具努力做到常销品基本不涨价，其价格变化主要体现在新产品和文创类精品上。公司会定期评估主要原材料价格走势的影响，结合原材料价格变化相应调整产品价格。

问题思考：（1）晨光文具在其经营发展过程中采用了怎样的定价策略？

　　　　　　（2）面对激烈的市场竞争，晨光文具的定价策略是否能在未来的发展中起作用？

营销启示：中国企业在打造优秀品牌的过程中应践行创新精神，在制定产品价格时要立足市场，积极应变，主动求变，以此获得更多的竞争优势与发展机遇。晨光文具正是在细分市场和精准定位的基础上制定了符合其营销策略的价格，在小文具里挖掘出大价值。

第一节　定价影响因素

价格是顾客为获得、拥有和使用某种产品或服务的利益而支付的货币总额，是决定企业市场份额和盈利水平最重要的因素之一。价格是营销组合中唯一与收益直接相关的要素，也是最灵活的营销要素。影响定价的因素是多方面的，包括定价目标、产品成本、市场需求、竞争状况等。

一、定价目标

企业的定价目标主要包括以下内容。

1. 维持生存

很多企业会把维持生存作为主要定价目标，为了确保工厂继续开工和降低库存，企业总会采取低价策略，并期待市场能够对低价感兴趣。许多企业通过大规模的价格折扣来保持企业活力。

2. 当期利润最大化

有些企业希望确定一个能使当期利润最大化的价格，它们估计需求和成本，并据此选择一种价格，使之能产生最大的当期利润、现金流或最高的投资报酬率。企业借助其产品的需求函数和成本函数，便可制定确保当期利润最大化的价格。

3. 市场占有率最大化

有些企业想通过价格来取得市场份额，使市场占有率最大化。因为企业确信赢得最高的市场占有率之后将享有最低的成本和最高的长期利润，所以企业以尽可能低的价格来追求市场占有率领先的地位。当具备下述条件之一时，企业就可以考虑通过降低价格来提高市场占有率。

（1）市场对价格高度敏感，低价能刺激需求的迅速增长。

（2）生产与分销的单位成本会随着生产经验的积累而下降。

（3）低价能有效阻挡现有的和潜在的竞争对手。

4. 产品质量最优化

企业也可以考虑以产品质量领先为目标，在生产和营销过程中始终贯彻产品质量最优化的指导思想，这就要求用高价格来弥补高成本。产品在确保优质优价的同时，还应辅以相应的优质服务。该定价目标一定要与企业整体战略目标相一致，这是实现战略总目标的重要途径之一。

🏵 营销新视界

照相馆里藏着的"大生意"

在一众照相馆品牌中，海马体是"现象级"的存在。

在大众的印象里，"照相馆里一版1寸①证件照的价格大约为15~20元，2寸证件照不超过30元"。而海马体照相馆仅证件照拍摄价格就189元起，是普通照相馆的10倍以上，但在如此高额的溢价下，仍有大量消费者为它买单，这是为什么呢？

把复杂的做轻，把简单的做重，这是海马体的主要营销思路。

海马体注重美学和仪式感，从一开始就投入大量成本和时间去做品牌建设和文化价值塑造，在产品类别、店内装修和品牌塑造上做到步调统一。以证件照为例，海马体为消费者提供的定制服装质量上乘、尺码齐全、样式丰富且定期清洗，确保服装干净整洁，带有清香。在化妆造型方面，海马体坚持使用一线名牌化妆品且所有化妆师都经过系统培训。这是海马体和普通照相馆差异最大的地方，也是海马体高溢价的一个重要原因。

海马体自主开发了在线预约系统，成为细分行业内首家采用"线上预约＋线下体验"模式的照相馆。它采取全程会员制"1对1"的接待服务，帮助消费者完成拍摄中各个流程的衔接与协调工作，包括品牌宣导、艺术馆介绍、产品介绍等，为每一位消费者提供高端、专业且极具"人情味"的服务，这也是海马体高溢价的原因之一。

此外，海马体坚持多元化的营销思路，利用推文和留言抽奖等新媒体营销方式积累用户，吸引消费者。小红书等平台是海马体布局的关键一步，在此类平台上聚集了大量年轻用户和关键意见消费者，是拓展和积累粉丝的途径之一。

问题思考：海马体如何实现高溢价？

营销启示：企业只有顺应时代发展，不断创新，才能保持核心竞争力。海马体先做品牌建设和文化价值塑造，在此基础上再制定有别于同行的高价格，通过提供高质量的差异化服务来实现高溢价。

---

① 非标准单位，通常1寸照片的大小是2.5 cm×3.5 cm，2寸照片的大小是3.5 cm×5.3 cm。

二、产品成本

产品成本是指产品在生产过程和流通过程中的物资消耗与劳动报酬支出的总和。

产品价格会受到成本的影响，产品成本通常被称为"价格地板"，产品的最低价格取决于产品成本。从长远看，任何产品的销售价格都必须高于成本，否则就无法正常经营。因此，企业在确定产品价格时必须准确估算成本。

产品成本包括固定成本和变动成本。

1. 固定成本

产品的固定成本是指在一定时期和一定产量范围内，不受产量增减变动影响而能保持不变的产品成本。固定成本通常包括厂房设备、产品设计成本、市场调研费用、管理人员工资等，一般来说，它不会因为产品生产数量的变动而改变，在产品生产之前就已经产生了。

2. 变动成本

产品的变动成本是指随产品产量变化而发生改变的产品成本，即支付给各种变动生产要素的费用。常见的变动成本有用于原材料、物流等方面的支出，以及生产工人的工资、部分对应的市场营销推广费用等，它一般在产品的实际生产过程开始后才产生。

三、市场需求

市场需求对企业定价有着重要影响，而需求又受价格和收入变动的影响。因价格与收入等因素引起相应需求的变动率，被称为需求弹性。需求弹性主要有以下三种。

（一）需求的收入弹性

需求的收入弹性是指因收入变动而引起相应需求的变动率。有些产品的需求收入弹性大，这意味着消费者货币收入的增加会导致该产品的需求量有更大幅度的增加，一般来说，高档食品、耐用消费品、娱乐支出有这种情况。有些产品的需求收入弹性小，这意味着消费者货币收入的增加导致该产品需求量的增加幅度比较小，通常生活必需品是这种情况。也有一些产品的需求收入弹性是负值，这意味着消费者货币收入的增加将导致该产品需求量的下降。例如，某些低档食品、低档服装就有负的需求收入弹性，因为消费者收入增加后，对这类产品的需求量将减少，甚至不再购买这些低档产品，而转向高档产品。

（二）需求的价格弹性

价格会影响市场需求。在正常情况下，市场需求会向与价格相反的方向变动。价格提高，市场需求就会减少；价格降低，市场需求就会增加。因此，需求曲线是向下倾斜的。这是供求规律发生作用的表现，但也有例外情况，如稀有产品，即所谓的"物以稀为贵"。

需求的价格弹性反映需求量对价格的敏感程度，以需求量变化的百分比与价格变化的百分比之比值来计算。

$$需求的价格弹性 = \frac{需求量变化的百分比}{价格变化的百分比}$$

即

$$E = \frac{\Delta Q/Q}{\Delta P/P}$$

在以下条件下，需求也可能缺乏弹性。

（1）市场上没有替代品或者没有竞争者。

（2）消费者对较高的价格并不在意。

（3）消费者的购买习惯改变速度较慢，且并不积极寻找便宜的替代品。

（4）消费者认为产品质量有所提高，或者认为存在通货膨胀，价格较高是应该的。

如果某种产品不具备上述条件，那么这种产品的需求就有价格弹性。在这种情况下，企业应考虑适当降价，以刺激需求，促进销售，增加销售收入。

（三）需求的交叉弹性

在为产品大类定价时，还必须考虑各产品项目之间相互影响的程度。产品大类中的某一个产品项目很可能是其他产品的替代品或互补品。同时，某项产品的价格变动往往会影响其他产品销售量的变动，两者之间存在着需求的交叉弹性。这种交叉弹性可以是正值，也可以是负值。如为正值，则这两项产品为替代品，一旦产品甲的价格上涨，产品乙的需求量必然增加；相反，如果交叉弹性为负值，则这两项产品为互补品，当产品甲的价格上涨时，产品乙的需求量也会随之下降。

商业谚语
鱼少虾涨价，
猪多羊也贱。

四、竞争状况

市场竞争越激烈，对价格的影响也就越大。在最高价格和最低价格之间，企业能把价格定得多高，取决于竞争者同种产品的价格水平。企业必须采取适当方式，了解竞争者所提供的产品质量和价格。企业获得这方面的信息后，就可以与竞争产品比质比价，更准确地制定本企业产品的价格。

如果二者质量大体一致，则二者价格也应大体一样，如果定价过高，本企业产品则可能卖不出去。竞争者会随机应变，可能会针对本企业的产品价格变化而调整其价格。也可能不调整价格，转而调整营销组合的其他变量，企业要及时掌握有关信息，并做出明智的应对。

第二节　定价方法

一般来说，企业的定价程序要经过六个步骤，如图 5-1 所示。

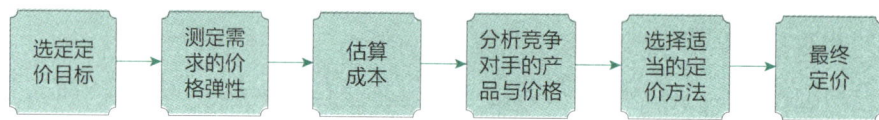

图 5-1　企业的定价程序

企业产品价格的高低要受成本费用、市场需求和竞争情况等因素的影响和制约。企业定价方法有三种导向，即成本导向定价法、需求导向定价法和竞争导向定价法。

一、成本导向定价法

成本导向定价法是一种主要以成本为依据的定价方法，包括成本加成定价法、目标利润定价法、变动成本定价法和盈亏平衡定价法。

（一）成本加成定价法

成本加成定价法是指按照单位成本加上一定百分比的利润来确定产品销售价格的方法。成本加成定价法的公式为：

$$单位产品销售价格 = 单位产品成本 \times (1 + 平均成本利润率)$$

式中，平均成本利润率是销售利润与制造成本的比率。

在确定价格的过程中，任何忽略现行价格弹性的定价方法都难以确保企业实现利润的最大化，无论是长期利润还是短期利润。

（二）目标利润定价法

目标利润定价法又称投资收益率定价法，是根据企业估计的总成本、计划的销售量（或总产量），以及按投资者收益率确定的目标利润而制定的产品销售价格。其公式为：

$$单位产品销售价格 = \frac{总成本 + 目标利润总额}{计划总产量}$$

（三）变动成本定价法

变动成本定价法又称边际贡献定价法，是指企业在定价时只考虑变动成本而忽略固定成本的定价方法。这种方法一般只适用于追加订货，或是市场竞争异常激烈，价格成为主要竞争手段的情况。其公式为：

$$单位产品销售价格 = \frac{总的变动成本 + 边际贡献}{计划总产量}$$

（四）盈亏平衡定价法

盈亏平衡定价法即保本点定价法，是按照生产某种产品的总成本和销售收入维持平衡的原则来制定产品的保本价格。其公式为：

$$单位产品销售价格 = \frac{固定成本 + 变动成本}{计划总产量}$$

二、需求导向定价法

需求导向定价法是一种以市场需求强度及消费者感受为主要依据的定价方法，包括感知价值定价法、反向定价法和差别定价法三种，其中差别定价法将在第三节的差别定价策略中论述。

（一）感知价值定价法

感知价值定价法就是企业根据消费者对产品的感知价值来确定价格的方法。感知价值定价法与现代市场定位观念相一致。企业在为其目标市场开发新产品时，在质量、价格、服务等方面都需要体现特定的市场定位观念，因此，企业要先确定所提供的产品的价值及价格；之后要估计在此价格下所能销售的数量，再根据这一销售量决定所需要的产能、投资及单位成本。此外，还要计算在此价格和成本下能否获得满意的利润。如能获得满意的利润，则继续开发这一新产品；否则，就要放弃。

感知价值定价法的关键在于准确地计算产品所提供的全部市场感知价值。企业如果过高地估计感知价值，就会定出偏高的价格；如果过低地估计感知价值，则会定出偏低的价格。为准确把握市场感知价值，必须进行深入的营销研究。

（二）反向定价法

反向定价法是指企业依据消费者能够接受的最终销售价格计算自己经营的成本和利润，然后倒推出产品的批发价和零售价。这种定价方法不以实际成本为主要依据，而是以市场需求为定价出发点，力求将价格控制在消费者可接受的范围内。分销渠道中的批发商和零售商多采取这种定价方法。

三、竞争导向定价法

竞争导向定价法通常包括两种具体的方法，即随行就市定价法和投标定价法。

（一）随行就市定价法

随行就市定价法是指企业按照行业现行价格水平的平均值来定价。在以下情况下往往采取这种定价方法：① 难以估算成本；② 企业打算与同行和平共处；③ 如果另行定价，很难了解消费者和竞争者对本企业价格的反应。

不论是完全竞争市场还是寡头竞争市场，随行就市定价法都是同质产品市场的惯用定价方法。

（二）投标定价法

采购方发布公告或发出函件，说明拟采购商品的品种、规格、数量等具体要求，邀请供应商在规定的期限内投标并在规定的日期开标，选择报价最低、最有利的供应商成交，签订采购合同。某供货企业如果想做这笔生意，就要在规定的期限内填写标单，上面填明可供应商品的名称、品种、规格、价格、数量、交货日期等，密封送给招标人，这叫作投标。这种价格是供货企业根据对竞争者报价的估计而制定的，而不是按照供货企业自己的成本费用或市场需求来制定的。供货企业的目的在于赢得合同，它的报价应低于竞争对手的报价，这种定价方法叫作投标定价法。

然而，企业不能将其报价定得低于某个水平，确切地讲，不能将报价定得低于变动成本，以免造成经营状况恶化。

❈ 营销新视界

词典 App 定价的争议

《现代汉语词典》出 App 了。在这个由互联网连接起来的世界里，产品内容上网已经成了传播的标配。对于促进汉语的全球传播和普及，《现代汉语词典》上网无疑是一个好消息。不过，这款 App 只允许每天免费查找两个词语，如果需要查找更多并使用其主要功能，则需要付费 98 元。有人因此抱怨《现代汉语词典》App 收费太高，但 App 提供的多样化检索服务是实体书无法比拟的，而且携带更方便，如果一次性购买就可以永久享受词汇库的更新，那就更加物有所值了。从保护知识产权、鼓励知识创新的角度看，《现代汉语词典》App 收费也应得到支持。在市场经济条件下，技术进步、知识革新能换来收入，是对创新创业者最实在的激励，而且还有利于推动全社会形成尊重原创的良好氛围。

至于价格的高低，在遵守物价有关规定的基础上，主要应靠市场机制来加以调节。如果经过市场检验，98 元的定价确有虚高，经过一番调适后，必然会回归到一个买卖双方都能接受的价位。当然，不论是出于公益、推广或培养用户等方面的考虑，App 的开发商都不妨对中小学生等没有经济收入的人群实行一些优惠政策，让他们可以免费使用；也可以通过积分兑换等多种方式为使用者提供一些便利。这不但有利于更好地发挥这款 App 的作用，从长远看也有助于企业在类似互联网产品上的纵深发展。

更值得思考的是，《现代汉语词典》App 定价的争论背后反映的是人们的互联网观念，以及以此为基础的互联网文化。毋庸置疑，方便、免费是这种文化观念的两个关键词。但是互联网发展到今天，方便、免费已经无法定义互联网及其塑造的新文化的全部。相反，一味追求方便、免费，反而可能带来一些麻烦。随着社会文明程度的提高，人们同样关注知识产权等权益的保护。

相信在市场这只"看不见的手"的调节下，《现代汉语词典》App 终将回到一个恰当的价位，从而被更多的网民所使用。而人们在通过 App 学习新词汇的同时，也在学习互联网时代的新文化、网络生活的新规则，并以"在游泳中学会游泳"的方式，进一步健全自身的互联网观念和网络素养，充分享受技术进步带来的福祉。

问题思考：应该如何看待此类互联网产品的定价策略？

营销启示：企业在定价时要以人为本、实事求是，以消费者的实际需求为准，同时要引导消费者形成正确的消费价值观。

第三节　定价策略

在市场营销实践中，除了定价方法，企业还需要考虑或利用灵活多变的定价策略，及时调整或修正产品的基础价格。

一、新产品定价策略

新产品定价策略

一般来讲，新产品在定价时有撇脂定价、渗透定价和适中定价三种策略可供选择。

（一）撇脂定价

如本书第四章第二节所述，撇脂定价是指在产品生命周期的最初阶段把价格定得很高，以快速获取最大利润的新产品定价策略，犹如从鲜奶中撇取油脂。从营销实践看，在遇到以下情况时企业可以采取撇脂定价策略。

（1）市场上有足够多的购买者，他们的需求缺乏弹性，即使把价格定得很高，市场需求也不会大量减少。

（2）高价格使需求减少，产量减少，单位成本增加，但这不会抵消高价格所带来的利益。

（3）在高价格情况下，企业保持独家经营，别无竞争者。

（4）高价产品有专利保护。

（5）产品的价格定得很高，还能使人们产生这种产品是高档产品的印象，从而满足消费者求新、求名的心理。

（二）渗透定价

渗透定价是指企业将价格定得较低，以此吸引并赢得大量顾客，提高市场占有率。相对于感知价值来讲，这是一种比较低的定价模式。从营销实践看，企业采取渗透定价需要具备以下条件。

（1）市场需求对价格极为敏感，降低价格会刺激市场需求迅速增长。

（2）企业的生产成本和经营费用会随着生产经营经验的增加而下降。

（3）低价不会引起实际的和潜在的市场竞争。

（三）适中定价

对于不适合撇脂定价或渗透定价的市场环境，一般可采取适中定价的策略。适中定价是指企业有意降低价格因素在营销组合策略中的突出位置，通过发挥其他组合要素的作用来实现长期盈利目标。

二、折扣定价策略

企业为了鼓励消费者及早付清货款，大量购买产品，或是在淡季购买，还可以酌情降低其基本价格，这种价格调整叫作折扣定价策略或折让策略。折扣定价策略的主要类型包括以下几种。

（1）现金折扣。这是企业给那些当场付清货款的消费者的一种减价优惠。例如，消费者须在 30 天内付清货款，如果 10 天内付清货款，则给予 2% 的折扣。

（2）数量折扣。这是企业给那些大量购买某种产品的消费者的一种减价优惠，以鼓励消费者购买更多的产品，因为大量购买能使企业降低生产、销售、储运、记账等环节的成本费用。例如，消费者购买某种商品 100 件以下，每件 10 元；购买 100 件以上，每件 9 元。

（3）功能折扣。这种价格折扣又叫贸易折扣。功能折扣是制造商给某些批发商或零售商的一种额外折扣，促使其愿意执行某种营销功能（如推销、储存、服务等）。

（4）季节折扣。这是企业给那些购买过季商品或服务的消费者的一种减价优惠，使企业的生产和销售在一年四季保持相对稳定（如旅游类产品与服务）。

（5）让价策略。这是另一种类型的减价优惠。例如，一台电视机标价为 4 000 元，消费者以旧电视折价 500 元购买，只需付 3 500 元，这叫作以旧换新折让。如果经销商同意参加制造商的促销活动，则制造商卖给经销商的货物可以打折，这叫作促销折让。

三、地区定价策略

在不同地区销售的产品,是分别确定不同的价格,还是制定相同的价格?这就是地区定价策略要解决的问题,其形式有以下几种。

(一) FOB 原产地定价

FOB[①] 原产地定价是消费者(买方)按照原产地出厂价购买某种产品,企业(卖方)只负责将这种产品运到原产地某种运输工具(如卡车、火车、船舶、飞机等)上交货。交货后,从原产地到目的地的一切风险和费用都由消费者承担。如果按原产地某种运输工具上交货定价,那么每一个消费者都各自负担从原产地到目的地的运费,这是很合理的,但是这样定价对企业也有不利之处,即远地的消费者可能不愿意支付这样的运费,从而购买其附近企业的产品。

(二) 统一交货定价

和前者正好相反,统一交货定价是企业对于卖给不同地区消费者的同种产品,都按照相同的出厂价加相同的运费(按平均运费计算)定价,也就是说,对不同地区的消费者,不论远近,都实行同一个价格。这种定价又叫邮资定价。

---

① FOB 即 Free on Board 的简称,是国际贸易中的常用术语。

（三）分区定价

分区定价介于前两者之间，是指企业把全国（或某些地区）分为若干价格区，对于卖给不同价格区的消费者的某种产品，分别制定不同的地区价格。距离企业远的价格区，价格定得较高；距离企业近的价格区，价格定得较低；在各个价格区范围内实行同一价格。企业采用分区定价也存在一定问题：① 在同一价格区内，有些消费者距离企业较近，有些消费者距离企业较远，前者就不合算；② 处在两个相邻价格区分界线两边的消费者，他们相距不远，但是要按高低不同的价格购买同一种产品。

（四）基点定价

基点定价是企业选定某些城市作为基点，然后按一定的出厂价加上从基点城市到消费者所在地的运费来定价（不管产品实际上是从哪个城市起运的）。有些公司为了提高灵活性，会选定多个基点城市，按照离消费者最近的基点城市计算运费。

（五）运费减免定价

有些企业由于急于进入某些地区市场，会承担全部或部分实际运费。如果销售规模扩大，其平均成本就会降低，足以抵销这些费用开支，从而加深市场渗透程度，这样更容易在竞争日益激烈的市场上站住脚。

四、心理定价策略

这是指企业合理运用消费心理学的相关内容进行定价，主要有以下几种方法。

（一）声望定价

声望定价是指企业利用消费者仰慕名牌商品或名店声望的心理来确定商品的价格，故意把价格定成整数或高价。对于不易鉴别质量的商品的定价可采用此法。因为消费者有崇尚名牌的心理，往往以价格判断质量，认为高价代表高质量，但这种价格也不能过高，否则消费者不能接受。

（二）尾数定价

尾数定价是指利用消费者数字认知的特殊心理制定带有零头的价格，使消费者产生价格较低廉的感觉，还能使消费者产生卖主定价认真的印象。这种价格的尾数是经过认

商业谚语

宁卖九十九，
不卖一零一。

真的成本核算才得出的结果，这样容易使消费者对定价产生信任感。

（三）招徕定价

招徕定价是指利用部分消费者求廉的心理，特意将某几种商品的价格定得比较低，以吸引消费者。某些商店每天或定期随机推出降价商品进行出售，以此吸引消费者经常来购买，与此同时消费者也会选购其他正常价格的商品。值得注意的是，进行招徕定价的商品不能是即将过期的产品或存在问题的产品。

五、差别定价策略

差别定价也叫价格歧视，是指企业按照两种或两种以上不反映成本费用的比例差异的价格销售某种产品或服务。差别定价有四种形式。

（1）消费者差别定价，即企业按照不同的价格把同一种产品或服务卖给不同的消费者。这种价格歧视表明，消费者的需求强度和商品知识有所不同。

（2）产品形式差别定价，即企业对不同型号或形式的产品分别制定不同的价格，但是不同型号或形式产品的价格之间的差额和成本费用之间的差额并不成比例。合理的差别定价可以给消费者物有所值之感。

（3）产品部位差别定价，即企业对于处在不同位置的产品或服务分别制定不同的价格，即使这些产品或服务的成本费用没有任何差异。例如，虽然剧院的不同座位的成本费用都一样，但是不同位置的票价有所不同，这是因为人们对剧院的不同座位的偏好有所不同。

（4）销售时间差别定价，即企业对于不同季节、不同时期甚至不同钟点的产品或服务也分别制定不同的价格。

企业采取差别定价必须具备以下条件：① 市场必须是可以细分的，而且各个细分市场必须表现出不同的需求程度。② 以较低价格购买某种产品的消费者没有可能把这种产品以较高价格倒卖给别人。③ 竞争者没有可能在企业以较高价格销售产品的市场上以低价竞销。④ 细分市场和控制市场的成本费用不会超过因实行价格歧视所得的额外收入。⑤ 价格歧视不会引起消费者反感，放弃购买，影响销售。⑥ 采取的价格歧视形式不能违法。

六、产品组合定价策略

当产品只是某一产品组合中的一部分时，由于各种产品之间存在需求和成本的相互联系，而且会带来不同程度的竞争，因此企业需要制定产品组合定价策略，使整个产品组合的利润最大化。

（一）产品线定价

企业通常开发出来的是产品线，而不是单一产品。企业生产的系列产品存在需求和成本的内在关联性，为了充分发挥这种内在关联性的积极效应，应采用产品线定价策略。

在定价时，首先，要确定某种产品的最低价格，它在产品线中充当"领头价格"，吸引消费者购买产品线中的其他产品；其次，确定产品线中某种产品的最高价格，它在产品线中充当树立品牌形象和收回投资的角色；再次，对产品线中的其他产品分别依据其在产品线中的不同角色而制定不同的价格。

在许多行业中，营销者都为产品线中的某一种产品事先确定好价格段点。例如，男士服装店可能经营三种价格档次的男士服装：1 500 元、2 500 元和 3 300 元，消费者会从三个价格段点上联系到低、中、高三种质量水平的服装。即使这三种价格同时提高，消费者仍然会按照自己偏爱的价格段点来购买服装。因此，营销者的任务就是确立认知质量差别，来使价格差别合理化。

（二）选择品定价

有些企业在提供主要产品的同时，还会附带一些可供选择的产品或特征，如汽车用户可以订购倒车雷达、扫雾器等配件。然而，对选择品定价却是一件棘手的事，企业必须确定价格中应包哪些产品，又有哪些产品可作为选择对象。选择品定价就是指对此类选择品进行定价，一般定价高可获得更多利润，定价低则可吸引更多的消费者。

（三）补充产品定价

有些产品需要附属或补充产品。生产主要产品（如剃须刀）的制造商经常为产品制定较低的价格，同时对附属产品（如剃须刀片）制定较高的价格。需要注意的是，如果补充产品的定价过高，也会出现危机。例如，某公司对其部件和服务制定了非常高的价格，以便在售后市场中获取高额利润，这给非法仿制者带来了机会，导致该公司的销售额下降了很多。显然，该问题是由于制造商对售后市场的补充产品定价过高造成的。

（四）分部定价

服务性企业经常会先收取一笔固定费用，再加上其他服务的可变使用费。例如，使用某种套餐的手机用户每月要支付一笔套餐使用费，如果使用次数超过套餐规定，还要再交费；而游乐园一般先收门票费，如果游玩的地方超过门票规定的范围，就再交费。

（五）副产品定价

在生产加工肉类、石油产品和其他化工产品的过程中，经常会有副产品。如果副产品价值很低，而处理费用昂贵，就会影响到主产品的定价。如果副产品对某一消费者群体有价值，企业就应该按其价值定价，但企业确定的价格必须能够弥补副产品的处理费用。副产品如果能带来收入，将有助于公司为主产品制定较低的价格。

（六）产品系列定价

企业经常以某一价格出售一组产品，如化妆品、旅游公司为消费者提供的一系列活动方案等。这一组产品的价格低于单独购买其中每一种产品的费用总和。因为消费者可能并不打算购买其中所有的产品，所以这一组合的价格必须有较大的降幅，来推动消费者打包购买。

◈ 华商风采

老字号企业的产品定价策略

聚德华天控股有限公司是一家以餐饮业为主要投资对象的控股公司，旗下有北京全聚德集团、鸿宾楼、烤肉季、砂锅居、柳泉居等享誉京城的中华老字号，经营京、湘、鲁、苏、川、清真等不同菜系，涵盖中餐、西餐、快餐、小吃等不同业务，年销售额达2亿多元。作为一家餐饮界的老字号企业，聚德华天主要采取以下定价策略。

1. 差别定价策略

聚德华天根据不同因素来细分和确定目标市场，采取差别定价策略，并取得了不俗的成绩。

（1）文化因素。一些喜欢传统饮食文化的消费者特别喜欢到老字号餐厅就餐，聚德华天旗下的老字号在这方面有着明显的优势，在一定程度上能代表北京地方的饮食文化，对外地消费者和外国人都具有一定吸引力。

（2）消费能力与档次。聚德华天在餐饮市场上通过不同老字号品牌吸引不同收入层次和消费档次的消费者，从高、中、低三档对从中餐正餐到地方小吃的产品进行了差别定价，尽可能覆盖更多的消费群体。

（3）地理因素。聚德华天主要以餐厅半径1.5千米内的居民为目标消费者。在布局上，逐步向新建的大型社区或三环及三环以外的地区发展。

2. 心理定价策略

老字号企业生存发展至今，经受了漫长的商业竞争考验，具有现代品牌在短期内无法替代的优势和无法获得的声望。老字号企业应该利用品牌的优势，从消费者的心理角度采用合适的心理定价策略，如声望定价策略。一般来说，老字号企业的声望高，能给消费者带来较大的安全感，消费者信得过，还能显示一定的身份和地位，消费者愿意为此买单。

3. 产品组合定价策略

聚德华天从自身的发展历史和菜系沿革的状况出发，把握消费者的不同需求及购买行为的差异性，根据细分变量把总体市场细分成若干小市场。选择适合自身的目标市场，并施以有效的目标市场涵盖策略，取得市场竞争优势。同时充分运用附带品定价策略，如将副产品价格定高些，使其成为企业利润来源。

问题思考：总结聚德华天的定价策略，分析其背后的营销原理。

营销启示：针对消费需求差异，企业应创新地采用定价策略，以使老字号焕发新风采。

第四节　价格调整与对策

企业处在一个不断变化的市场环境中，为了生存和发展，需要主动降价或提价，并对竞争者的变价做出适当的反应。

一、企业降价与提价

（一）企业降价

在现代市场经济条件下，企业降低价格的主要原因有：

（1）企业的生产能力过剩，需要扩大销售，但是企业又不能通过产品改进和加强销售工作等来扩大销售。在这种情况下，企业需要考虑降低价格。

（2）在强大竞争者的竞争压力之下，企业的市场占有率会下降。此时采用适度降低价格的策略，可以吸引价格敏感型消费人群的关注。

（3）企业的成本费用比竞争者低，竞争者试图通过降低价格来提高市场占有率，从而扩大生产和销售量，降低成本费用，在这种情况下，企业往往也会降低价格进行应对。

（二）企业提价

虽然提价会引起消费者、中间商和推销人员的不满，但是一次成功的提价可以使企业的利润大大增加。引起企业提价的主要原因有以下两个。

1. 通货膨胀，物价上涨，企业的成本费用提高

在通货膨胀条件下，许多企业不得不提高产品价格，应对通货膨胀，主要方法包括：

（1）采取推迟报价的定价策略，即企业暂时不规定最后价格，等到产品制成或交货时再规定最后价格。在工业建筑和重型设备制造等行业一般采取这种定价策略。

（2）在合同上规定调整条款，即企业在合同上规定，在一定时期内（一般到交货时为止）可按某种价格指数来调整价格。

（3）采取不包括某些产品或服务的定价策略，即在通货膨胀、物价上涨的前提下，企业决定保持主要产品原有价格不变，但原来免费提供的某些附带产品或服务要单独计价付费，这样一来，原来提供的产品的价格实际上提高了。

（4）减少价格折扣，即企业决定削减正常的现金折扣和数量折扣，并限制销售人员以低于价目表的价格来促进成交。

（5）取消低利产品，即减少产品种类，将利润低的产品停产。

（6）降低产品质量，减少产品特色卖点和服务。企业采取这种策略可保持一定的利润，但会影响其声誉和形象，失去忠诚的消费者。

2. 企业的产品供不应求，不能满足所有消费者的需要

在这种情况下，企业可以考虑提价。提价方式包括取消价格折扣，在产品大类中增加价格较高的产品项目等。为了减少消费者的不满，企业提价时应当向消费者说明提价的原因，并帮助消费者寻找节约途径。此外，还有一些企业提价是出于市场竞争策略的考虑，谋求竞争中的差异化优势。

榨 菜 涨 价

2021年11月，涪陵榨菜发布公告称要对部分产品的出厂价格进行调整，各品类上调幅度为3%～19%。从暂不提价到官宣涨价，业内对涪陵榨菜的看法更多是跟业绩下滑有关。在业内人士看来，此次提价短期内或能给涪陵榨菜带来一定的利润，但在技术门槛低、竞争越发激烈的榨菜市场中，涪陵榨菜的提价策略能坚持多久还不好说。

涪陵榨菜提价公告显示，基于主要原料、包材、辅材、能源等成本持续上涨，及公司优化升级产品带来的成本上升，为了更好地向消费者提供优质产品和服务，促进市场的可持续发展，经公司研究并审慎考虑后决定，对部分产品出厂价格进行调整。

对于消费者来说，涪陵榨菜涨价也没有那么惊讶，毕竟这些年涪陵榨菜涨价已经是"常态"。根据中信建投的数据，2008—2018年，涪陵榨菜产品直接或间接提价累计已达12次。旗下70克包装的乌江榨菜出厂价由2008年前的0.5元上涨至2018年的2元。如今，该产品在网上旗舰店的零售价已经涨至约3元一袋。

对于优质品牌来讲，提价显然是应对原材料上涨最直接的方式。但由于榨菜行业整体技术难度不高，提价未必能使消费者买账。零售端价格过高，可能会反过来抑制市场需求。因此，身处榨菜这类增长天花板受限的赛道，涪陵榨菜的提价策略能否帮助公司有效打开市场增量还有待观察。

问题思考： 涪陵榨菜的提价策略是有效的价格策略吗？还有什么方法可以帮助企业摆脱经营困境？

营销启示： 除了调整价格外，企业还需要不断挖掘产品新卖点，提高产品质量和品牌美誉度，这样才能保持市场竞争力。

二、消费者对价格变动的反应

企业无论是提价还是降价，都必然会影响到消费者、竞争者、中间商和供应商的利益，本小节主要分析消费者对企业变价的反应。

1. 消费者对企业降价的反应

消费者对于企业某种产品的降价可能会这样理解：① 这种产品过时了，将被新型产品代替；② 这种产品有某些缺点，销售不畅；③ 企业财务困难，难以继续经营下去；④ 价格还要进一步下跌；⑤ 这种产品的质量下降了。

2. 消费者对企业提价的反应

企业提价通常会影响销售，消费者对企业某种产品的提价可能会这样理解：① 这种产品很畅销，不赶快买就买不到了；② 这种产品很有价值；③ 卖主想尽量取得更多利润。

一般来说，消费者对于价值或购买频率不同的产品的调价反应有所不同。消费者对于那些价值高、经常购买的产品的价格变动比较敏感，而对于那些价值低、不经常购买的产品，即使单位价格较高，消费者也不太注意。此外，消费者虽然关心产品价格变动，但是通常更为关心取得、使用和维修产品的总费用。因此，如果企业能使消费者相信某种产品取得、使用和维修的总费用较低，那么就可以把这种产品的价格定得比竞争者高，从而获得更多的利润。

课后实践

基础知识练习

一、单选题

1. 以高价格将新产品推入市场，然后再降价，这种新产品定价策略属于（　　　）。

   A. 撇脂定价　　　　　B. 渗透定价　　　　　C. 适中定价　　　　　D. 满意定价

2. 准确地计算产品提供的全部市场感知价值是（　　　）的关键。

   A. 反向定价法　　　　　　　　　　　B. 感知价值定价法

   C. 竞争导向定价法　　　　　　　　　D. 成本导向定价法

3. 体育馆对不同座位制定不同的票价，采用的是（　　　）策略。

   A. 产品形式差别定价　　　　　　　　B. 产品部位差别定价

   C. 消费者差别定价　　　　　　　　　D. 销售时间差别定价

4. 在商业企业，很多商品的定价都不进位成整数，而保留零头，这种心理定价策略称为（　　　）策略。

   A. 尾数定价　　　　　B. 招徕定价　　　　　C. 声望定价　　　　　D. 习惯定价

5. 企业的产品供不应求，在不能满足所有消费者需要的情况下，企业就应考虑（　　　）。

   A. 降价　　　　　　　　　　　　　　B. 提价

   C. 维持价格不变　　　　　　　　　　D. 降低产品质量

二、多选题

1. 企业主要的定价方法有（　　　）。

   A. 成本导向定价法　　　　　　　　　B. 需求导向定价法

   C. 竞争导向定价法　　　　　　　　　D. 效益导向定价法

2. 折扣定价策略包括（　　　）。

   A. 现金折扣　　　　　B. 数量折扣　　　　　C. 季节折扣　　　　　D. 让价策略

3. 一般来说，产品的价格取决于（　　　）。

   A. 市场需求　　　　　B. 竞争状况　　　　　C. 产品成本　　　　　D. 价格折扣

4. 竞争导向定价法的具体方法包括（　　　）。

   A. 盈亏平衡定价法　　　　　　　　　B. 目标利润定价法

   C. 投标定价法　　　　　　　　　　　D. 随行就市定价法

5. 消费者对企业降价的反应有（　　　　　）。

    A. 产品过时了   B. 价格还要下降

    C. 价格要反弹   D. 产品质量下降

❖ 案例分析

机票的价格

现在坐飞机出行日益普遍，购买机票的渠道及航班的选择也多种多样，为人们出行带来很多便利。但是当你坐飞机的时候，可能会发现身边乘客的机票价格跟你是不一样的，尽管大家获得的服务是完全一样的，一起起飞、一起吃饭、一起到达。

航空公司尽其所能地把不同需求的乘客区分开。它们按照乘客买票的时间段、过去飞行时积累的里程数、所选择的舱位、同行的人数，以及乘客和同行人之间的关系等细节进行区分，来收取不同的价格。

案例分析：

（1）航空公司这样定价合理吗？

（2）在生活中，还能找到哪些类似的定价例子？

（3）实施这种价格策略有哪些积极的意义？又有哪些约束条件？

❖ 综合技能实训

1. 实训目标

通过实训，使学生能够针对不同的市场需求情景，设计与之相匹配的定价策略；引导学生以正确的价值观设定产品定价目标，拟定产品定价方案。

2. 背景资料

购物节前夕，小张在逛网上商城时看到甲旗舰店在出售一款手提包，颜色、款式、大小都很合适，但1 588元的售价超出了自己的承受范围，小张犹豫着要不要下单。小张看到该旗舰店的促销宣传说，在购物节时会有5.5折的全年最低折扣，便先将手提包放入了购物车中。没想到购物节前后，小张连着几天加班加点地工作，错过了折扣活动期。

　　1 个月后，甲旗舰店针对该手提包又推出了 7 折优惠的促销活动，商家客服说虽然不如购物节折扣力度大，但已是其今年最大的折扣，以后不会再有这么好的价格了。然而，小张在另一家旗舰店看到一款颜色、款式、大小相近的手提包，标价 1 666 元，6 折优惠后仅售 999 元，这次小张立即就下单购买了。

　　你认为，甲旗舰店应采取怎样的价格策略才能留住小张这样的顾客？

3. 实训步骤

（1）分组讨论分析：① 小张没有在甲旗舰店下单的原因是什么？② 甲旗舰店可否继续推出 5.5 折的价格折扣活动？为什么？

（2）分工协作，制定甲旗舰店在购物节后应采取的价格策略。

（3）应用如图 5-2 所示的市场营销价格策略伦理检验模型，优化已制定的价格

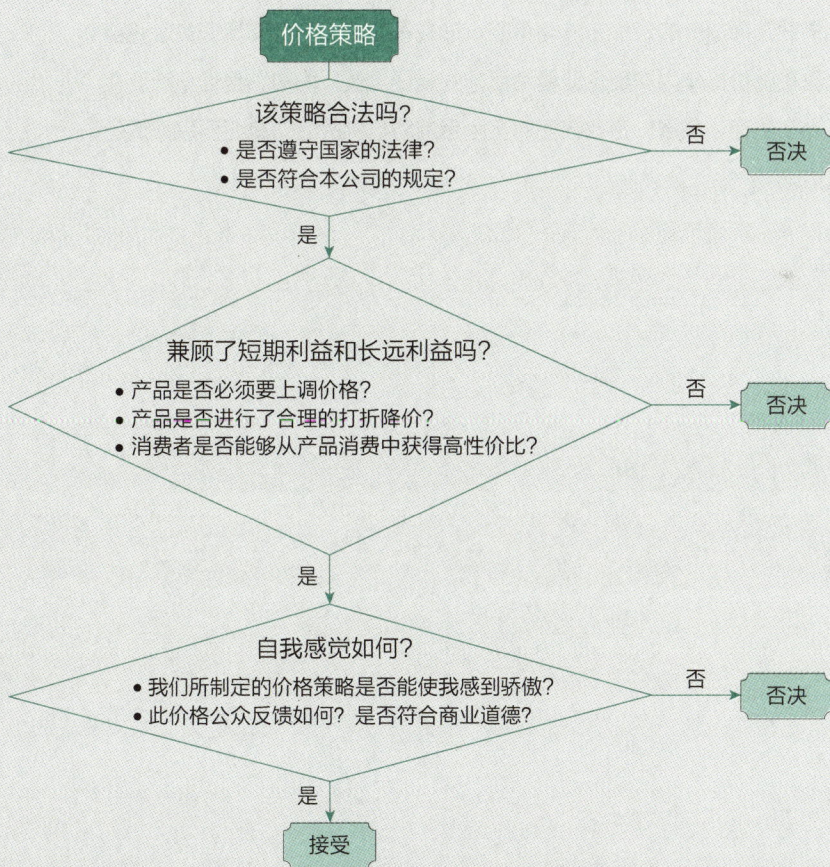

图 5-2 市场营销价格策略伦理检验模型

策略方案。

4. 实训成果

（1）甲旗舰店在购物节后应采取的价格策略方案。

（2）价格策略方案优化清单。

画龙点睛

天下物无废，只争贱与贵。市场营销中的价格是指产品整体的定价，具体取决于定价目标、生产成本、市场需求及竞争状况等影响因素。定价策略是企业参与市场竞争的重要手段，其合理与否直接影响企业产品和服务的销售。在消费需求多样化的今天，企业基于不同的定价目标，应深入分析消费群体对产品价值的认知与评价，根据具体情况选择适宜的定价方法与策略，形成符合定价目标又具备竞争优势的产品价格，真正将价格作为实现企业营销目标的重要工具。同时，身处不断变化的市场环境，为了生存和发展，企业在面对竞争者威胁与挑战时，有必要采取调价等适当的应对措施。

市场营销基础

渠道策略 商而通之

第 六 章

学习目标

知识目标

- 了解分销渠道的概念、模式和类型
- 熟悉分销渠道设计的原则和策略
- 掌握分销渠道管理的主要内容和方法

技能目标

- 能够具备分销渠道的设计、管理与控制能力
- 能够对企业遇到的分销渠道冲突问题提出合理化处理
  建议，及时解决不同类型的渠道冲突

素养目标

- 深刻理解中华传统商业文化——渠道如链、商而通之
  的精髓
- 培养学生的场景化思维能力，使其能够通过渠道场景
  化来选择最优结果
- 培养契约精神，要与渠道成员诚信合作，做到义利兼
  得，谋利而不失义

思维导图

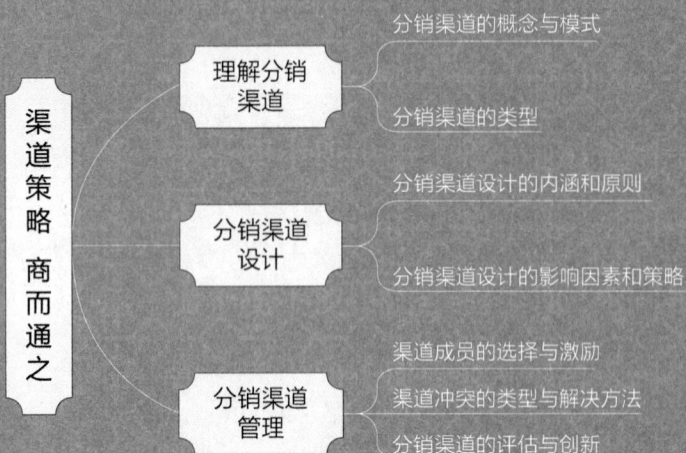

渠道策略 商而通之

理解分销渠道
- 分销渠道的概念与模式
- 分销渠道的类型

分销渠道设计
- 分销渠道设计的内涵和原则
- 分销渠道设计的影响因素和策略

分销渠道管理
- 渠道成员的选择与激励
- 渠道冲突的类型与解决方法
- 分销渠道的评估与创新

学习计划

● 知识学习计划

_____

_____

_____

● 技能训练计划

_____

_____

_____

● 素养提升计划

_____

_____

_____

❖ 直面营销

精耕渠道，打造强母婴生态

　　孩子王是一家从事母婴童商品零售和增值服务的企业，通过数据分析技术进行客户关系管理升级，为家庭提供全渠道服务，在零售业内开创了"商品＋服务＋社交"的大店模式，获得业界的认可和消费者的良好口碑。

　　通过"渠道升级＋渠道融合"实现全渠道营销的无缝衔接，孩子王成为母婴童商品零售业的龙头企业。公司将消费者价值放在首位，通过打造仓储会员店的大店模式，为消费者提供一站式的购物场景，除了在产品丰富度上能够给予消费者更多选择，在价格上也做了充分的让步，对消费者形成较强的吸引力。同时，得益于公司规模的不断扩大，全渠道营销网络的构建及公司会员体系的逐渐完备，公司可以对上游供应商提供多项服务，供应商也愿意加强与公司的全方位合作，促进其商品的销售。此外，公司还为入驻公司线上平台的母婴童商品品牌商、经销商、周边服务机构提供服务，成为公司利润的重要来源之一。

　　为实现门店端智慧化升级，实现"消费者无界购物＋店员定制化服务"，公司搭建了 App、小程序、公众号、云 POS 等用户前端系统，实现了从线下数字化门店到线上 App、小程序的全渠道互通，使消费者可以在任何时间、任何地点、任何场景下都能享受到优质的服务。消费者可以在实体门店现场下单购物，也可以使用"店外扫码购"功能选定商品，由就近门店配送；或者在电商平台下单后进行物流配送。

　　目前，孩子王集线上、线下两个服务平台，连锁门店、电子商务、社群分享三大销售渠道于一体。线下，已在全国累计超过 180 个城市开设了近 500 家平均面积达 2 500 m² 的大型数字化门店；线上，构建了多触点、多样化的购物渠道，全渠道服务超过 5 000 万亲子家庭，快速成长为中国母婴童商品零售行业的知名品牌。

问题思考： 企业应该如何构建优质的渠道？

营销启示： 司马迁在《货殖列传》中说"工而成之，商而通之"，讲的是工匠制造出各类器物，再由商人通过流通在广阔的地域中互通有无。渠道，就是这个互通有无、输送各类商品的通路。企业在渠道建设过程中，要不断学习、探索、创新，以跟上时代变革的步伐。

第一节　理解分销渠道

一、分销渠道的概念与模式

（一）分销渠道的概念

"渠道"二字原意为"水道、沟渠"，即"在河、湖周围开挖的排灌水道，用来引水排灌"。引申至市场营销工作中，渠道是企业将产品或服务输送至消费者的通路。行业中有"渠道如链"的说法，它是指渠道如同珍珠项链一样，将产品、信息、管理、资金、人力、价格、促销等营销要素有机整合，将生产者、供应商、经销商、代理商、辅助商、最终消费者有机串联。企业并不会独自完成所有营销工作，而是建立各类分销渠道。分销渠道就是某种产品或服务从生产者向消费者移动时，取得这种产品或服务所有权或帮助转移其所有权的所有企业或个人连接起来形成的通道。

（二）分销渠道的职能

分销渠道的职能包括以下内容：

（1）调研，是指收集制定计划和进行交换所必需的信息，及时把市场信息反馈给生产企业，使其生产出满足消费者和市场需求的产品。

（2）促销，是指寻找目标消费者以及进行相关促销活动吸引消费者，并进行说服性沟通。

（3）融资，是指为补偿营销成本而取得并支付相关资金。

（4）风险承担，是指承担与渠道工作有关的全部风险。

（5）配合，是指对产品进行的分类、装配、包装等活动，使商品符合消费者的需要。

（三）分销渠道的模式

根据有无中间商参与交换活动，分销渠道可分为直接分销渠道和间接分销渠道。

1. 直接分销渠道

直接分销渠道是指产品在从生产者流向最终消费者的过程中，不经过任何中间商转手的分销渠道。如今电子商务平台去除了传统流通领域的中间环节，缩短了从制造到销售终端的距离，创造了直接分销的商品流通新生态。越来越多的企业设立线上官方直接分销渠道。对于企业来说，官方直接分销渠道的销售成本主要来自引流成本，以及自有

老王烤鸭

线上、线下店铺或第三方平台店铺的运营和维护成本。对于用户来说，直接分销渠道是可信度最高、风险最小的购买渠道，产品的质量能够得到最大限度的保证。直接分销渠道具体包括以下几种方式。

（1）订购营销。生产企业与用户先签订购销合同或协议，在规定时间内按合同条款供应商品，交付款项。一般来说，主动接洽方多是生产企业，如生产企业派员推销，也有一些热销产品或紧俏原材料、备件等由用户上门求购。

（2）品牌实体店。生产企业通常将实体店设立在生产区外、用户较集中的地方或商业区，也有一些生产企业将实体店设立于厂前，形成前店后厂模式。品牌实体店往往适用于一些老字号、大品牌或者对线下体验、消费场景有刚需的产品。

（3）联营分销。指工商企业之间、生产企业之间联合起来进行销售。

2. 间接分销渠道

间接分销渠道是生产者利用中间商将商品供应给消费者或用户，中间商介入交换活动的一种渠道设置方式。得益于市场的开放和流通领域的活跃，间接销售商品的比重很大。对于企业来说，间接分销渠道节省了品牌进行线上、线下店铺维护运营的成本，但是需要支付中间商一定的佣金、收益抽成，导致产品价格上升；对于消费者或用户来说，间接分销渠道的质量和知名度在很大程度上会影响其对产品的信任度。有计划地设立代理网点，有利于高效率地将产品配送到消费者或用户手中，通过建立清晰的分配系统，缩短商品运输时间，均衡减少库存，这就是互联网时代追求的高效供应链管理。

3. 分销渠道扁平化

近年来企业间竞争的加剧，使得企业在分销渠道方面不断变革以求适应现代市场环境的要求。从渠道变化的角度看，总体呈现出由"垂直化"到"扁平化"的趋势。渠道"垂直化"，即"厂家→一级经销商→二、三级经销商→卖场→消费者"逐层传递；"扁平化"就是砍掉或压缩中间环节，直达终端，即"厂家→经销商→消费者"。

传统"垂直化"模式的辐射能力比较强，厂家只需要抓住一级经销商便能抓住主动权，但它的缺陷也非常明显：一是它容易使厂家产生依赖，如果一级经销商做大做强，厂家就会受制于人；二是中间环节过多，不利于信息的有效传递，双向反馈不及时；三是中间环节层层加价，使得产品最终零售价格过高；四是供应环节复杂增加了风险，导致货物和资金积压，且连锁反应大。

基于以上考虑，企业直接铺设网点、直接面对消费者的"扁平化"模式越来越受到欢迎。厂家利用自身的设备和管理方法最大限度地降低成本，直接将产品销售给消费者，其实就是将多层的传递销售转变为一层销售。

供销社变中求机，布局"新仓储式超市+新农贸市场+新零售"模式

供销合作社曾是一个"金字招牌"，铭刻了一个时代的印记，是计划经济时期人民群众"供与销""买与卖"的主要去处。近年来，供销社又重回大众视野。根据中华全国供销合作总社的数据，2021年全国供销系统实现全年销售额6.26万亿元。2021年，中华全国供销合作总社等四部门联合出台的《关于开展生产、供销、信用"三位一体"综合合作试点的指导意见》指出，到2023年6月底，要打造若干具有示范引领作用的"三位一体"试点单位，使其成为推进现代农业经营体系建设，实现农业农村现代化和乡村振兴的有效途径。

由江西省供销集团全资子公司——江西省供销新零售有限公司实施的"江西供销·万花百合VR仓储超市"项目以打造"新概念"供销商店为目标，通过自建、自营数字信息化平台，着力布局"新仓储式超市+新农贸市场+新零售"模式。经营面积近3 000 m²，品种达2 500多个，涵盖生鲜、粮油、日用品等生活全品类商品。超市以全省优质农产品产业为依托，以"互联网+大数据"为载体，以创新型的专业化和标准化服务为手段，打造优质农产品的新零售平台。建立"进销存一体"的预警机制，动态掌握货品销售量、库存量、进货量，提前预警。未来，公司将重点采取"合营+合伙人"模式布局市场，搭建起"品牌自持、渠道自建、产品自有"的供销合作社仓储商店集群。

针对万花百合VR仓储超市的实际情况，提出分销渠道建设建议。

二、分销渠道的类型

按不同的维度，可对分销渠道进行划分。

（一）按中间商的层次划分

按中间商的层次可以划分为以下四种渠道，如图6-1所示。

（1）零阶渠道。没有中间商，由制造商直接销售给消费者。

（2）一阶渠道。含有一个中间商，在消费者市场，这个中间商通常是零售商；在生产者市场，则可能是代理商。

（3）二阶渠道。含有两个中间商，在消费者市场，通常是批发商和零售商；在生产

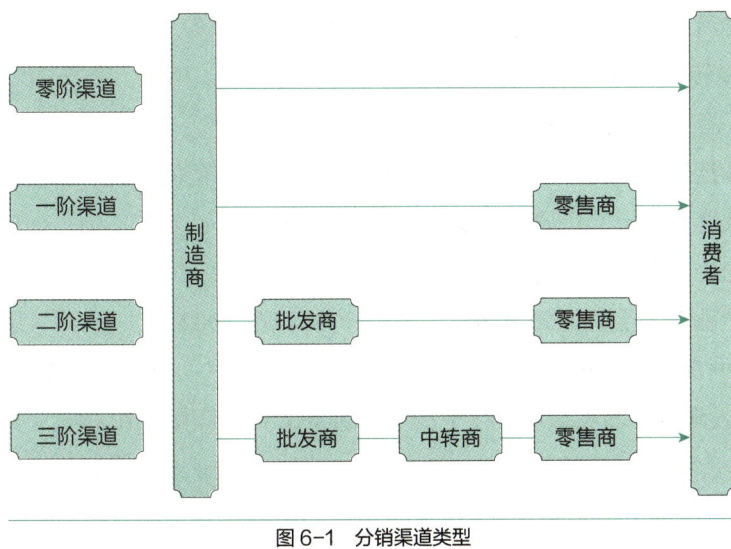

图 6-1　分销渠道类型

者市场，则通常是代理商和批发商。

（4）三阶渠道。含有三个中间商，肉食类产品及包装类产品的制造商通常采用这种渠道。在这类行业中，通常有一个中转商处于批发商和零售商之间，中转商从批发商进货，再卖给无法从批发商进货的零售商。

（二）按中间商的数目划分

每个环节中使用同类型中间商数目的多少决定了渠道的宽窄。如果企业使用的同类中间商多，产品在市场上的营销面就会很广，称为宽渠道。例如，一般的日用消费品（如毛巾、牙刷等）由多家批发商经销，又转卖给更多的零售商，能广泛接触消费者，大批量地销售产品。如果企业使用的同类中间商少，分销渠道窄，称为窄渠道，它一般适用于专业性强的产品或贵重耐用的消费品，由一家中间商统包。

（三）按企业选择分销渠道种类划分

根据企业选择渠道模式种类的多少，分销渠道可分为单渠道、多渠道和全渠道。单渠道是指企业在一定目标市场中，只选择一种分销渠道的模式。多渠道是指企业在一定目标市场中，选择多种分销渠道的模式。全渠道是指企业无论何时何地都可以迅速铺设分销渠道，采取线下渠道、线上渠道整合的方式进行营销的模式。在全渠道中，企业随时随地均可完成交易。

零售业演变三部曲

在 5G 时代，全渠道营销模式得到了企业的青睐，传统零售业纷纷向网络零售业转型。企业通常采取"店商－电商－零售"的模式，对线上和线下的资源进行有效整合，向产业链内的所有人员提供服务，更加全面地为消费者服务。这种转型并不是要求传统零售企业直接转变为网络零售企业，而是需要同向发展。例如，传统的零售商店在淘宝、京东等平台开设了自己的官方旗舰店。

有的企业还采取"线上线下同价"模式，实现全渠道的融合统一和资源共享，有效控制成本，改变消费者"想便宜去线上、想放心去线下"的消费心理，促使线上和线下共同销售，为企业带来更多效益。

互联网企业实施全渠道转型通常采取"一体两翼"的路线。"一体"是指以网络零售为主体，"两翼"是指根据实际情况打造O2O经营模式，建设线上线下开放式平台。"一体两翼"发展目标的实现重点在于线上资源和线下资源的协调统一。

❂ 营销新视界

良品铺子主动调整渠道结构

2021年，良品铺子营业收入连续五年保持增长，这也意味着公司业务调整策略是有效的。身处零食行业，一个销售策略是否能得以有效实施，需要渠道的大力配合，渠道设计至关重要。

在新冠疫情的影响下，良品铺子企业高层决定进一步拓展传统平台电商市场份额，加大布局社交（直播）电商、社区电商等新兴流量渠道，这反映出企业对渠道趋势的洞察，以及快速主动调整的魄力。

对于消费品行业，渠道的重要性日渐突出，单个渠道的风险难以规避，而全渠道的布局有效地满足了不同消费者群体在不同场景下的多元化休闲食品需求，可以对冲风险。

近年来，直播电商成为线上渠道的新风口。良品铺子反应迅速，于2020年4月正式成立社交电商事业部，加速布局抖音、快手等渠道，抓住这一风口带来的流量红利。公司将主流电商策略由流量运营转变为精细化用户运营，在京东自营渠道取得良好增速。良品铺子积极拓展社交电商业务，在抖音做到休闲零食品类销售额第一，通过"自播＋达人合作"实现抖音业务营业收入增长3.62倍。在年货节期间，单场直播成交额突破5 800万元。

随着社区电商的兴起和规模的快速扩张，公司还快速布局了团购平台，实现对社区用户的渗透覆盖。

年报显示，2021年良品铺子线上实现48.58亿元收入，同比增长21.42%，占主营业务收入比重的53.13%，在疫情催化及公司发力直播业务推动下，线上占比进一步提升。在新一轮的周期面前，良品铺子所有的铺垫都有望在未来转变为业绩。

问题思考：近年来，良品铺子建设了哪些新的分销渠道？

营销启示：荀子在《天论》中说，"望时而待之，孰与应时而使之"。这是指人们不能被动等待，应该主动适应和利用外部条件的变化而有所作为。良品铺子的渠道建设正是持续顺时应变以求得生存和发展的范例。

第二节　分销渠道设计

一、分销渠道设计的内涵和原则

渠道如水，企业应顺势而为，应势而谋，通过信息、人力、物力、资金的配合，实现多功能的协调。单一的分销渠道不足以覆盖市场，通过科学的渠道设计，将信息流、物流、资金流三流合一，企业才能实现更大的市场覆盖。

（一）分销渠道设计的内涵

营销活动的重点是满足消费者的需要，分销渠道是搭建在企业和消费者之间的桥梁，分销渠道设计的优劣直接影响着企业产品价值的实现程度。分销渠道设计是渠道管理者为实现分销目标，对各种备选渠道结构进行评估和选择，从而创建全新的分销渠道或改进现有分销渠道的过程。分销渠道设计的结果是开发新的分销渠道或改进原有的分销渠道。

（二）分销渠道设计的原则

分销渠道设计应遵循以下原则。

1. 畅通高效原则

畅通高效原则是对企业产品的流通速度和流通费用的要求。它不仅要让目标消费者在适当的地点、恰当的时间以合理的价格买到满意的产品，而且要让企业努力提高产品的流转速度，降低渠道费用。

2. 稳定性原则

分销渠道对企业来说是一项战略性资源，它一经建立，就对企业的整体运作和长远利益产生重要影响。渠道建立之后，不可轻易改变。虽然渠道需要具有可以进行幅度调整的弹性，但是总体应该使渠道始终在可控制的范围内保持稳定。

3. 发挥优势原则

孙子兵法曰："善战者，求之于势，不责于人，故能择人而任势"。正所谓无势者造势，无力者借势，有势者用势，企业要借助渠道在产品价格、品质或服务等方面显示出其他同类产品无可比拟的优势，并通过媒体的宣传、消费者的口碑、有影响力事件的传播等方式在行业中形成共识。

4. 覆盖适度原则

企业在设计、选择渠道时，还应该因地制宜考虑自身情况和管理能力，不能盲目地贪大求全，避免因扩张过度、分布范围过宽过广而造成沟通和服务困难，导致无法控制和管理目标市场。

⬡ 华商风采

五芳斋的全渠道营销

五芳斋始创于1921年，距今已有百余年历史，是全国首批"中华老字号"企业。五芳斋主要从事以糯米食品为核心的中华美食的研发、生产和销售，目前已形成以粽子为主导，集月饼、汤圆、糕点、蛋制品、其他米制品等食品于一体的产品体系。

经过多年的经营和发展，五芳斋建立了较为完善的全渠道营销网络，线下、线上销售协调发展，直营、经销等营销模式相互补充。在线下，公司通过商场、超市、便利店及各区域经销商进行销售，通过直营店、合作经营店直接销售，通过加盟店进行经销。截至2021年6月，公司通过直营、合作经营、加盟、经销等方式共建立了497家门店。目前，"五芳斋"门店已登陆杭州、上海、武汉等华东、华中地区的主要城市，并深入大型超市、商业综合体、交通枢纽等主要商圈。

在线上，公司一方面在天猫、京东开设"五芳斋"直营店进行直接销售；另一方面，通过线上经销商、电子商务平台的自营平台进行产品销售。目前，公司线上销售网络已覆盖了天猫、京东、抖音等各大电商平台。渠道优势为公司在市场中赢得了更多的市场份额。

二、分销渠道设计的影响因素和策略

(一) 分销渠道设计的影响因素

分销渠道的设计受以下六方面因素的影响。

1. 环境因素

环境因素包括社会文化、经济和技术等内容。

(1) 社会文化。这是指一定区域内人们的价值取向、风俗习惯和生活方式等，可以具体到消费者的爱好和其他与市场营销有关的一切社会行为。

(2) 经济。宏观经济走势、经济增长率、经济运行周期等因素对企业分销渠道的设计产生深远影响。当宏观经济走势良好、发展平稳，市场需求上升时，企业可以增加销售点，扩大销售网，选择宽渠道或长渠道进行产品销售；反之则要收缩渠道。

(3) 技术。技术的发展日新月异，对分销渠道设计的影响巨大。特别是互联网时代计算机和网络技术的发展，给渠道结构带来了翻天覆地的变化：实力较强的企业已经开辟了线上线下相结合的分销渠道，增加了渠道的广度；而小微型企业则可以放弃所有传统的分销渠道，直接开展网络直复式营销。

2. 竞争者渠道状况

分析竞争者渠道状况，即分析主要竞争者如何维持自己的市场份额、如何运用营销策略刺激需求、如何运用营销手段支持渠道成员等。具体列出这些资料，以便了解主要的竞争对手并制定竞争策略。

基于竞争者渠道状况的分析，有三种设计方案：① 对抗型渠道，当企业的产品优于竞争对手的产品时，企业可以将货铺到竞争对手的渠道上，与其进行直接竞争，即"你到哪儿，我就跟到哪儿"。② 共生型渠道，不以击败对方为目标，相反却经营同类产品供消费者选择或经营相关产品以求互补。③ 规避型渠道，当竞争对手的产品优于本企业的产品时，企业要尽量避免与竞争对手使用同一渠道，应采取"避实就虚"的方法，避开对手锋芒，寻找市场空白点，这类企业往往会成为新渠道的开拓者。

3. 消费者因素

消费者因素也称市场因素，是指企业准备为其提供服务的目标市场特性，包括市场规模、市场分布、市场密度及市场行为等因素。市场分布集中，代表消费者在地理空间上的密度大，有利于产品销售。例如，企业直接销售给集中于同一地区的 500 个消费者所花的费用，远比销售给分散在 50 个地区的 500 个消费者少。因此，市场比较集中时，企业可以进行直接销售；反之，市场分散时，企业则需要通过中间商进行销售。

4. 产品特点

产品的特点对于分销渠道的设计也有很重要的影响。企业应根据体积、重量、技术含量、单位价值等产品特点选取渠道。鲜货是险货，易腐烂的生鲜产品在延长时间和重复处理时会增加腐烂的风险，最好采用直接渠道。对于较大较重的产品（如建筑材料、软性材料等），需要通过从生产者到最终用户搬运距离最短、搬运次数最少的渠道来销售。对于非标准化产品（如定制机器），通常由企业推销员直接销售，这主要是因为不易找到具有该类专业知识的中间商。单位价值高的产品一般也由企业推销员而不是中间商销售。

5. 企业因素

在设计分销渠道时，还需要考虑企业自身的因素：① 渠道的控制，短而窄的渠道容易控制，长而宽的渠道难以控制。② 规模及能力，企业规模大、实力强时，对渠道模式就具有更大的选择余地。③ 企业产品组合，具有很多产品线的大型企业，往往可以直接向大型零售商供货，而产品种类少、规模小的企业则不得不依靠批发商和零售商来销售其产品。此外，如果产品组合的关联度高，往往可以使用同一分销渠道；如果产品组合关联度低，则常常需要对不同产品线设计不同的分销渠道。

6. 中间商因素

中间商因素主要包括以下几点。

（1）可得性。考虑中间商的可得性需要做出两项判断：一是在现有中间商中是否存在可以经营本企业产品的中间商；二是如果存在，它们是否可以有效地经营本企业产品。在缺乏中间商的情况下，企业不得不建立自己的销售渠道。在存在中间商但现有中间商又不能有效地销售产品的情况下，企业也要考虑建立直销渠道。

（2）成本。避免采用某类中间商而使得企业承担过高的费用，但要注意不能把成本因素看得过重而忽视了渠道目标。过分看重成本是分销渠道设计的一个误区，可能导致企业倾向于利用成本最低的中间商，而使得产品不能有效覆盖市场和提供必要的服务，从而造成消费者的不满和销售不力。企业最好能够以渠道效率为标准在成本和渠道目标之间求得适当的平衡。

（3）服务。在选择中间商类型甚至渠道长度时，常常涉及中间商可以为消费者提供的服务。考察中间商的服务情况，就是比较中间商所提供的服务与消费者对中间商服务要求之间的关系。如果二者相当，或者在不增加成本的情况下，中间商的服务水平高于消费者的期望，企业对这类中间商的服务评价应该是正面的。然而，中间商所提供的服务常常与成本（最终反映为产品的零售价格）有关。因此，服务评价应与成本评价结合起来。

◈ 营销新视界

"朋友圈" + 大数据：伊利的渠道护城河

伊利与苏宁围绕用户的经营深度合作，通过新品、联合 IP、社群、社团、拼团、联名卡、内容运营等，依托苏宁的物流与服务体系优势，进一步向用户、向品牌创造更高的价值。对于乳业这一典型的快消品行业，渠道力是一个公司的核心竞争力之一：谁能掌握更多渠道，谁对渠道的把控力更强，谁就能拥有更多的市场话语权。伊利围绕线上线下渠道采取了一系列密集举措，旨在进一步夯实已有的渠道优势。

（1）拥抱新零售，打造线上"朋友圈"。早在 2015 年，伊利就与苏宁签署了战略合作协议，双方约定在市场、技术、渠道等方面进行深度合作。此后，随着合作的进一步深入，围绕"大苏宁、大伊利"概念，双方目前已经实现全渠道、全产品、全场景覆盖的全方位合作。

伊利借助"互联网＋"和大数据分析，还与京东联合建立协同仓，将电商的最快收货速度缩短为下单后 3 个小时，让消费者能在最短的时间内喝到新鲜的牛奶。正是在渠道创新的助推下，伊利已经有能力将每天 1 亿多份产品送到消费者手中。

（2）夯实线下渠道护城河，使市场占有率稳步提升。近几年来，越来越多的乳品企业开始认识到：中国乳业正在呈现从集中式消费到分散式消费的发展趋势，乳制品行业需求复苏主要由三四线城市及农村乳制品消费驱动。而伊利早在 2006 年便洞察了这一趋势，发力三四线市场，将渠道下沉至乡镇。

再来看此次伊利与苏宁的合作，它不仅是全渠道的合作，更是与包括苏宁物流、金融、体育等在内的苏宁全产业的联动，这也意味着伊利将全品类覆盖苏宁销售渠道，进一步融入苏宁 O2O 模式的智慧零售快车道，实现与苏宁的深度合作。

问题思考：伊利分销渠道发生变化的原因是什么？

（二）分销渠道设计的策略

分销渠道设计的策略主要包括以下两种。

1. 以线串点，以点带面

市场分销渠道设计的实质，就是设计分销渠道中"线""点""面"三个要素。

（1）"线"是指打通产品实际流通的线路，让信息流、物流、资金流如水涌动。信息流是指一件商品的颜色、质地、款式、价格等影响消费者决策的因素；资金流是指一件商品从消费者挑选下单到付款的过程；物流是指商品运输、配送到消费者手中的过程。在互联网时代，从线上获取信息流十分简便，但不足以让所有消费者买单。不少消费者通过线下实体店体验，享受线下实体店提供的信息流，然后在线上下单购买，线下实体店承担了信息流成本，但是资金流却被线上抢走了。久而久之，代理销售店会因业绩惨淡，逐渐被线上店铺所淘汰，最终会损害企业品牌的整体利益。这时，打通流通线路变得尤为重要。企业可以设立品牌体验店，让消费者来店体验，获取丰富的信息流，无论消费者是在线上还是线下购买，资金流都是企业的。因此，越来越多代理销售店会变成品牌体验店，越来越多以销售为目的的百货商场，会变成以体验为目的的购物中心。

（2）"点"是指销售网点的合理规划，即选择优势区位。市场营销力量（包括人、财、物）在市场中所选择的关键点通常是优势区位。企业通过对"点"的选择和抢占，来争取竞争的主动权，以形成局部优势。"点"的选择作为整个渠道结构的支撑，是分销渠道布局的基础。此外，若企业实力不足，就要寻找现有市场竞争格局中的薄弱地带，即市场切入点，先进入市场保证生存，再寻找机会发展。也就是说，中小企业应避免与实力强大的竞争对手硬碰硬，而采取避实击虚的策略。

（3）"面"主要表现为地域拓展。地域拓展主要是指销售范围的渗透和进一步覆盖。渗透主要是指运用多种营销、宣传、公关手段，使消费者对产品产生印象并试用，这时企业要综合考虑消费者的购买心理和各种影响因素。覆盖主要是指建立消费者偏好，使其形成对本企业产品的消费习惯，从而使企业建立稳固的销售据点。此时企业还要对竞争对手进行认真分析，建立区域市场的进入壁垒，以阻止竞争对手的进入。

2. 自下而上，逆向重构

"逆向"的含义就是指"弱化一级经销商，加强二级经销商，决胜终端零售商"，这种分销渠道的建设顺序与传统方式相反。分销渠道的逆向重构策略是指企业不按先向总经销商推销产品，再由总经销商向二级批发商等推销产品的这种"正向"的顺序，而是反方向从渠道的末端开始向上考虑整条渠道的选择。根据消费者的需求、消费行为和产品特性选择零售终端，并根据中间商的营销能力、信誉及与零售终端的关系，进一步向上选择中间商，直至与企业有直接业务联系的经销商，将整条渠道纳入企业的营销体系，通过加强各环节的协作达到企业的战略意图。在这种模式下，企业一方面通过对经销商、中间商、零售商等各环节的服务与监控，使自身的产品能够及时、准确地到达零售终端，提高产品的曝光度，使消费者能够及时买到产品；另一方面加强终端管理，激发消费者购买欲望，使消费者愿意购买产品。

◈ 营销新视界

华为的渠道策略：从直销、分销到生态营销

在华为创立之初，国内通信市场中的县级和乡镇级市场尚属空白，华为采取直销渠道模式，划分区域，密集拜访与培育客户，采用关系营销策略和服务营销策略，帮助乡镇与县域客户解决通信运营与技术上的各类难题，持续积累了宝贵的渠道与产品经验，为之后的发展打下了坚实的基础。

1998 年 10 月，华为渠道拓展部成立，标志着华为渠道战略开始升级，从直销模式转向"直销＋分销"模式。华为认识到，通过部分利益的让渡可以建立起强大的分销渠道，培育和发展合作伙伴，促进共同发展，形成利益共同体。华为将分销确定为新的渠道战略，大力推进建设规模化的营销体系。

如今，在 5G 技术结合鸿蒙操作系统提供的全面连接基础上，华为的生态营销应运而生。"高端引领，整体演进"是这一战略的精髓，高端渠道是整体渠道的驱动器，高端技术又是高端渠道的发动机。华为不断挺进高端，将非高端的大量利益让渡给渠道伙伴、产业链伙伴；华为敢于冲击部分技术尖端，将另外的尖端让渡给"友商"，与合作者长期共同分享整体渠道的利益、整条产业链的利益。

华为 30 多年的发展在渠道维度上演绎了三个阶段：前期是以直销模式为主，纵向深耕；中期是以分销模式为主，横向拓展；后期采用了生态营销的战略，纵横捭阖。生态营销是回应移动互联网的时代呼唤，也是基于华为全球战略的高屋建瓴的选择。

问题思考：华为的渠道模式对中小企业有什么启示？

第三节　分销渠道管理

一、渠道成员的选择与激励

（一）选择渠道成员

1. 渠道成员的选择步骤

找到适合自身的经销商、诚信负责的渠道成员，不仅能节约交易成本，而且能真正实现双赢。众所周知，经销商在营销通路中是一个特殊的角色，它不仅拥有当地的销售网络，而且承担着储存、配送、收款、促销、服务、分担风险等多种职能，是企业编外的营销队伍，是营销部门职能的延伸。经销商能够更有效地将企业的产品推向目标市场。企业可通过一定的步骤来寻找经销商，而合适的步骤和程序可以使企业在选择经销商时更具有针对性、计划性和目的性。选择经销商可按以下程序进行。

（1）收集、了解目标市场的概况。在确定开拓某个新市场时，企业首当其冲的就是要针对目标市场的经济、地理概况进行全面、细致的了解和掌握，如人口规模、人均收入和消费习惯等。在对目标市场的经济、地理概况进行了解分析后，还要对进入该市场的预期目标销售额和推广成本进行初步评估，以便在选择经销商和与经销商进行谈判时，做到心中有数。

（2）把握经销商的要求。对企业来说，找到适合的经销商是比较困难的事。经销商不愿意为一个知名度低的品牌承担开拓市场的风险。企业寻找经销商时应把握以下要点：

① 经销商是一个独立的、以实现自己的利益为最高目标、可以自由地制定政策而不受他人干涉的市场营销机构，而不是企业绝对控制的销售链中的一环。

② 经销商首先根据市场的需求进行营销活动，然后顾及企业的要求。经销商积极卖的产品一定是顾客愿意买的产品，而不是企业要它卖的产品。

③ 经销商不是仅仅经营一个企业的产品，所以它不能把所有的资源和精力放在一

方那里。

④ 经销商的资源、实力和经营管理能力有限，所以有一些行为会达不到企业的要求。

经销商不仅追求利润的最大化，还更关注企业的综合实力，包括企业产品力的强弱、企业的市场推广配合、付款方式、售后服务等。企业在与经销商接触时，要准确掌握经销商的实际需要，最好向对方提供可供借鉴的样板市场的经营情况，帮助经销商树立经营信心。

(3) 了解企业自身资源及能力。从销售人员的角度分析，要了解以下内容：

① 了解企业战略。销售人员只有在了解了企业的战略、企业的背景和资金实力的情况下，才会对企业有归属感，才能富有激情地把企业背景和销售政策传达给经销商，使经销商被企业的热情所感染。

② 了解产品知识、市场定位及市场开发思路。具体来说，销售人员要知道企业开发市场的思路、市场定位，产品档次、性价比，产品的生产工艺、性能配置、使用方法等，这样可以正确、及时解答经销商的问题。

③ 了解企业销售政策。销售人员只有了解了企业的销售政策才能做好市场布局，合理地确定销售区域和任务。在与经销商接触时，销售人员应当对可向经销商提供哪些资源有清晰的认识，如产品供应、价格体系、业务发展支持、推广支持、管理支持、销售奖励等。销售人员要了解企业的资源，全面展示企业的形象和实力，增强经销商信心，同时避免向经销商轻易许诺，以免将来为此而发生纠纷，影响双方的合作。

(4) 制定选择经销商的原则和标准。企业选择经销商的时候要坚持一定的原则，不能为了眼前利益而忽视了长远发展。制定原则的目的是使企业所选择的经销商更符合长远规划。企业在选择经销商前，还要制定出详细的经销商选择标准，利用该标准来衡量、选择经销商。

(5) 准备合作协议的框架。在与经销商进行接触前，企业要准备好与经销商谈判的合作协议框架，以争取在谈判中将经销商引入企业所期望的合作模式中，占据谈判的主动权。合作协议框架的主要内容应包括销售区域的范围界定、合作协议的有效期、销售量指标、经销商的责任和义务（如提供存货信息、遵守企业的价格体系、执行企业的销售政策等）、市场推广支持方式、货款支付条件、违约处罚措施等。

(6) 运用科学的方法选择经销商。运用得当的方法，可以使企业对经销商的选择更加科学。选择经销商的方法有评分选择法、销量分析法、费用分析法、配额择优法等。

(7) 谈判并签订合同。这是选择经销商的最后一个步骤，也是非常关键的一个步骤。谈判一般围绕谁享有多少权利和履行多少义务来展开。合同的签订一定要慎重，因为合同一旦达成，便具有了法律约束力，对合同双方都有强制性。

2. 渠道成员的选择方法

选择经销商的过程是一个复杂的综合评估的过程。选择经销商时可以采用以下方法。

（1）评分选择法。评分选择法是指对拟选择作为伙伴的每个经销商，就其从事商品营销的能力和条件进行打分评价。根据不同因素对分销渠道功能建设的重要程度，分别赋予一定的权数。然后计算每个经销商的总分，选择得分较高者。一般来说，评分法主要适用于在一个较小范围的地区市场上，为建立精干的渠道网络而选择理想的经销商。

（2）销量分析法。销量分析法是指企业通过实地考察有关潜在经销商的顾客流量和销售情况，并分析其近年来销售额的水平及变化趋势，对有关潜在经销商的实际营销能力，尤其是可能达到的销售水平进行评估，然后选择最佳经销商的方法。

（3）费用分析法。企业联合经销商进行产品营销是有成本的，主要包括市场开拓费用、让利促销费用、因延迟支付货款而带来的收益损失，以及谈判和监督履约的费用等。利用费用分析法选择经销商主要有三种方式：比较总销售费用、比较单位产品销售费用、分析费用效率。

（4）配额择优法。根据目标市场分布和分销渠道宽度决策，确定各个地区或者各个分销层次所需要选择经销商的具体数量，在与潜在经销商达成合作意向后，对各个经销商进行综合考查和评价，从中选出所需的经销商。

（二）渠道成员激励

渠道成员激励是指渠道管理者通过强化渠道成员的需要或影响渠道成员的行为以增强渠道成员间的互助协作精神，提升渠道成员的经营效率，最终实现企业经营目标的过程。作为市场营销体系上的重要一环，渠道成员激励的成败将直接影响产品在市场上能不能顺利流通起来，企业能不能获得资金，进而得到进一步发展。因此，为使渠道高效运作，在营销管理中必须注重对渠道成员的激励，不断正向强化双方的合作关系。下面将从直接激励和间接激励两种方式探讨激励的方法。

（1）直接激励。直接激励指的是通过给予物质或金钱奖励来肯定经销商在销售量和市场规范操作方面的成绩，主要包括以下几种方式。

① 成本激励。制造商注重市场调研，能够生产或选择适销对路的产品，并通过广告、公关宣传等方式，让品牌具备更高的价值。这样可以节省经销商的宣传成本和客户

维护成本，从而使经销商不局限于销售产品，而且主动为企业的发展献计献策。

② 对经销商返利。返利可以分为销量返利和过程返利。销量返利是指根据经销商销量的大小来确定返利比率。经销商的销量越大，返利比率就越高。这种返利政策的目的在于鼓励经销商尽可能多地销售本企业的产品，提升经销商的销售积极性，但不适合处于成长期和成熟期的产品，因为在这两个时期产品竞争激烈，销量返利可能导致经销商窜货、乱价等短期行为发生。

过程返利是对经销商在营销过程中的管理投入，包括对销售量、铺货率、安全库存保有量、区域销售政策的遵守、配送效率和付款及时性等指标进行综合评定来确定返利标准，既可以提高经销商的利润，激励其扩大销售，又能防止经销商的不规范运作，有助于渠道健康持久的发展。

③ 资金支持。许多经销商的资金实力有限，对付款条件也会较为关注。因此，适当地放宽付款方式的限制，能够减轻经销商的资金负担，更能吸引经销商，达到激励效果。

（2）间接激励。间接激励的形式主要有：

① 帮助经销商进行库存管理。企业可以建议经销商提供详细的销售数据，由企业在详尽预测的基础上帮助经销商管理库存。这种方式在很大程度上可以改善渠道管理的效率。

② 帮助零售商进行零售终端管理。企业可以通过多种方式帮助零售商做好终端管理工作，主要做法有更好地划分覆盖区域、向零售商派驻品牌代表协助销售、协助培训零售商销售人员等。

③ 倾听经销商的声音。经销商在日常业务运营管理过程中，与消费者距离更近，让经销商参与产品的研究和开发、市场开发和产品推广、售后服务活动等，不仅发挥了经销商的优势，也让企业得以掌握最新的市场动向。

✿ 行业观察

海尔模式——以零售商为主的分销渠道系统

海尔分销渠道模式的最大特点就在于海尔几乎在全国每个省都建立了自己的销售分公司——海尔工贸公司；同时不论在省会城市，还是在县级城市，海尔工贸公司都建设了自己的分支机构，建立了销售渠道与网络。海尔工贸公司直接向零售商供货并提供相应支持，并且将很多零售商改造成了海尔专卖店。在海尔模式中，百货店和零售店是主要的营销力量，海尔工贸公司就相当于总代理商，所以批发商的作用较小。

海尔的销售政策倾向于零售商，不但向它们提供更多的服务和支持，而且保证零售商可以获得更高的毛利率。

在海尔模式中，批发商不掌握营销权力，留给它们的利润空间十分有限，批发毛利率一般仅有3%~4%，在海尔工贸公司设有分支机构的地方，批发商活动余地更小。不过海尔电器销量大、价格稳定，批发商最终利润仍可保证。

在海尔模式中，制造商承担了大部分营销职责，而零售商基本依从于制造商。零售商只需要提供位置较好的场地即可。

问题思考：海尔是怎样建设分销渠道并激励渠道成员的？

营销启示：为渠道成员着想，为渠道成员排忧解难，就会取得渠道成员的信任。海尔充分调动零售商的工作积极性，构建了以零售商为主的分销渠道系统。

二、渠道冲突的类型与解决方法

渠道冲突与管理是在选择渠道成员之后企业需要正视和面对的问题，很多企业都希望尽量避免渠道冲突，所以了解渠道冲突的类型和化解方法就显得极为重要。渠道冲突是指渠道成员从事会损害、威胁其他成员的利益，或者以牺牲其他成员利益为代价获取稀缺资源的活动，从而引发的争执和冲突。对于渠道成员间的冲突，应该用客观的眼光来看待，因为渠道冲突在本质上不完全是消极的，某些冲突实际上还加强和改善了渠道。

（一）渠道冲突的类型

渠道成员之间彼此的联系、活动很多，每一项活动都存在冲突的可能性。渠道成员对分销渠道活动有不同的理解或看法时，冲突就会产生。可以从四种不同的分类标准来认识渠道冲突。

1. 按渠道成员的关系类型分类

按照渠道成员的关系类型不同，渠道冲突可分为同质冲突、水平冲突、垂直冲突和多渠道冲突。

（1）同质冲突。同质冲突指的是在同一个市场环境下，市场上其中一家企业与另一家企业的分销渠道在同一层次上的冲突。这种渠道冲突往往和市场竞争有关，如经营不同品牌的同类商品的两个零售商在相互竞争中因为相同的目标市场而产生同质冲突。类似地，一个批发商与同一层次上另一个制造商的批发商之间的竞争也是同质冲突。

（2）水平冲突。水平冲突又称为横向冲突，是指同一渠道中同一层次的渠道成员之间的冲突，可能出现在同类渠道成员（如两家超级市场）之间，也可能存在于同一渠道层次不同类型的渠道成员（如超市和百货商场）之间。某些经销商为了谋取利益而违反与制造商签订的销售合同，将商品在其他区域低价销售，从而冲击了其他经销商的合法权益，目前这种水平冲突比较常见。

（3）垂直冲突。垂直冲突又称为纵向冲突，是指同一渠道中不同层次成员之间的冲突，如批发商与零售商之间的冲突、批发商与制造商之间的冲突等。例如，当企业决定对其渠道进行优化调整时，渠道经理希望某些一级批发商能成为其他一级批发商的下线。这种调整措施可能会导致渠道成员不能和其他成员合作，引发冲突。这种冲突往往会出现在渠道变革和调整的过程中。

（4）多渠道冲突。多渠道冲突又称为交叉冲突，是指当某个制造商建立起两条或两条以上的渠道，向同一市场提供产品（服务）时发生于渠道之间的冲突。例如，当某手机生产企业决定建立网上分销渠道并通过大型综合商店出售其产品时，必然会导致独立专卖店的不满。

2. 按产生的原因分类

按产生的原因不同，渠道冲突可分为竞争性冲突和非竞争性冲突。

（1）竞争性冲突。竞争性冲突是指两个或两个以上的渠道成员在同类或相似市场上竞争时发生的冲突。例如，在同一区域市场上的百货公司和超市之间的竞争，企业自营店与同一市场上经销本企业产品的零售商之间的竞争等。

（2）非竞争性冲突。非竞争性冲突是指渠道成员在目标、角色、政策及利润分配等方面因存在不一致而导致的冲突。例如，对制造商的定价和促销政策持有不同意见的经销商、代理商之间的冲突；为了获得制造商较为优惠的政策，两个代理商之间引发的冲突等。

3. 按显现程度分类

按显现程度不同，渠道冲突可分为潜在冲突和现实冲突。

（1）潜在冲突。潜在冲突是指渠道成员由于在目标、角色、意识和资源分配等方面存在利益上的差异和矛盾，但还没有导致彼此行为上产生对抗的一种冲突态度。

（2）现实冲突。现实冲突是指渠道成员之间出现的不利于团结的对抗冲突行为。

4. 按性质分类

按性质不同，渠道冲突可分为功能性冲突和破坏性冲突。

（1）功能性冲突。功能性冲突是指渠道成员把对抗作为清除彼此之间潜在的、有害的紧张气氛和病态动机的一种方法时的冲突状态。功能性冲突的特点表现为缓解冲突不需要较大的成本；不同的观点相互碰撞可能产生更好的观点；对抗行为不具备破坏性；冲突有利于提高整个分销渠道的绩效。

（2）破坏性冲突。破坏性冲突是指渠道成员之间敌对情绪和对抗行为超过了一定限度并因此对渠道关系和渠道绩效产生破坏性影响时的冲突状态。当渠道成员之间缺乏理解或者在渠道中出现强制的渠道管理行为时，就会导致这种冲突出现。破坏性冲突会带来严重的消极后果，抵消成员为实现目标而做的努力。这会导致成员之间缺乏信任。如果任由破坏性冲突存在下去，会影响渠道绩效，甚至会引起渠道关系破裂。

对渠道冲突进行归类和分析，目的是从不同角度考察渠道关系中的冲突问题，以便找出更为妥善的解决办法。这不仅有利于企业自身发展，对维护渠道成员的关系也有促进作用。

（二）渠道冲突的解决方法

企业只有及时调解渠道冲突，平衡渠道成员利益，才能达到与渠道成员之间的"双赢"，进而实现与消费者、渠道成员的"多赢"。渠道冲突的解决方法有以下几种。

1. 选择适合自己的合作伙伴

在渠道建立之初，企业就要根据自身产品的相关定位和自身实力，选择适合自己的合作伙伴，有效减少未来交易中的摩擦。

2. 制定公认的制度

对交易程序制定合理的、双方都认同的规范，并对各自的经营目标达成共识，形成书面制度。这样事先约定好，在之后出现分歧时就有据可依，更容易解决问题，避免发生冲突。

3. 进行冲突识别

若冲突不可避免地发生了，就要进行冲突识别，看所发生的冲突是良性冲突还是恶性冲突。企业根据冲突的性质，采取相应的行动以保证损失最小。

4. 完善各方面服务

通过完善各方面的服务，提高渠道成员的满意度，有利于缓和冲突或者避免冲突。对于企业而言，要尽量做好对渠道成员的服务工作，如及时供货补货，落实到货时间，处理库存，提高资金利用率和利润率，对渠道成员进行培训并申请特殊资金以支持渠道成员在销售现场开展活动等。对于渠道成员来说，要做的则是积极收集、反馈市场信息。

5. 建立沟通机制

再精心设计的渠道规范也不可能预防所有的潜在冲突。因为未来是不可预见的且运行环境是不断变化的。建立持久的沟通机制，让渠道成员进行经常性的沟通，在不断互动的过程中增强对渠道伙伴的认识，了解到可能与对方发生冲突的根本因素，从而对冲突有所预期和警觉。

6. 控制已经发生的冲突

对于已经发生的不可避免的冲突，除了尽量进行友好沟通之外，还可以依靠法律来避免自己的利益受到侵害。

7. 实现利益承诺

渠道把各方的利益联系在一起，只有各方都能在合作中看到自己可以获得的利润，才会考虑到相应的"关系终止成本"而谨慎行事。

企业可以增大给渠道成员的返利并落实相关的奖励，从而提高渠道成员可获得的利润。渠道成员则可以通过提升企业产品的销售量、降低其他产品的销售量来让利。

三、分销渠道的评估与创新

（一）分销渠道的评估

分销渠道评估是指企业通过系统化的手段或措施对其分销渠道的绩效进行客观考核和评价的活动过程。分销渠道评估的对象既可以是渠道系统中某一层级的渠道成员，也可以是整个渠道系统。

分销渠道的绩效是一个多维和纵深的结构，既包括宏观方面，也包括微观方面；既包括渠道系统的绩效，也包括单个层级渠道成员的绩效，甚至是单个渠道成员的绩效。从宏观方面来说，分销渠道的绩效就是指渠道系统表现出来的对社会的贡献，是站在整个社会的高度来考察的；从微观方面来说，分销渠道的绩效则是指渠道系统或渠道成员对企业所创造的价值或服务增值，是从企业自身的角度来考察的。

事实上，企业和渠道成员一般以独立的经济实体身份组织在一起，形成一个分销渠道系统。因此，在营销实践中，微观层面的分销渠道评估又包括企业对渠道系统的绩效评估和渠道成员对渠道系统的绩效评估。在本小节中主要从企业的角度出发来阐述如何对分销渠道系统进行评估。

通常情况下，企业在评估一个渠道系统时，可以从很多方面入手，分为不同的层次。如先评估渠道系统对企业销售的贡献率、对企业利润的贡献率等；再评估渠道系统对企业的服从度、对市场环境发展变化的适应能力等；最后通过考察最终客户对渠道系统的满意度等来评估渠道系统各方面的服务能力。一般包括以下五个方面。

1. 渠道系统管理组织评估

（1）考察渠道系统中销售经理的素质和能力。例如，在企业的某渠道系统中，考察从事销售工作 3 年以上且达到一定学历的地区经理占销售经理总数的比例。该比例越大，表明销售管理组织的素质和能力就越强。

（2）考察企业分支机构对零售终端的控制能力。例如，在企业分支机构中考察自控零售终端的比例，自控零售终端的销售额占企业分支机构所在地销售额的比例越高，表明该分支机构对当地零售终端的控制能力越强。

2. 客户管理评估

（1）对于最终客户的管理，需要考察是否建有最终客户数据库。通常情况下，最终客户数据库应该包含客户姓名、地址、邮编、联系电话、E-mail 地址、购买产品型号、购买价格、购买日期、记录建立时间、记录建立人、是否回访、回访时间、回访人等信息；如果可能，还有必要记录下回访时了解到的一些信息，包括客户使用意见、使用频率、其他建议等。

（2）对于组织客户的管理，更需要考察是否建有组织客户数据库。通常情况下，组织客户数据库应该包含客户名称、所属行业、联系人、地址、邮编、联系电话、电子邮箱、购买产品型号、购买价格、购买数量、购买日期、记录建立时间、记录建立人、是否回访、回访时间、回访人等信息；如果可能，还有必要记录下回访时了解到的一些信息，包括客户使用意见、使用频率、客户是否有再购计划，以及客户的其他建议等。

（3）对于企业来说，渠道成员的业务人员是更加特殊的"客户"，因此也需要建立数据库来统一管理。一般情况下，业务人员数据库需要包括姓名、性别、年龄、住址、联系电话、电子邮箱、负责区域、负责客户类别（最终客户还是组织客户）、负责客户数量等信息。

有了上述数据库之后，就可以考察评估企业的渠道系统在客户管理方面的绩效，主要看两个指标：一个是企业分支机构掌握的最终客户和组织客户数量分别占该地区同类客户数量的比例；另一个是企业分支机构掌握多少渠道成员的业务员档案。第一个指标的比例越高，第二个指标的数量越大，表明企业分支机构工作做得就越深入细致，企业渠道系统抗风险的能力就越强。

3. 渠道成员铺货管理评估

第一步，对渠道系统相关层级的渠道成员的信用状况进行评估。根据评估下来的渠道成员信用等级情况，确定铺货率是否合理。

第二步，控制铺货金额。对于一般的零售终端来说，要确定一个合适的铺货量，不能太低，太低了可能造成缺货或断货；但又不能太高，太高了增加风险。对于规模大一些的主要负责分销的渠道成员来说，需要根据其信用状况确定另外的铺货量。

在渠道成员铺货管理的评估中，整个渠道系统的渠道成员质量状况是一项很重要的指标。如果在综合评定后，拥有较高信用级别的渠道成员的数量占公司所有渠道成员总数的比例较高，那么说明该渠道系统具有较高的质量；否则，可认为质量一般或较差。

4. 渠道成员沟通评估

渠道成员沟通评估主要通过企业对渠道成员的培训来间接考察。一般情况下，企业的渠道系统都是由与企业在资本上分离的不同渠道成员构成的。因此，企业需要通过培训，将分散的渠道成员统一起来。

在该项评估中，可以通过考察参加培训的渠道成员、接受企业规定的渠道成员及参加企业员工活动的渠道成员分别占企业渠道系统所有渠道成员的比例来衡量。如果这三项指标都比较高，则反映出来企业与渠道成员之间的沟通比较有效、合作比较融洽；反之，则表明企业与渠道成员在沟通上存在不足或有问题。

5. 市场促销活动评估

无论是由企业自身组织、渠道成员辅助实施，还是由渠道成员自身组织、企业辅助实施的市场促销活动，通常情况下都需要在如下几个方面达到一定的要求。

（1）促销目的是否明确。市场上促销活动的目的包括：① 新产品上市，吸引客户，尽快打开市场；② 抑制竞争对手，保护自身的市场；③ 与竞争对手争夺客户，拓展市场宽度或深度；④ 回馈客户，留住客户，增加销售等。

（2）促销原则是否恰当。无论是企业主持还是渠道成员主持，市场促销活动都需要遵循吸引力和让利这两个原则。吸引力原则在于争取客户的参与，让利原则在于争取让客户购买。

（3）是否把握好三种力。促销活动过程中存在三种力，即终端客户的拉力、渠道成员的推力及企业品牌的引力。如何协调好这三种力，直接关系到促销的效果。

（4）是否找好切入点。促销活动要产生预期的效果，就需要找好切入市场的点。通常情况下，促销活动的切入点分别是借势、造势、乘势和顺势。借势是利用社会高度关注的重大事件进行发挥，如安踏赞助 2022 年北京冬奥会。造势是由企业自身选定议题，吸引新闻媒体的关注，如众多企业主动以各种名义组织活动或新闻发布会。

乘势是利用市场旺季实施密集的促销活动，如每年夏天各大品牌都大打暑期促销战。顺势是当企业或企业产品自身遭遇某种事件时实行公关，进而顺理成章地达到促销效果。

在理解了市场促销的上述要求后，就可以实施对渠道系统市场促销活动的评估。这时有两个指标需要考察：一个是考察企业促销活动持续天数占当月或当年有效工作天数的比例；另一个是考察企业万元促销费用所带来的销售额。这两个指标越高，促销拉动效果越好，就越有利于渠道系统的健康发展。

（二）分销渠道的创新

为了适应不断变化的市场大环境，分销渠道创新已经成为渠道管理者的重要任务。通过对现有渠道资源的深度整合与重新布置，传统渠道将获得更高的销售能力和运营效率，从而在复杂多变的未来市场竞争中获得更多的生存发展空间，如移动互联网时代的全渠道零售。

全渠道零售是指企业能够随时随地满足消费者的个性化需求，为消费者提供丰富多元的场景体验，将实体渠道、电商及移动电商进行高度整合，为消费者提供优质而完善的购物服务。从全渠道的概念来看，全渠道是在新零售时代背景下以消费者为中心和重视消费者购物体验的理念的体现，同时也融合了O2O的特点。近年来零售企业在全渠道方向上不断地进行探索和尝试，如：

（1）技术突破，打通线上与线下人、货、场各环节。

（2）互联网营销，不断扩增线上渠道，借助多渠道消化库存。

（3）场景创新，如缺货销售、线下自提、全渠道退货或换货等，利用全局库存实现自营门店的便捷体验。

（4）内容营销，结合品牌定位或热门话题，将内容通过一定方式推送给"粉丝"。

（5）消费者分析，根据行业标签、购买力属性、品牌热度等为消费者画像，帮助企业进行消费者洞察。

一方面，移动互联网时代的全渠道零售多维度拓宽了连接消费者的渠道。在新零售时代，消费者为经营者提供的信息越来越多样化。在判定消费者的消费模式时，除了运用较为典型的维度，如年龄、性别、收入及社交网络等，还可以添加更多的动态数据分析，进行多维度的洞察，从而提供一个全面的消费者行为分析视角。

另一方面，移动互联网时代的全渠道零售实现了线上线下的渠道对接。在电子商务快速崛起的背景下，传统实体商家确实受到了强烈的冲击，但这并不意味着电商与实体零售是对立关系。随着零售业逐渐走向成熟，将线上的电商及移动电商与线下的实体零售相结合的新实体零售模式受到了诸多消费者和企业的一致认可。

零售企业要做的不是简单地增加店铺数量，而是要与消费者建立起更为稳固的连接关系，实时获取消费者的购物需求，并能够结合移动互联网、物联网、大数据、云计算等新一代信息技术为其创造相应的购物场景。零售企业只有不断进行创新拓展，在线上与线下的购物场景中为消费者提供优质的服务体验，才能有效应对不断变化的市场环境及竞争对手的同质化竞争。

移动互联网时代的全渠道零售还利用大数据重构了企业经营决策。在大数据时代，传统零售业发生了诸多变革，其中最重要、最根本的变革就是统计思想与统计方法的变革。只有对数据采集、数据整理、数据分析、数据诠释整个流程进行变革，传统零售业才能更好地与市场需求相适应。具体来说，在数据采集方面，零售企业要合理使用行业最新技术来扩大数据采集面，从各个渠道采集数据，保证数据来源多样。在数据整理方面，要对采集到的数据进行细分，将其分为企业层面的宏观数据和消费者层面的微观数据，并使用不同的方式对数据进行处理。在数据分析方面，要摒弃传统的假设验证分析法，采用以大数据算法为基础的相关性数据挖掘法。在数据诠释方面，要将可视化技术、人机交互技术、数据起源技术引入数据诠释过程，对传统的统计数据诠释进行改革。同时，要合理地规避大数据带来的负面影响，设定数据与隐私之间的界限，对已掌握的数据做出科学的应用取舍。

🌀 营销新视界

数实融合，打造农牧产品销售新渠道

近年来，我国高度重视"数实融合"发展。国务院《"十四五"数字经济发展规划》指出，数字经济发展要"以数据为关键要素，以数字技术与实体经济深度融合为主线"。

大通县地处青海省东部，是古代丝绸之路的重要节点之一。为进一步助力大通县域发展，在东西部协作的背景下，大通农文旅融合数字化平台"大通号"正式上线，推动大通县产业的数字化升级。

为增加农牧产品分销渠道，"大通号"平台搭建了线上商城系统。通过小程序快速提升当地特色、优质农牧产品的知名度，使其顺利走出青海，销售到全国各地。"大通号"中的安心平台将依托码链溯源、品牌保护、营销助力等核心能力，助力大通县构建农品溯源体系。

特别是对于大通县重要的牦牛产业，一方面，通过规范产地编码规则、生产档

案记录、产品包装标识建立防伪溯源信息管理平台，对牦牛育种、繁育、育肥、屠宰、加工等生产、流通、营销全流程的关键数据进行上链。另一方面，通过大数据、区块链等技术，一物一码地提供发码防伪追溯；通过食品溯源和安全监管服务，打造有"身份证"的牦牛肉品牌，让消费者获得可信、安心的牦牛肉，真正实现农牧产品"生产有记录、信息可查询、流向可跟踪、责任可追究、产品可召回、质量有保障"。

问题思考：相较于传统的农牧产品销售渠道，"大通号"平台搭建的数字化分销渠道及农牧品溯源体系有哪些优势？

营销启示：渠道创新可以为企业、区域经济发展带来新的发展机遇。在大数据、人工智能、区块链等方面的技术支持下，企业要对分销渠道不断进行创新，更好地满足消费者的信息需求和购买需求。

课后实践

❖ 基础知识练习

一、单选题

1. 适合用直接分销渠道销售的产品是（   ）。

   A. 消费品　　　　　B. 产业用品　　　　C. 农产品　　　　　D. 食品

2. 竞争的加剧使得企业在分销渠道方面不断变革以求适应，总体呈现出由垂直化
   到（   ）的趋势。

   A. 中间化　　　　　B. 扁平化　　　　　C. 复杂化　　　　　D. 立体化

3. 属于水平冲突的是（   ）。

   A. 连锁店总公司与各分店之间的冲突

   B. 某产品的制造商与零售商之间的冲突

   C. 玩具批发商与制造商之间的冲突

   D. 同一地区某快餐品牌各连锁分店之间的冲突

4. 分销渠道对企业来说是一项战略性资源，它一经建立，就对企业的整体运作和
   长远利益产生重要影响。这是指分销渠道设计的（   ）原则。

   A. 畅通高效　　　　B. 发挥优势　　　　C. 稳定性　　　　　D. 覆盖适度

5. 下列选项中，不属于全渠道零售探索和尝试的是（   ）。

   A. 互联网营销　　　B. 场景创新　　　　C. 内容营销　　　　D. 激励中间商

二、多选题

1. 按中间商的层次划分，分销渠道可以分为（   ）。

   A. 零阶渠道　　　　　　　　　　　B. 一阶渠道

   C. 二阶渠道　　　　　　　　　　　D. 三阶渠道

2. 比较适宜选择传统分销渠道的企业，包括（   ）。

   A. 小型企业　　　　　　　　　　　B. 生产单一企业

   C. 生产分散企业　　　　　　　　　D. 个性化大规模企业

3. 分销渠道设计的影响因素有很多，其中包括（   ）等。

   A. 环境因素　　　　　　　　　　　B. 竞争者渠道状况

   C. 消费者因素　　　　　　　　　　D. 中间商因素

4. 间接激励渠道成员的方式有（   ）。

    A. 返利政策　　　　　　　　　　B. 帮助经销商进行库存管理

    C. 帮助零售商进行零售终端管理　　D. 倾听经销商的声音

5. 分销渠道的评估包括（　　　　　）等内容。

    A. 渠道系统管理组织评估　　　　　B. 产品质量与价格评估

    C. 渠道成员铺货管理评估　　　　　D. 市场促销活动评估

❖ 案例分析

蔚来全渠道体验式营销及数智化管理升级

　　蔚来从创立之初就带有数字化基因，在分销渠道拓展的过程中，蔚来主要围绕数字化创新进行建设。蔚来的目标是做一家"用户企业"，其重要决策均以用户需求为导向，通过提供高性能的智能电动汽车与卓越的用户体验，致力于为用户创造愉悦的生活方式。

　　2020 年是一个不寻常的年份，新冠疫情对整个汽车行业的影响非常大。但蔚来的汽车销量相对稳定，并且呈上涨态势。除了自身的硬实力外，上涨的原因更离不开全渠道体验式营销——"涟漪模式"的功劳。

　　在疫情期间，蔚来作为最早实施线上营销的企业之一，实现了全渠道打通。2020 年 2 月，蔚来的工作人员已经在核心城市开展线上直播，每天可收到 50 ~ 100 个订单。另外，在淘宝直播中和知名主持人合作，同样获得了优异的成绩。蔚来的营销模式与传统车企不同，传统车企大多采用漏斗模式，以成交订单为最终目标，购买完成营销活动即结束。蔚来则将用户购买产品作为营销的开端，将体验营销渗透到整个产品的生命周期中——这就是"涟漪模式"，它可以通过不断的引流，借助核心车主的示范作用，吸引相关程度的关注者向核心车主靠拢，不断扩大品牌影响力。

　　蔚来在数智化管理升级上采取了多项行动，构建了蔚来"云生态"，将车、用户、销售人员、运维人员、研发团队及商城连接了起来，同时还与体验店和相关配套服务（包括第三方的零件、充电设备等）相关联，建立了以数据为核心驱动力的用户全生命周期管理体系，让用户在后期的维修、保养过程中也会有良好体验。

　　在体验营销方面，蔚来全程以 App 作为中心连接点，连接蔚来的员工、粉丝、车主。在蔚来 App 中，用户可以看到最新的产品信息和用车心得，既增加了用户黏性，又将信息高效传达给蔚来的管理层。一旦成为车主，蔚来就会在 App 中为其组建服务群，车主在用车过程中有任何问题都可以在群内进行反馈，专人专业回复解决，效率非常高。

蔚来在疫情期间的优异表现离不开全渠道策略的实行。正是因为一系列"以用户为中心"动作的实施，提升了蔚来车主的满意度，这种"涟漪模式"的运用，让关注者变为向往者，由向往者变为车主，最终成为核心车主，让每一位车主变成了蔚来的忠实"粉丝"与产品代言人。

案例分析：

为什么蔚来在疫情之下销量不降反增？以小组为单位，搜索更多关于蔚来渠道建设与创新的内容。

综合技能实训

1. 实训目标

通过实训，使学生能够应用分销渠道知识，针对不同企业类型，提出与之相匹配的分销渠道设计方案；引导学生以正确的价值观自省与完善分销渠道设计方案。

2. 背景资料

受疫情影响，消费场景加速向线上渠道转移，门店到家业务、数字化零售迎来新发展机遇。线下实体店必须紧跟市场需求变化，开拓线上销售模式，发挥多渠道、全场景优势，加快实现数字化转型升级。例如，为了满足人们多场景的消费需求，通过入驻第三方电商平台、直播带货、开展微信群营销、上线小程序商城，实体零售商加快布局线上业务和到家业务。

Y百货作为全国连锁百货商场，在疫情期间，实体门店客流量、营业收入受到较大影响。假设你是市场部的一员，请就"如何在保证公司利润的前提下，为顾客提供优质便捷的渠道"建言献策。

3. 实训步骤

（1）分组协作，找出本行业标杆企业，总结标杆企业全渠道营销成功的路径或模式。

（2）小组讨论，Y百货应该如何制定渠道策略，为消费者提供优质便捷的服务。

（3）利用如图6-2所示的市场营销渠道策略伦理检验模型，检验制定的渠道策略

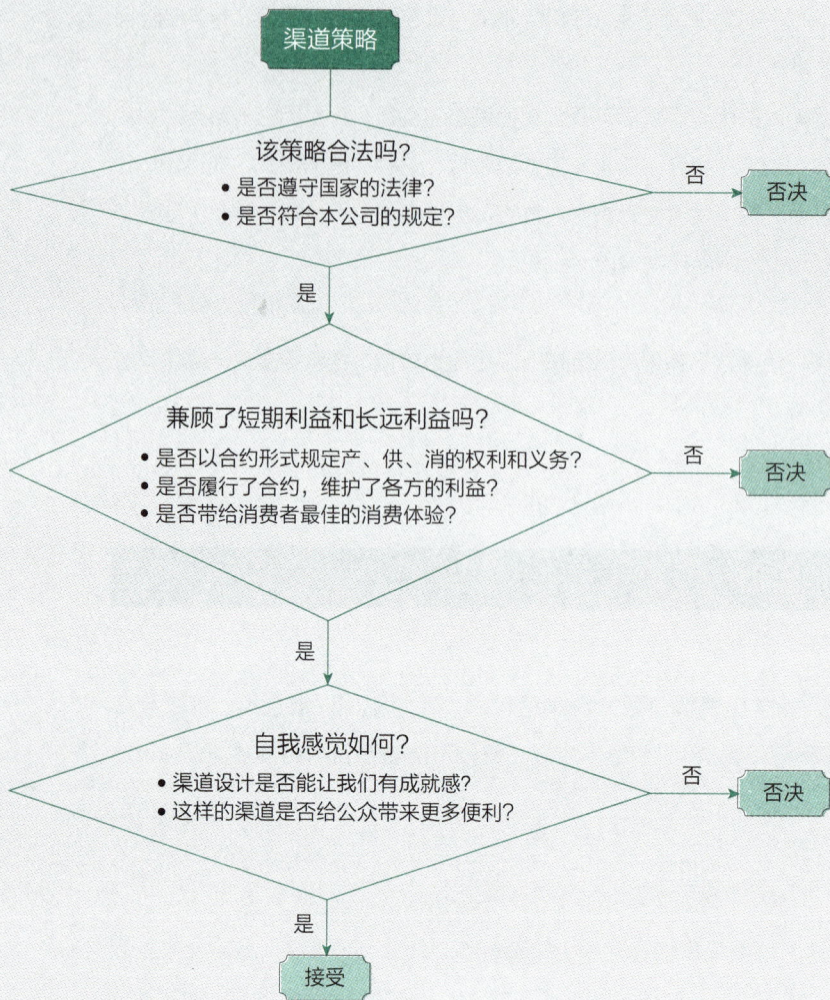

图 6-2　市场营销渠道策略伦理检验模型

是否符合营销伦理要求。

（4）根据检验结果，优化渠道方案。

（5）思考未来百货零售业的渠道发展方向或趋势。

4. 实训成果

（1）Y 百货全渠道营销策划方案。

（2）市场营销渠道策略伦理检验清单。

（3）未来百货零售业的渠道发展方向或趋势分析报告。

货畅其流，利无尽头。渠道通畅，信息流、物流、资金流才能如鱼得水，自由流动；只有"三流"涌动，消费者得到实惠，提高了满意度和忠诚度，企业才能够源源不断地获益。由此可见，企业的产品通过分销渠道高效率地到达目标市场尤为重要。一方面，高效的分销渠道可以让目标消费者在合适的地点、恰当的时间，以合理的价格买到满意的产品；另一方面，高效的分销渠道可以提高企业产品的流转速度，降低渠道费用，从而增加企业的盈利水平和竞争优势。

促销组合　数中有术

第七章

学习目标

知识目标

- 了解促销及促销组合的含义
- 熟悉促销组合策略的影响因素制定和程序
- 掌握广告策略的制定程序
- 了解人员推销策略的概念、特点和步骤
- 掌握销售促进策略的管理要点
- 熟悉公共关系活动的基本流程

技能目标

- 能够科学合理地制定促销组合策略
- 能够运用广告策略的相关知识制定广告促销方案
- 能够运用人员推销策略的相关知识组织推销活动
- 能够针对消费者制定合理的销售促进活动方案
- 能够根据企业经营实际情况提出相应的公共关系活动建议

素养目标

- 深刻理解中华传统商业文化——数中有术的内涵所在
- 通过促销组合的设计，形成科学系统的营销思维模式和整体运营的全局观
- 通过对虚假广告和不良促销方法的鉴别与抵制，形成遵纪守法的正确意识

思维导图

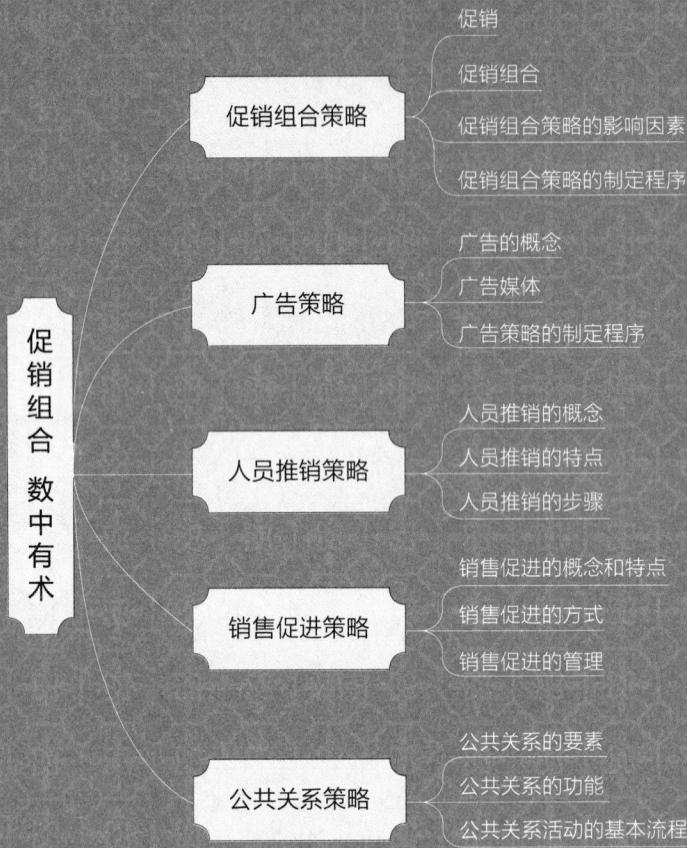

		促销
	促销组合策略	促销组合
		促销组合策略的影响因素
		促销组合策略的制定程序

广告的概念
广告媒体
广告策略的制定程序

促销组合 数中有术

广告策略

人员推销策略
人员推销的概念
人员推销的特点
人员推销的步骤

销售促进策略
销售促进的概念和特点
销售促进的方式
销售促进的管理

公共关系策略
公共关系的要素
公共关系的功能
公共关系活动的基本流程

学习计划

● 知识学习计划

_____

_____

● 技能训练计划

_____

_____

● 素养提升计划

_____

_____

✤ 直面营销

伊利的冬奥会促销策略

清晰的顶层设计，系统的促销策略组合，让伊利在 2022 年北京冬奥会上大放异彩，最终在所有冬奥会赞助品牌及相关品牌中，实现了冬奥会消费者认知度第一的营销目标。

在此次伊利的冬奥会营销策略中，广告策略首当其冲，伊利在媒介渠道、媒体内容、产品协同与线下渠道协同等方面采取了体系化的广告策略。伊利基于对当下媒体环境的系统理解，全面覆盖了电视端、字节跳动系、腾讯系、微博与户外广告五个最高效的媒介传播阵地。

在电视端，伊利主要凭借央视春晚、冬奥会开幕式这两个高收视率节目，实现了46 亿次曝光；冠名赞助字节跳动"温暖中国年"红包项目，实现总曝光 1 259 亿次；占位微博冬奥主话题及奖牌榜，实现 508 亿次曝光；占位腾讯冠军强关联资源"金牌时刻"及"微信喝彩"朋友圈，实现 290 亿次曝光；利用机场、高铁站与公交车等户外广告，强势布局北京市场，实现 52 亿次曝光。

与此同时，在地面推广与销售促进策略的组织中，伊利开展冬奥会快闪巡展活动，吸引消费者深度参与和体验，让人们在互动中感受伊利牛奶的口感和奶香。

在公关方面，伊利则坚持积极履行企业的社会责任，重视公共关系营建，通过整合多方资源，创办了"活力冬奥学院"等一系列冰雪运动推广项目，有力提升了大众滑冰滑雪的体验感和趣味性，成为推动"三亿人参与冰雪运动"的一支活跃力量，极大地促进了冬奥会在中国从升温迈向生根。

问题思考： 企业在营销活动中为何要进行促销？

营销启示： 促销的本质是为了成功地把企业及产品的有关信息传递给目标受众，让其产生兴趣并最终购买产品，以满足其需求。企业应充分掌握市场信息，在此基础上制定整合营销方案，做好各种促销活动。

商业谚语
数中有术，
术中有数。

第一节　促销组合策略

在现代市场营销环境中，企业不仅要有优质的产品、合理的价格、畅通的销售渠道，还需要有一流的促销活动。市场竞争是产品的竞争、价格的竞争、渠道的竞争，更是促销的竞争。

一、促销

促销，是指企业通过人员和非人员的方式把产品和服务的有关信息传递给顾客，以激发顾客的购买欲望，影响和促成顾客购买行为的全部活动。

在市场经济中，社会化的商品生产和商品流通决定了生产者、经营者与消费者之间存在着信息上的分离，企业生产和经营的商品和服务信息常常不为消费者所了解和熟悉，或者尽管消费者知晓有关信息，但缺少购买的激情和冲动。这就需要企业通过对商品信息的专门设计，再通过一定的媒体形式传递给顾客，来增进顾客对商品的注意和了解，并激发其购买欲望，为顾客最终购买提供决策依据。因此，促销从本质上讲是一种信息的传播和沟通活动。

❀ 营销新视界

文创产品"现象级IP"

秦始皇帝陵博物院官方授权版兵马俑模型在淘宝网上架后引发了网友抢购。有人认为，这与此前故宫口红走俏有异曲同工之妙。这两种文创产品为何受欢迎，又如何能成为"现象级IP"的呢？

中国传媒大学文化发展研究院的研究人员认为，兵马俑模型及故宫口红之所以受欢迎，主要缘于兵马俑和故宫都是全球性文化品牌。消费者看中的，不仅仅是模型和口红的使用功能，更在于其蕴含的文化价值。兵马俑模型蕴含着勇士的风采、秦始皇统一中国的故事，以及崇尚统一、勇武、和谐的价值观。

文创产品如何能红火得更持久一些？这需要明确文化产品创意的限度，选择适合的促销方法。售价太高、创意太低端或制作太廉价，都会造成超级IP的价值稀释，逾越价值限度；博物馆文创产品开发，本质上是对"独一无二"作品的复制，

市场营销基础

但过度复制会产生价值流失，满足不了复制限度的要求。在明确创意限度的前提下，只要不发生实质性品牌伤害和政策性公共关系危机，这些产品在可预见的未来都会持续走红。

在设计文创产品时，一方面需要静下来，以科学的态度分析相关市场数据，精准判断每一款文创产品流行背后的因素，从而避免走弯路，并在此基础上设计新产品；另一方面须本着工匠精神，精益求精，发掘、生产和营销独一无二的形式、故事和价值观。

问题思考：文创产品的促销要注意哪些方面？

营销启示：如何满足消费者对新锐文创产品的新需求，已成为相关企业的营销新课题，要对文创产品进行成功促销，就要讲好文化故事，并合理运用高科技赋能。

二、促销组合

（一）促销组合的概念

所谓促销组合，就是指企业根据产品的特点和营销目标，综合各种影响因素，对各种促销方式的选择、编配和运用。促销组合是促销策略的前提，企业只有在促销组合的基础上才能制定相应的促销策略，因此，促销策略也被称为促销组合策略。

促销组合是一种组织促销活动的策略思路，它指导企业运用广告、人员推销、销售促进、公共关系这四种基本促销方式组合成一个策略系统，使企业的全部促销活动互相配合、协调一致，最大限度地发挥整体效果，从而顺利实现企业营销目标。

（二）促销组合的内容

如上所述，促销组合包括广告、人员推销、销售促进和公共关系。

（1）广告是指企业按照一定的预算，支付一定数额的费用，通过不同的媒体对产品进行广泛宣传，促进产品销售的传播活动。

（2）人员推销是指推销人员在一定的推销环境里，运用一定的推销技术与手段，引导潜在顾客购买某项商品或服务，以满足顾客一定的需求，实现自身推销目标的沟通协调活动过程。

（3）销售促进是指企业为刺激消费者购买，由一系列具有短期诱导性的营销方法组成的沟通活动。

(4) 公共关系是指企业通过开展公共关系活动或通过第三方在各种传播媒体上宣传企业形象，促进企业与内部员工、外部公众形成良好关系的沟通活动。

三、促销组合策略的影响因素

(一) 促销目标

促销目标是指企业从事促销活动所要达到的目的。在企业营销的不同阶段，为适应市场营销活动的不断变化，要求有不同的促销目标。无目标的促销活动得不到理想的促销效果。因此，促销组合和促销策略的制定要符合企业的促销目标；企业应根据不同的促销目标，采用不同的促销组合和促销策略。

促销组合策略的影响因素

(二) 企业实力

企业开展促销活动，不管选择什么样的促销方式，都需要支付一定的费用。资金实力是影响企业经营的十分重要的因素，企业能够用于促销活动的费用总是有限的。因此，在满足促销目标的前提下，要做到效果好而费用省。企业确定的促销预算额应该是企业有能力负担的，并且是能够适应竞争需要的。为了避免盲目性，在确定促销预算额时，除了考虑营业额的多少，还应考虑促销目标的要求、产品生命周期等其他影响促销的因素。

(三) 产品性质

不同性质的产品，购买者和购买目的不相同，因此，对不同性质的产品必须采用不同的促销组合策略。一般来说，在对消费品促销时，因市场范围广而更多地采用拉式策略，尤其以销售促进和广告促销为多；在对工业品或生产资料促销时，因购买者购买批量较大，市场相对集中，则以人员推销为主要形式。

(四) 产品生命周期

促销目标在产品生命周期的不同阶段是不同的，这决定了在产品生命周期各阶段要相应选配不同的促销组合，采用不同的促销策略，如表 7-1 所示。

表7-1 产品生命周期不同阶段促销目标重点与促销组合

产品生命周期	促销目标重点	促销组合
导入期	建立产品知名度	以各种介绍性广告、人员推销为主
成长期	提高产品知名度，树立品牌形象，增进顾客对本企业产品的购买兴趣	改变广告形式，注重宣传企业产品特色，以公共关系为辅助
成熟期	增加产品的美誉度，增进购买兴趣与偏爱	广告作用在于强调本产品与其他产品的细微差别，配合运用销售促进等方式
衰退期	维持信任、偏爱	以销售促进为主，配合运用提示性广告
整个周期	消除顾客的不满意感	发挥公共关系的作用

（五）市场条件

市场条件不同，促销组合与促销策略也有所不同。从市场范围看，若促销对象是小规模的本地市场，应以人员推销为主；而对全国甚至国际市场进行促销时，则多采用广告形式。从市场类型看，消费者市场因消费者多而分散，多数靠广告等非人员推销形式；而对用户较少、批量购买、成交额较大的生产者市场，则主要采用人员推销形式。

此外，在有竞争者的市场条件下，制定促销组合策略还应考虑竞争者的促销形式和策略，要有针对性地不断调整自己的促销组合策略，以适应竞争的需要。

四、促销组合策略的制定程序

为了成功地把企业及产品的有关信息传递给目标受众，企业需要有步骤、分阶段地进行促销活动。促销组合策略制定的程序一般包含以下六个步骤。

（一）确定目标受众

企业在开始制定促销组合策略时，就要明确目标受众是谁，如是潜在购买者还是正在使用者，是老人还是儿童，是男性还是女性，是高收入者还是低收入者。确定目标受众是促销的基础，它决定了企业传播信息时应该说什么（信息内容），怎么说（信息结构和形式），什么时间说（信息发布时间），通过什么说（传播媒体）和由谁说（信息来源）。

（二）确定沟通目标

确定沟通目标就是确定沟通所希望得到的反应。企业应明确目标受众处于购买过程的哪个阶段，并将促使目标受众进入下一个阶段作为沟通的目标。

消费者的购买过程一般包括 6 个阶段：

（1）知晓。当目标受众还不了解产品时，促销的首要任务是引起目标受众的注意并使其知晓产品。这时重复企业或产品的名称是一种简单而有效的方法。

（2）认识。当目标受众对企业或产品已经知晓但所知不多时，企业应将建立目标受众对企业或产品的清晰认识作为沟通目标。

（3）喜欢。当目标受众对企业或产品的感觉不深刻或印象不佳时，促销的目标是着重宣传企业或产品的特色和优势，使之产生好感。

（4）偏好。当目标受众已喜欢企业或产品，但没有特殊的偏好时，促销的目标是建立受众对本企业或产品的偏好，这是形成顾客忠诚的前提。这需要特别宣传企业或产品较其他同类企业或产品的优越性。

（5）确信。如果目标受众对企业或产品已经形成偏好，但这种偏好还没有转化为购买，这时促销的目标就是促使他们作出或强化购买决策，并确信这种决策是最佳决策。

（6）购买。如果目标受众已决定购买但还没有立即行动，促销的目标就是促进购买行为的实现。

（三）设计促销信息

设计促销信息需要解决四个问题：信息内容、信息结构、信息形式和信息来源。

1. 信息内容

信息内容是信息所要表达的主题，也被称为诉求。其目的是促使目标受众作出有利于企业的良好反应，一般有三种方式。

（1）理性诉求，即针对目标受众的兴趣指出产品能够产生的功能效用以及给购买者带来的利益。如洗衣粉宣传去污力强，空调宣传制冷效果好，冰箱突出保鲜功能等。一般工业品购买者对理性诉求的反应最为敏感，消费者在购买高价物品时也容易对质量、价格、性能等理性诉求作出反应。

（2）情感诉求，即通过使目标受众产生正面或负面的情感，来引导其购买行为的一种诉求方式。如使用幽默、喜爱、欢乐等情感促进购买和消费，也可使用恐惧、羞耻等负面情感的提醒来促使人们去做应该做的事（如刷牙、健康检查等）。

（3）道德诉求，即诉求于人们心目中的道德规范，促使人们分清是非，如遵守交通规则、保护环境、尊老爱幼等。这种诉求方式特别适用于企业的形象宣传和公关活动。

2. 信息结构

信息结构是指信息的逻辑安排，它主要解决三个问题：① 是否作出结论，即是由企业提出明确结论还是由受众自己作出结论；② 单面论证还是双面论证，即是只宣传产品的优点还是既说优点也说不足；③ 表达顺序，即把重要的论点放在开头还是结尾。

3. 信息形式

信息形式的选择对信息的传播效果具有至关重要的作用。如在印刷广告中，传播者必须决定标题、文案、插图、色彩以及信息的版面位置；通过广播等音频媒体传达信息时，传播者要充分考虑音质、音色和语调；通过电视等视频媒体传达信息时，传播者除了要考虑广播媒体的因素外，还必须考虑仪表、服装、手势、发型等因素；若信息经过产品及包装传达，则要特别注意包装的质地、色彩和大小等因素。

4. 信息来源

由谁来传播信息对信息的传播效果具有重要影响。如果信息传播者本身是接收者信任甚至崇拜的对象，受众就容易对信息产生注意和信赖。如请儿童教育专家推荐玩具，请牙科医生推荐牙膏，请制冷技术专家推荐冰箱等。

（四）选择信息沟通渠道

信息沟通渠道通常分为两类：人员沟通渠道与非人员沟通渠道。

1. 人员沟通渠道

人员沟通渠道是指涉及两个或两个以上的人相互间的直接沟通。人员沟通可以是当面交流，也可以通过电话、信件、短信、网络聊天等方式进行。这是一种双向沟通，能立即得到对方的反馈，并能够与沟通对象进行情感交流，沟通效率较高。对于价格昂贵、风险较大或不常购买的产品，人员沟通的影响尤为重要。

人员沟通渠道可进一步分为倡导者渠道、专家渠道和社会渠道。倡导者渠道是指由企业的销售人员在目标市场上寻找顾客；专家渠道则通过有一定专业知识和技能的人员的意见和行为影响目标顾客；社会渠道通过邻居、同事、朋友等影响目标顾客，从而形成一种口碑。值得注意的是，在市场竞争日益激烈、传统促销效果呈减弱趋势的情况下，口碑营销成为企业越来越重视的一种促销方式。

2. 非人员沟通渠道

非人员沟通渠道指不经过人员接触和交流而进行的一种信息沟通方式，是一种单向沟通方式，包括大众传播媒体、气氛和事件等。大众传播媒体面对广大受众，传播范围广；

气氛指设计良好的环境氛围，如商品陈列、POP 广告、营业场所的布置等，促使消费者产生购买欲望并导致购买行动；事件指为了吸引受众注意而制造或利用的具有一定新闻价值的活动，如新闻发布会、展销会等。

（五）制定促销预算

促销预算是企业最难做出的营销决策之一。行业之间、企业之间的促销预算差异往往比较大。据统计，在化妆品行业，促销费用可能达到销售额的 20%～50%，而在机械制造行业中仅为销售额的 10%～20%。

企业制定促销预算的方法有很多，常用的主要有以下几种。

（1）量力支出法。这是一种量力而行的预算方法，即企业以本身的支付能力为基础确定促销活动的费用。这种方法简单易行，但容易忽略促销与销售量之间的因果关系，而且由于企业每年的财务状况不同，促销预算也会经常波动。

（2）销售额百分比法。即依照销售额的一定百分比来制定促销预算。假设企业今年实现销售额 100 万元，如果将当年销售额的 10% 作为次年的促销费用，则下一年的促销费用就是 10 万元。

（3）竞争对等法。主要根据竞争者的促销费用来确定企业自身的促销预算。

（4）目标任务法。企业先确定促销目标，然后确定达到目标所要完成的任务，最后估算完成这些任务所需要的费用，这种预算方法即为目标任务法。

（六）确定促销组合

企业在确定了促销费用的预算后，面临的重要问题就是如何将促销费用合理地分配于促销组合中的四种促销方式上。四种促销方式各有优势和不足，有时既可以相互替代，又可以相互促进、相互补充。所以，许多企业都会综合运用促销组合达到既定目标。这使企业的促销活动更具有生动性和艺术性，也增加了企业设计促销组合的难度。设计促销组合时，企业要注意以下几点。

1. 了解各种促销方式的特点

各种促销方式在具体应用上都有其优势和不足，所以，了解各种促销方式的特点是选择促销方式的前提和基础。

（1）广告传播面广，形象生动，比较节省资源。但广告只能对一般消费者进行促销，针对性不足，也难以立即促成交易。

（2）人员推销能直接和目标对象沟通，建立感情，及时反馈，并可当面促成交易。但人员推销占用人员多，费用高，而且接触面比较窄。

（3）销售促进的吸引力大，容易激发消费者的购买欲望，并能促成其立即购买。但销售促进的接触面窄，效果短暂，往往不利于树立品牌。

（4）公共关系的影响面广，信任度高，对提高企业的知名度和美誉度具有重要作用。但公共关系花费较高，促销效果难以控制。

2. 充分考虑影响促销组合的因素

企业的促销组合受到以下多方面因素的影响。

（1）产品的类型。按照促销效果由高到低的顺序，消费品企业的促销方式依次为广告、销售促进、人员推销和公共关系；产业用品企业的促销方式则依次为人员推销、销售促进、广告和公共关系。

（2）促销总策略。企业的促销总策略有推动策略和拉引策略之分。推动策略是指企业把产品由生产者"推"到批发商，再由批发商"推"到零售商，最后由零售商"推"到消费者。显然，企业采取推动策略时，人员推销的作用最大。拉引策略以最终消费者为主要促销对象，企业首先设法引起消费者对产品的需求和兴趣，从而使消费者对中间商产生购买需求，而中间商受利润驱动向生产企业进货。可见，企业采用拉引策略时，广告是最重要的促销手段。

（3）购买者所处的阶段。消费者的购买过程一般分为知晓、认识、喜欢、偏好、确信和购买6个阶段。在知晓阶段，广告和公共关系的作用较大；在认识和喜欢阶段，广告作用较大，其次是人员推销和公共关系；在偏好和确信阶段，人员推销和公共关系的作用较大，广告次之；在购买阶段，人员推销和销售促进的作用最大，广告和公共关系的作用相对较小。

（4）产品所处的生命周期阶段。产品所处的生命周期阶段不同，促销的重点不同，所采用的促销方式也就不同，具体方式可见前表7-1，也可根据实际情况灵活调整。

（5）促销费用。四种促销方式的费用各不相同。一般来说，广告宣传的费用最高，人员推销次之，销售促进花费较少，公共关系的费用最少。企业在选择促销方式时，要综合考虑促销目标、各种促销方式的适应性和企业的资金状况等因素进行合理选择，以符合经济效益最大化原则。

❖ 学习实践

手 机 促 销

请以小组为单位，搜寻生活中所接触的手机产品，选定某个品牌，就其促销组合中的广告、人员推销、销售促进、公共关系策略进行分析，并完成表7-2。

表 7-2　手 机 促 销

手机品牌：

促销方式	促销策略	营销亮点
广告	例：充电5分钟通话2小时	另辟蹊径，找准痛点
人员推销		
销售促进		
公共关系		

第二节　广告策略

一、广告的概念

"广告"二字，从中文字面上理解是"广而告之"，不仅现代企业促销要"打广告"，古代商家的广告方法也有很多。早在先秦时期，就已出现了敲锣、打鼓、摇铃等用器物发声的"声响广告"。但最简单、最普遍的方式是"吆喝"，通称"叫卖"，又叫"市声"。在今天的商品市场上，仍能听到"看一看，瞧一瞧""走过路过，不要错过"的叫卖声。宋代商人最善于推销商品，其叫卖声十分有特点。在《东京梦华录》中便有记载："更有御街州桥……卖药及饮食者，吟叫百端。"

商业广告作为商品经济发展的产物，是指广告客户以付费的方式，有计划地借助大众传播媒体向选定的目标市场传递特定的商品、服务或观点的信息，以期影响目标顾客行动的信息传播活动。

作为信息的载体，广告在传递商品信息方面起着重要的作用。首先，在引导大众消费方面，广告能够正确地引领消费，帮助消费者树立正确的消费观念。随着人们物质生活水平和精神文化生活水平的提高，消费者已逐渐形成品牌意识，他们更倾向于选择可信赖的品牌。例如，通过大众传媒的推广，海尔集团"真诚到永远"的品牌形象已深入千家万户，这使海尔成为人们心目中可信赖的国产品牌。其次，在激发需求方面，广告显示出强大的威力。例如，"喝了娃哈哈，吃饭就是香"这句简单的广告语一度使许多母亲选择了娃哈哈产品，而杭州娃哈哈集团更是凭借此广告使旗下产品畅销大江南北。

商业谚语

一声叫卖，
十里客来。

所以，广告会影响消费者对企业和产品的态度，提高企业和产品的知名度，进而提高企业的市场竞争力，为企业开拓和占领市场创造有利条件。

二、广告媒体

广告媒体种类繁多，不同的广告媒体具有不同的特点和作用，企业要根据产品、市场的特点和自身的条件及需要，有计划地选择合适的广告媒体，以达到预期的广告效果。

（一）报纸媒体

报纸媒体是传统的四大媒体之一，曾是我国主要的广告载体。报纸媒体的优势有：覆盖面宽，读者稳定，传递灵活迅速，新闻性、可读性、知识性、指导性和纪录性"五性"显著，便于保存，可以多次传播信息，制作成本低廉等。其局限则是：广告版面不可能居突出地位，广告有效时间短，日报广告只有一天甚至半天的生命力，设计、制作较为简单粗糙，照片、图画运用少，大多只用不同的字体编排，四周加上花线。

（二）杂志媒体

在杂志的封面、封底、内页、插页等位置刊登广告也很常见。杂志媒体的优势有：阅读有效时间长，便于长期保存，内容专业性较强，有独特的、固定的读者群体，如妇女杂志、体育杂志等，有利于企业有的放矢地刊登相对应的商品广告。其局限有：周期较长，不利于快速传播，由于截稿日期比报纸早，杂志广告的时效性不够鲜明。

（三）广播媒体

广播媒体是指利用无线电或有线广播播送广告的媒体。其优势有：传收同步，听众容易收听到最快、最新的商品信息，重播频率高，收听对象范围广，传播速度快，空间大，广告制作费用低。其局限性有：只有信息的听觉刺激而没有视觉刺激，而且广播广告的频段、频道相对不太固定，需要经常调整，这妨碍了企业相关信息的传播。

（四）电视媒体

电视媒体是指以电视机为终端的大众媒体。其优势有：覆盖面广、收视率高，直观、生动、形象，感染力和娱乐性强，宣传效果好，方便重复使用，可信度高。其局限有：制作成本高，收费高，播放时间短等。

（五）网络媒体

作为一种新兴的广告媒体，网络媒体的优势有：覆盖地域广，不受时间、空间限制，费用相对较低，内容更换容易。其局限性表现在：广告对象缺乏选择性，目标不明确，对网络以外人群不能完全覆盖等。

（六）数字媒体

数字媒体即数字传媒技术互相融合的广告媒体，其优势有：消费者接受程度高，形式新颖、图文并茂，呈现效果较好，更换费用低。但其也有局限性，主要是目标人群不确定。例如，智能橱窗新媒体利用橱窗广告作为连接消费者的窗口，为广告主打造智能云端操控台，支持远程控制广告设备，多点或单点自由设定播放；通过线下橱窗智能投放品牌广告，树立品牌形象，吸引消费者到线上平台消费，从而使消费者和商家之间的互动更紧密。

三、广告策略的制定程序

广告策略的制定程序主要分为确定目标、确定预算、确定内容、确定媒体和效果评定等步骤。

（一）确定目标

广告的目标一般分为销售效果目标和传播效果目标。销售效果目标主要是指广告为实现产品销售所要达到的程度，以销售利润和市场份额作为主要考核对象。传播效果目标则是指企业和消费者的沟通程度，即评估有多少消费者注意、知晓广告的信息内容。

（二）确定预算

因为企业做商业广告是一种付费宣传，所以必须围绕营销目标确定预算，控制成本。如果广告预算不足，可能就达不到宣传的效果；反之，则会造成浪费。所以企业在确定广告的预算时，必须非常谨慎。

（三）确定内容

广告的内容指的是广告传递的信息，确定内容主要包括要传递什么样的信息和要怎样传递信息（要有什么样的创意）。不同企业的广告应该有不同的个性与风格，广告要脱颖而出，引起目标受众的关注，取得良好的广告效果，就必须事先确定好广告的内容。

（四）确定媒体

媒体是企业和消费者之间进行沟通的媒介。企业选择哪种媒体作为宣传工具，需要考虑媒体的形式与产品的特点（如是大众化产品还是专业产品）是否相适应，还要考虑媒体的费用是否符合预算，另外还要考虑当地的法律法规和文化习俗、目标受众的媒体接触习惯等。

（五）效果评定

广告的效果评定一方面是为了衡量广告的客观结果，另一方面是为后续的广告活动提供参考。

❀ 营销新视界

好 客 山 东

当前，我国旅游业已经进入品牌化发展阶段。旅游品牌的营销推广成为区域旅游发展的重要内容，各级政府部门逐渐开始重视旅游品牌对当地旅游业综合竞争力的提升作用。一些旅游大省纷纷推出富有创造性和传播性的旅游口号，打造区域旅游品牌形象，如"多彩云南""神奇宁夏""激情重庆"等。因此，如何树立准确的旅游形象，提炼响亮的旅游口号，以及如何在市场上达到良好的传播效果，成为省级旅游品牌在推广中的重要问题。

近年来，山东省为了更好地展示"文化圣地，度假天堂"的旅游目的地形象，将"好客山东"作为旅游主题口号，借助中央、省、市各级媒体向全国进行推广，引起强烈反响。《好客山东》旅游形象广告宣传片在"新中国60周年中国城市形象片大赛"中荣获金奖，为山东省的省级旅游品牌推广发挥了重要作用。

问题思考：上网查找并观看《好客山东》旅游形象广告宣传片，体会广告宣传的作用。

第三节　人员推销策略

一、人员推销的概念

人员推销是指推销人员在一定的推销环境里，运用一定的推销技术与手段引导潜在顾客购买某项商品或服务，以满足顾客一定的需求，实现自身推销目标的沟通活动过程。简单地说，就是推销人员通过帮助和说服等手段促使顾客采取购买行为的活动过程。人员推销主要有三种基本形式：上门推销、柜台推销和会议推销。

二、人员推销的特点

与其他促销方式相比，人员推销有其自身的优势，也有其局限性。

（一）注重人际关系，有利于加强买卖双方的联系

在推销活动过程中，满足顾客需求是保证销售任务达成的关键。因此，推销人员会在许多方面为顾客提供服务，帮助他们解决问题，争取顾客信任。同时，在双方面对面的洽谈过程中，可适当谈及工作、生活等买卖以外的话题，从而使推销人员更容易接近和取悦顾客，进而与顾客形成良好的友谊，为企业建立长期稳定的贸易关系。

（二）机动灵活

推销人员与顾客当面洽谈，双向沟通，可以及时观察到顾客对推销活动的反应和态度，从而采用或改善相应的推销策略。

（三）针对性强，成功率高

与广告相比，人员推销的针对性更强，无效劳动更少。广告虽然能激发购买欲望，却不能实现立即销售，而人员推销带有一定的倾向性，目标较为明确，顾客会倾听推销人员的宣传并立即做出反应，成交机会大。

（四）有利于企业提高决策水平

推销人员是推销工作第一线的"战士"，直接与顾客打交道，因而能收集到及时可靠的市场信息，为企业的营销决策提供具有针对性的意见和建议。

（五）推销面窄，推销费用高

由于人员推销受人数和人员素质的限制，其活动范围有限，接触顾客的范围远不如广告广泛。同时，人员推销耗费时间多，支出费用大，并且优秀的推销人员非常难得。

三、人员推销的步骤

一般来说，完整的人员推销活动包括以下几个步骤：寻找顾客、洽谈准备、接近顾客、推销面谈、处理异议、达成交易和跟踪服务。

（一）寻找顾客

寻找顾客是人员推销过程的首要环节，也是最基础的一步。由于推销是面向特定的顾客进行，推销人员必须先确定自己的潜在顾客，然后再开展实际推销工作。寻找顾客实际上包含了两层含义：① 根据推销产品的特点，提出有可能成为潜在顾客的基本条件，即框定推销品的顾客群体范围、类型及推销的重点区域。② 通过各种线索和渠道，寻找符合这些基本条件的顾客。所以，推销人员要善于挖掘与识别不同的潜在顾客并采取应对措施，提高人员推销的成功率。

（二）洽谈准备

推销洽谈前的准备工作主要包括掌握有关信息、确定洽谈目标、拟定洽谈方案等。洽谈前的准备工作做得是否充分是决定洽谈成败的关键。准备工作做得越充分，洽谈时就越能处于主动地位，否则，仓促上阵往往只会使自己陷于被动状态，难以取得好的洽谈效果。

（三）接近顾客

接近顾客是指推销人员为进行推销洽谈而与目标顾客进行的初步接触。能否成功地接近顾客，直接关系到整个推销工作的成败。在这个过程中，为争取主动，使顾客有继续谈下去的热情和信心，推销人员还要掌握一定的方法和技巧，如注重礼仪、稳重自信、不卑不亢，能选好话题并把握其心理活动，积极引导、启发、刺激目标顾客的注意和兴趣等。

（四）推销面谈

推销面谈是指推销人员运用各种技巧和方法说服顾客购买的过程，是整个推销活动中的关键环节，其目的在于向顾客传递有关商品及企业经营服务方面的信息，诱发顾客的购买动机，激发顾客的购买欲望，说服顾客采取购买行动。在推销面谈过程中，要保证服务态度的热情，不要只聚焦在产品或企业介绍方面。

（五）处理异议

异议是指顾客对推销人员或其推销的产品、推销活动所做出的怀疑、否定或持反面意见的反应。常见的异议有需求异议、产品异议、价格异议、权力异议、信用异议、财力异议、服务异议等。首先，推销人员必须认真分析顾客异议的类型及根源；然后，有针对性地加以处理。处理顾客异议的常用方法有直接否定法、迂回否定法、转化处理法、询问处理法、预防处理法等。

（六）达成交易

达成交易是指顾客接受推销人员的建议，做出购买决定和行动的过程。在买卖双方的洽谈过程中，当顾客产生较强的购买欲望时，会通过语言信息或非语言信息表露出购买的意向。推销人员要善于捕捉这些信息，抓住时机，促成交易。达成交易的主要方法有优点汇集法、假定法、优惠法和保证法等。

（七）跟踪服务

达成交易并不意味着整个推销活动的结束，推销人员还必须为顾客提供各种售后服务，如安装、维修、退换货等，以消除顾客的后顾之忧，树立良好信誉。因此，跟踪服务既是人员推销的最后一个环节，也是新一轮工作的起点，它能加深顾客对企业和产品的信赖，促成重复购买。同时，通过跟踪服务可以获得各种反馈信息，从而积累经验并为企业营销决策提供参考。

直播带货助丰收

2021年9月23日，河南省三门峡市在卢氏县官道口镇果岭村举行了以"庆丰收、感党恩，开新局、促振兴"为主题的"农民丰收节"启动仪式。

在丰收节期间，主办方举办了"金秋消费季"农特产品展销活动。卢氏县19个乡镇分别设置了自己的特色农产品展销区，集合优质农产品，展示丰收成果，共享丰收喜悦。"我为卢氏代言"是新增的直播带货活动，为卢氏县特色农产品销售打开了一条新路子。

在直播带货区，21个直播团队展开了激烈角逐。一盏盏明亮的补光灯、琳琅满目的商品、此起彼伏的推介声，奏响了一曲新时代助力农民增收的动人乐章。直播带货打通了卢氏县特色农业产业链终端销售环节的"最后一公里"。据统计，展销期间，21家直播团队共收获了2 000多个网络订单，销售额达30余万元。

问题思考： 直播带货相对于传统的人员推销而言，有哪些优势？

营销启示： 直播带货为农产品销售拓展了新路径，以诚信为本则是直播带货行稳致远的根本保证。

第四节　销售促进策略

一、销售促进的概念和特点

销售促进又称营业推广，是指除广告、人员推销和公共关系之外，能有效地刺激消费者购买、提高促销效率的活动。销售促进是对购买者刺激强度大，能迅速见效的各种鼓励性措施。同广告、人员推销及公共关系相比，销售促进具有以下显著特点。

销售促进的
特点

（一）针对性强，方式灵活多样

销售促进直接针对消费者或中间商实施，它通过激励条件调动有关人员的积极性，可以立即促成交易行为。

（二）非正规性和非经常性

销售促进是促销组合中其他促销方式的补充措施，任何企业都不能仅靠销售促进生存，它只具有暂时而特殊的促销作用，因此是非正规性和非经常性的促销活动。

（三）攻势过强，易引起客户反感

销售促进活动总是伴随着各种优惠条件和强大的宣传攻势，这虽然有利于企业尽快销售产品，获得短期经济效益，但攻势过强时容易使客户产生逆反心理，误认为企业急于推销的产品在质量、价格等方面存在问题，从而有损产品和企业的形象。因此，企业进行销售促进时要注意选择恰当的方式与时机，尽量避免对同一产品频繁使用同一策略。

二、销售促进的方式

企业应根据不同的对象采取不同的销售促进方式。

（一）针对消费者的销售促进

针对消费者，企业通常采用竞赛、游戏、兑奖、赠品、示范表演、现金折扣、商品搭配、特价包装、开办分期付款业务等方法刺激人们采取购买行为。

（二）针对经销商的销售促进

针对经销商，企业通常采用合作广告、销售会议、销售提成、竞赛等方法，以鼓励中间商积极分销产品。

（三）针对业务人员的销售促进

针对业务人员，企业通常利用分红奖金、销售竞赛、企业培训等手段提高他们的销售积极性。

唯品会遇到"国潮"：1+1＞2？

在国货品牌崛起的过程中，唯品会等电商平台抓住机遇，与品牌一同实现新增长。

"国潮"的崛起离不开线上消费习惯。新冠疫情发生以来，各大消费品类的线上化趋势都愈发显著，国货品牌尤其如此。艾媒咨询发布的《2020—2021年中国国潮经济发展专题研究报告》显示，62.0%的受调查消费者表示喜欢在电商平台购买国货品牌。经过长期的市场培育，网民电商消费习惯形成，国货品牌也更多借力电商渠道的流量优势触达消费者。

对国货品牌而言，有海量用户基础和强大运营能力的电商平台能帮助其有效扩大用户群体。唯品会作为很早便与国货品牌建立深度合作的平台，用户数量一直保持稳步增长。根据唯品会2021年第二季度的财务报告，其总活跃用户数达5 110万人，同比增长32%，其中超级VIP付费会员规模同比增长近50%。

"特卖"这一销售促进策略帮助唯品会聚焦国货，实现业务大幅增长。借着2021年国家出台全民健身计划令消费者对体育用品类热情高涨，唯品会与多个运动品牌、国潮品牌开展了一系列深度合作，取得了十分亮眼的业绩。根据唯品会平台大数据，其冲浪/潜水装备、潜水服、综训鞋等品类的销售额同比增幅均超过1 000%；游泳圈、足球用品等夏日热门运动项目商品的销售额分别同比增长622%和620%；健身器材配件与跳绳品类的销售额分别同比增长496%和469%。其中，国潮品牌的表现尤其突出。2021年东京奥运会期间，鸿星尔克成为运动品类销售最佳品牌，贵人鸟品牌销售额同比增长约16倍，进入运动品类销售额前五；老字号运动品牌回力销售额增长近10倍，双星销售额增长约2.5倍。

问题思考：唯品会是如何实施国货品牌的销售促进策略的？

营销启示：唯品会选择了以"特卖"为核心的销售促进策略，巧妙借势，平衡"物美"与"价廉"的关系，实现业绩上的突破。

三、销售促进的管理

销售促进的管理主要包括以下内容。

（一）销售促进规模

企业在制定销售促进方案时，要先确定销售促进的规模。销售促进规模的大小必须结合目标市场的实际情况，并根据销售促进产生的收入与销售促进费用之间的效应关系来确定。

（二）销售促进对象

销售促进对象可以是目标市场中的全部受众，也可以是其中的一部分，企业应该明确刺激哪些受众才能最有效地扩大销售。一般来说，应选择现实的或潜在的长期用户作为销售促进对象。

（三）销售促进方式

企业要选取最有效的销售促进方式来实现销售促进目标。由于每一种销售促进方式对中间商或用户的影响程度不同，费用大小也不同，必须选择既能节约销售促进费用，又能收到预期效果的销售促进方式。

（四）销售促进期限

销售促进的时间要适当，期限不应过短或过长。过短，会造成有希望成交的购买者未能及时接受销售促进的好处；过长，则会使销售促进对象对某种产品产生不好的印象，激发不起其购买的积极性，导致销售促进费用高而效益小。

（五）销售促进预算

这是制定销售促进方案应考虑的重要因素。销售促进费用包括管理费用和刺激费用。确定销售促进预算时有两种常用方法：一是先确定销售促进的方式，然后再预算其总费用；二是在一定时期的促销总预算中拨出一定比例的费用用于销售促进，这种方法比较常用。

企业应为每一种销售促进方式确定具体实施计划。在实施前应进行测试，以确认所选定的方案是否恰当。

（六）销售促进的实施与评价

企业在具体实施销售促进的过程中应把握两个时间因素：一是实施之前所需要的准备时间；二是从销售促进正式开始至结束的时间。销售促进的实践经验表明，从销售促进正式开始到大约 95% 的产品经销售促进售毕为止的时间为最佳期限。当然，销售促进开展过程中的控制管理也是十分重要的。

评价销售促进效果也是销售促进管理的重要内容。准确的评价有利于企业总结经验教训，为今后销售促进决策提供依据。常用的销售促进评价方法有两种：一是阶段比较法，即对销售促进前、中、后期的销售额、市场占有率进行比较，从中分析销售促进产生的效果，这是普遍采用的一种方法。二是跟踪调查法，即在销售促进结束后，了解有多少参与者能知道此次销售促进活动，对其看法如何，有多少参与者受益，以及此次销售促进对参与者今后购买决策的影响程度等。

第五节　公共关系策略

公共关系是一个企业运用各种传播手段协调和改善自身的环境和舆论氛围的过程。通过公共关系可以帮助企业树立和维护良好的社会形象，也可以帮助企业实现新顾客的开拓和老顾客的维系，为企业赢得更多的发展机会。因此，作为企业促销组合策略中的一个重要手段，公共关系已越来越受到人们的重视。

一、公共关系的要素

公共关系是通过企业、公众及传播三者之间的相互作用来实现的，而这三者也正是公共关系的构成要素。

（一）公共关系的主体——企业

在市场营销活动中，公共关系的主体是指公共关系活动的发起者和承担者，即企业。每个企业都是环境的产物，为了自身的生存与发展，它必须设法建立与环境的和谐关系。

（二）公共关系的客体——公众

公共关系的客体，是指公共关系活动的对象，即企业内外部的有关公众。公众是指与企业直接或间接相关的个人、群体和组织，公众对该企业目标的实现具有实际的或潜在的制约力或影响力。一个企业所面对的公众是复杂、多样的，不同的公众有不同的权益要求，而同类公众又有不同的个性要求。所以，对企业来说，要因时、因地、因人而异地灵活开展公共关系活动。

（三）公共关系的媒介——传播

传播是连接公共关系主客体的中介，是桥梁。而信息反馈的介入使公共关系过程具有双向性，只有主客体双方都参与了传播过程，才称得上是完整的公共关系过程。

二、公共关系的功能

公共关系主要有以下几种功能。

（一）凝聚功能

公共关系的宗旨是"内求团结，外求发展"。公共关系的凝聚功能是对企业内部而言的，企业可通过公共关系这一管理手段，使员工对企业有归属感，对产品有信任感，对自己有自豪感，这样才能充分调动员工对生产和管理的积极性，激发员工的潜能。

（二）监测功能

公共关系的监测功能是指企业通过对信息的采集、处理和反馈，来对公共关系状态做出监测和预测。它是控制企业正常运行、防止偏差的一种机能，这种监测功能也包括对企业营销部门工作的监测。

（三）调节功能

公共关系人员的重任之一就是协调企业的各种内外部关系，这就是调节功能。尤其就企业外部来说，要积极争取公众对企业的理解、信任和谅解。一旦出现矛盾与纠纷，就要设法控制局面，消除不良后果，尽力降低矛盾与纠纷对企业造成的危害。

（四）应变功能

企业不可能始终准确地预测所有情况的发生，因此，应变能力对企业而言非常重要。当一个意外事件发生致使企业形象受损时，公共关系部门就要尽力弥补，挽回和捍卫企业的形象，这就是公共关系的应变功能。

三、公共关系活动的基本流程

公共关系活动的基本流程可以分解为以下几个步骤。

（一）设定公共关系目标

公共关系活动的第一项任务是设定明确的公共关系目标。企业应该通过公共关系调研，了解企业公共关系形象存在的问题，以此确定公共关系活动的目标。这些目标需要被转换成明确的目的，从而使其在公共关系管理的评估工作中能成为评价的标准。

（二）确定公共关系活动方案

根据公共关系目标，公共关系人员应确定企业或产品是否有任何重大的新闻可供报道，即选择公共关系的信息与工具。例如，有一个不太著名的企业想增进社会大众对它的了解，公共关系人员就应从各个方面来寻找可供宣传的故事，并选择有效的传播途径和手段，制定公共关系活动方案。

（三）执行公共关系方案

开展公共关系活动时必须非常细心和谨慎，要设法让公共关系新闻故事刊登在媒体上以扩大公共关系效果。重大新闻很容易被刊登出来，但是大多数故事并非那么有分量，并不一定被采用。所以，公共关系人员需要加强与媒体人士之间的日常沟通，并建立良好的关系。

（四）评估公共关系活动的成果

评估公共关系活动的成果所使用的方法通常有目标管理法、个人观察法、舆论调查法、内部外部监察法、新闻调查法等。

公共关系是通过树立企业和产品的良好形象来实现促销目标的，所以，其效果是间接的、长期的。为此，企业的公共关系工作应该是系统而持续的。

⬡ 华商风采

同仁堂的"平安药"与"沟灯"

有350余年历史的同仁堂是中国最古老的企业之一，它传世的不仅是"炮制虽繁必不敢省人工，品味虽贵必不敢减物力"的堂训，还有各种公共关系活动，值得今天的企业借鉴。

在清朝时每逢会试，全国各地的举人都会齐聚北京城。其时正逢夏季，暑热难熬。据传，举人们到京后，同仁堂药店会给大家送来"平安药"解暑。大家在惊喜之余不免有些担忧：因为久闻同仁堂的盛名，更知道该店是给宫廷供药的名店，所以这"平安药"价格肯定不便宜。但送药的同仁堂大掌柜却说："这是我们同仁堂送给各位举人的，分文不取，只祝各位金榜高中。"这一善举赢得了大家的交口称赞。

那时候北京城里经常挖沟，人们发现，每当夜幕降临时，在开沟的地方，都有写着"同仁堂"三个大字的灯笼悬挂照明，以防行人不小心掉进沟里。京城百姓管这种灯笼叫作"沟灯"。那时候的夜行者，大多是为谋生而奔波的贫苦百姓，如小贩、挑夫等，也有到处乞讨的穷人。同仁堂的这一善举，使这些人大大受益，也收获了百姓的称赞和信任。

同仁堂药店还曾有冬天设粥场救济饥民和办义学、舍药等善举。这些举动加上其产品货真价实，使得同仁堂美名远播。

问题思考：同仁堂的善举对其产品销售有哪些影响？

营销启示：古人云"与人为善，于己为善"，得人心者得市场，可以说，百年老字号长盛不衰的原因之一在于其良好的公益心，在于其以义制利的公共关系活动。

商业谚语
口碑载道，
销售走俏。

如今，企业在促销组合策略的设计上越来越多样化。特别是在当前信息爆炸的环境中，为了引起顾客注意，使其产生消费兴趣和购买欲望，促销方式更需要在新媒体的技术支持下不断更新。但无论促销方式如何变化，企业和产品的口碑始终是能够对目标顾客产生巨大影响的重要营销因素。

课后实践

◈ 基础知识练习

一、单选题

1. 最适合在消费者市场上采取的促销方式是（　　）。

   A. 广告　　　　　　B. 公共关系　　　　C. 人员推销　　　　D. 销售促进

2. 最适合在生产者市场上采取的促销方式是（　　）。

   A. 广告　　　　　　B. 公共关系　　　　C. 人员推销　　　　D. 销售促进

3. 在建立购买者知晓方面，效率最高的促销工具是（　　）。

   A. 广告　　　　　　B. 销售促进　　　　C. 人员推销　　　　D. 公共关系

4. 专业性强又复杂的商品采用最多的促销方式是（　　）。

   A. 广告　　　　　　B. 人员推销　　　　C. 公共关系　　　　D. 销售促进

5. 能引人注意、送达率高，但成本大、转瞬即逝的广告媒体是（　　）。

   A. 杂志媒体　　　　B. 报纸媒体　　　　C. 广播媒体　　　　D. 电视媒体

二、多选题

1. 人员推销作为一种促销方式，其优点有（　　　　）。

   A. 沟通信息直接　　　　　　　　　B. 及时反馈

   C. 可当面促成交易　　　　　　　　D. 节省人力

2. 促销组合就是将（　　　　）等促销方式进行组合的策略。

   A. 广告　　　　　　　　　　　　　B. 公共关系

   C. 人员推销　　　　　　　　　　　D. 销售促进

3. 产品生命周期一般分为四个阶段，处于不同阶段的产品，促销的重点目标不同，所采用的促销方式也有所区别，处于成长期的产品可采用（　　　　）的促销策略。

   A. 广告　　　　　　B. 公共关系　　　　C. 人员推销　　　　D. 销售促进

4. 以下销售促进方式中适合推销业务人员的有（　　　　）。

   A. 销售竞赛　　　　B. 分期付款　　　　C. 企业培训　　　　D. 分红奖金

5. 公共关系作为一种促销方式，其主要功能包括（　　　　）。

   A. 凝聚功能　　　　　　　　　　　B. 调节功能

   C. 监测功能　　　　　　　　　　　D. 应变功能

"馅饼"还是"陷阱"？

广州市民余先生在逛街时，看到一商场正在搞促销打折活动。他在商场看中了一件标明原价为 498 元的夹克，因打五折，只要 249 元。余先生觉得衣服很合身，而且挺实惠，立即买了一件。回到家后在网上一查，才发现衣服的原价就是商场打折后的价格，这样打折的方式，让他感到上当受骗了。

业内人士提醒，要警惕商品价格的实价虚标或明降暗升。例如，有的商家会在节假日期间抬高商品标价，然后打五折甚至一折售卖，消费者以为得到实惠，其实折扣价格并不比平常价格低。广州市消费者委员会表示，要冷静面对打折促销的活动，因为天上不会掉"馅饼"。消费者要理智参与商家的促销活动，不要一味追求价格折扣，要考虑促销商品是否符合自己需要，避免受到促销误导而冲动购物，特别是做出超出自己消费能力和实际消费需要的购买行为。

案例分析：

（1）如果你是案例中的余先生，应该怎么做？

（2）通过设计促销陷阱吸引顾客消费会对企业造成哪些危害？

1. 实训目标

通过实训，使学生能够应用促销相关知识，基于广告、人员推销、销售促进、公共关系各自的促销特点进行组合，提出与产品特点和营销目标相匹配的促销方案，并引导学生以正确的价值观自省并完善促销策略报告。

2. 背景资料

2022 年 6 月，东方甄选直播间里同时在线的观众首次突破 40 万人。成千上万的网友涌进东方甄选的直播间，看主播如何"双语带货"并下单支持。据专业直播数据分析平台统计，东方甄选直播间连续数天成交额都超过 3 000 万元。

但随着东方甄选的出圈，争议也随之而至。有网友晒出了收到的已经发霉长毛的生鲜商品，也有媒体质疑其售价 6 元一根的玉米成本太低。

与此同时，新东方在线的股价也好似坐过山车，从 3 港元冲到 33 港元后，又回落至 17 港元。市场也在争论：新东方在线转型直播助农的营销新道路，到底能不能走得通？

3. 实训步骤

（1）分组协作，找出东方甄选爆红的关键点。

（2）小组讨论东方甄选的促销组合方案，从为消费者提供长期优质的购物和消费体验出发，设计促销方案。

（3）利用如图 7-1 所示的市场营销促销策略伦理检验模型，检验制定的促销方案是否符合营销伦理要求。

```
                    促销策略

           该策略合法吗？
           • 是否遵守国家的法律？        否 → 否决
           • 是否符合本公司的规定？
                    ↓ 是

           兼顾了短期利益和长远利益吗？
           • 未夸大产品功效或隐瞒产品缺陷的信息？
           • 未诋毁同行业竞争对手？          否 → 否决
           • 未诱导消费者购买不需要也不想买的产品？
                    ↓ 是

           自我感觉如何？
           • 我们的促销策略是否能让我感到骄傲？   否 → 否决
           • 这样的促销活动是否能让我们有收获和成就感吗？
                    ↓ 是

                    接受
```

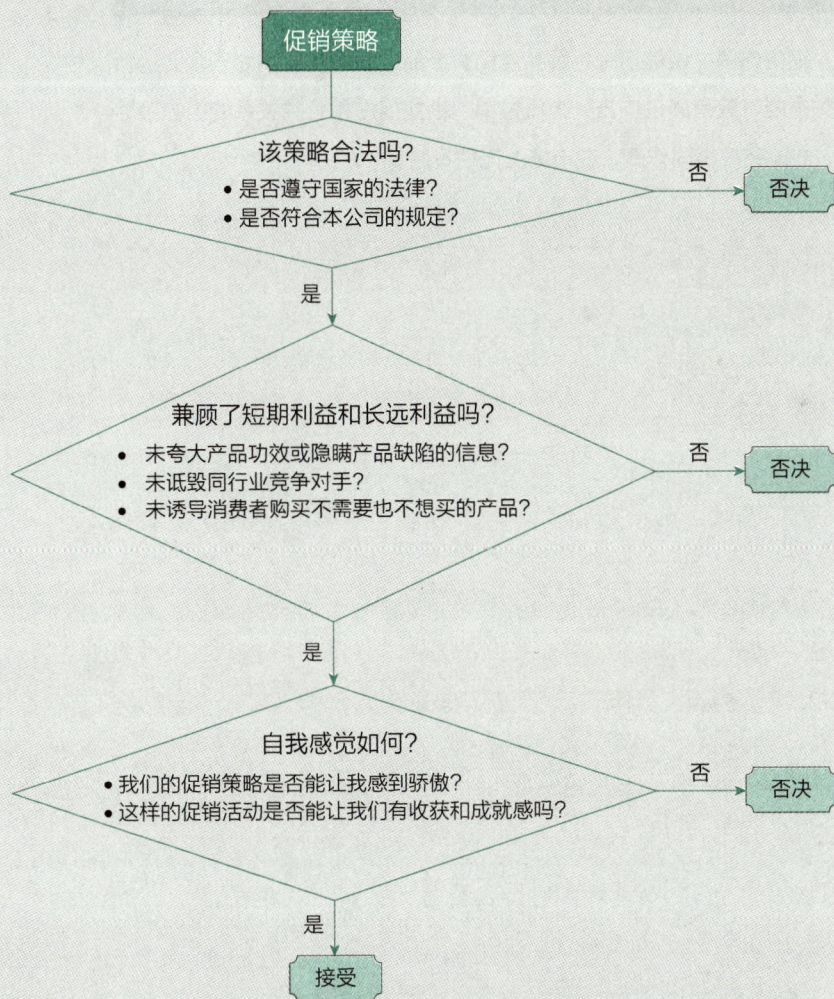

图 7-1　市场营销促销策略伦理检验模型

（4）根据检验结果，优化促销方案。

（5）探究数字化背景下农产品上行的发展趋势。

4. 实训成果

（1）东方甄选促销策略报告。

（2）市场营销促销策略伦理检验清单。

（3）数字化背景下的农产品上行趋势分析报告。

◈ **画龙点睛**

　　口碑载道，销售走俏；诚信招牌，顾客盈门。产品或服务的促销对于企业的营销策略而言至关重要，只有通过广告、人员推销、销售促进和公共关系的组合策略实现整合营销，方能完成协同作战，在市场上无往不胜。

营销管理 持筹握算

第 八 章

学习目标

知识目标

- 了解市场营销计划的内涵与内容
- 熟悉市场营销组织的类型和市场营销活动人员配置的流程
- 掌握市场营销活动效果评价的方法
- 了解市场营销控制的类型与方法
- 熟悉市场营销审计的基本内容

技能目标

- 能够编制市场营销计划并有效执行
- 能够辨析不同市场营销组织类型的特点
- 能够精准把握市场营销控制的原则，正确评价市场营销活动效果
- 能够制订市场营销审计计划

素养目标

- 深刻理解中华传统商业文化——持筹握算的精髓
- 培养科学、理性、严谨的工作态度，以及团队协作意识
- 养成勇于担当社会责任的良好品质，践行爱国、敬业、诚信的社会主义核心价值观

思维导图

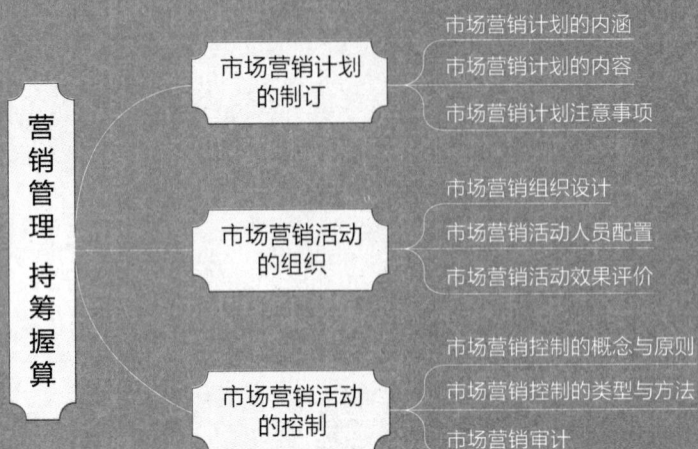

营销管理 持筹握算

市场营销计划的制订
- 市场营销计划的内涵
- 市场营销计划的内容
- 市场营销计划注意事项

市场营销活动的组织
- 市场营销组织设计
- 市场营销活动人员配置
- 市场营销活动效果评价

市场营销活动的控制
- 市场营销控制的概念与原则
- 市场营销控制的类型与方法
- 市场营销审计

学习计划

- 知识学习计划

_____
_____
_____

- 技能训练计划

_____
_____
_____

- 素养提升计划

_____
_____
_____

京东的"刀锋利润"

2022 年央视春晚期间，京东一共发出了 15 亿元的红包，是历年春晚红包的最大手笔。春晚期间的累计互动次数达到 691 亿次，不仅带来了大量新增用户，也使京东在整个春节期间的成交额同比增长 50% 以上。在这些亮眼的数据背后，京东经历了一次严苛的大考。

（1）时间紧：从京东拿到春晚红包赞助权（1 月 3 日）到春晚（1 月 31 日）只有 27 天，与往年的赞助商相比，留给京东的时间是最短的。

（2）任务重：春晚期间最高可能有 6 亿人来抢红包。6 亿人是什么概念呢？京东一年的活跃用户数是 5.7 亿，相当于比一年活跃用户总数还多的人会在春晚 4 个小时之内全部涌进 App。这个流量也相当于京东"6·18 购物节"当天流量的 6 倍。

（3）强度大：据京东云团队估算，他们至少需要在原有 2.5 万台服务器的基础上，再新增 1.5 万台服务器，才能应对春晚流量高峰。但是春节期间服务器供应商面临"芯片荒"，根本没有办法解决这个难题。

面对春节流量大潮与数据处理难题，京东团队采取创新策略方案："七借七还、极限腾挪"。具体做法是：春晚发七次红包，在每次抢红包洪峰的几分钟内先借算力，然后马上还回去，下次发红包时再借。这就要求京东 1.5 万台服务器共计 100 万颗的 CPU（中央处理器）要借助京东云之前研发的"云舰"系统，在两分钟之内切换工作内容，而且每颗 CPU 上的计算要平稳顺滑，不能抖动；同时还要"提前预埋"，即通过遍布全国各地的小机房提前做好红包静态数据。

努力得到回报，京东并没有在服务器上花费巨额的投入，而是通过精准计划编制、优质标准服务和聚焦效能增高，以"抠门"的方式圆满完成了春晚红包营销的重要任务。而"抠门"的背后是京东一直强调的"刀锋利润"：用低廉的成本，提供稳定的服务。

问题思考： 京东的春晚红包营销计划制订与实施有什么特点？其目的是什么？

营销启示： 缜密的方案、有效的实施与监控，才能保证营销活动取得预期效果。

市场营销计划的制订、市场营销活动的组织与控制是市场营销管理的重要内容，它们之间的关系是：企业根据总体战略规划的要求制订市场营销计划，这一环节主要解决的是"应该做什么"和"为什么这样做"的问题；之后通过一定的组织系统实施计划，这一环节主要解决的是"由谁去做""怎么做""何时做"和"在什么地方做"的问题；控制系统负责考察计划实施的结果，诊断问题的症结，并反馈回来应采取的适当纠正措施，包括改善实施过程、优化组织系统或调整计划以使之更切合实际。尤其在复杂的市场环境下，企业应该越来越积极地采用市场营销管理来提高营销绩效，实现市场营销目标。

第一节　市场营销计划的制订

市场营销计划是商业计划的重要组成部分，通常以年度为基准，着眼于制定与营销组合变量（产品、价格、渠道及促销）有关的决策，并考虑如何实施所拟订的具体内容与步骤。无论企业属于何种类型，具有多大规模，都需要制订市场营销计划并执行。

一、市场营销计划的内涵

（一）市场营销计划的概念

市场营销计划是指企业在研究行业潜力、市场营销状况，分析机会与威胁、优势与劣势及存在问题的基础上，对市场营销目标、市场营销战略、市场营销行动方案及财务目标的确定和控制。

市场营销计划是企业的战术计划，对企业而言是"正确地做事"。"多算胜少算，少算胜无算"，有效的市场营销计划可以帮助企业有效应对可能发生的风险和意外。理解市场营销的概念，还需要注意以下几点。

1. 市场营销计划是企业计划的中心

市场营销计划是企业各部门计划中最重要的一个计划。例如，企业内部的生产计划只有在确定了产品的基本销售量以后才能制订。企业的财务计划、人力资源计划、融资计划及投资计划等，也都要在预估了产品销售和生产数量以后才能确定。所以，除了战略性计划以外，市场营销计划就是企业其他战术计划的起点。

2. 市场营销计划涉及企业的各个主要部门

市场营销的企业内部支持环境包含一些主要部门，如制造部门、采购部门、研究与开发部门和财务部门等，它们各自的业务活动与市场营销部门的业务活动互相关联。所以，市场营销部门在拟订市场营销计划时必须考虑到其他部门的业务活动情况，并且需要与企业内部各主要部门密切协作。

3. 市场营销计划日趋重要和复杂

以往企业是将市场营销计划看作综合计划，认为将不同的市场活动加起来就构成了企业的市场营销计划。现在不同了，市场营销计划被认定为企业战略体系中的一部分，它确定了整个市场营销活动的目的，并使得企业中所有的市场营销活动都以这个目的为中心。

（二）市场营销计划的类型

1. 按计划时期的长短划分

按计划时期的长短不同，市场营销计划可分为长期计划、中期计划和短期计划。

（1）长期计划的期限一般在 5 年以上，主要是确定企业未来发展方向和奋斗目标的纲领性计划。

（2）中期计划的期限为 1~5 年，主要关注的是阶段性营销目标。

（3）短期计划的期限通常为 1 年或 1 年以内，主要以年度计划或单个项目的执行计划为主。

2. 按计划涉及的范围划分

按计划涉及的范围不同，市场营销计划可分为总体营销计划和专项营销计划。

（1）总体营销计划是企业营销活动的全面、综合性计划。

（2）专项营销计划是针对某一产品或特殊问题而制订的计划，如品牌计划、渠道计划、促销计划、定价计划等。

3. 按计划的程度划分

按计划的程度不同，市场营销计划可分为战略计划、策略计划和作业计划。

（1）战略计划是指对企业将在未来市场占有的地位及采取的措施所做的策划。

（2）策略计划是对营销活动某一方面所做的策划。

（3）作业计划是各项营销活动的具体执行性计划，如组织一项促销活动，需要对活动的目的、时间、地点、方式、费用预算等做策划。

（三）市场营销计划的作用

"运筹帷幄之中，决胜千里之外"，市场营销计划是营销活动方案的具体描述，它规定了企业各种营销活动的任务、目标、具体指标、策略和措施，这样就可以使企业的营销工作按既定计划有条不紊地循序渐进，从而避免营销活动的混乱或盲目性。市场营销计划的作用主要表现在以下几个方面：

（1）市场营销计划详细说明了预期的经济效益，这样，企业管理者就可以预估企业的发展状况，使企业有明确的发展目标，以便在整个计划执行过程中不断调整行动方案，采取相应措施，力争达到预期目标。

（2）市场营销计划确定了实现计划活动所需的资源，从而使企业可事先预测这些资源的需要量，并据此判断企业所要承担的成本，这有利于节约开支。

（3）市场营销计划描述了将要执行和采取的任务和行动，这样企业便可明确规定各有关人员的职责，使他们有目标、有步骤地去完成自己被委派的任务。

（4）市场营销计划有助于监测各种营销活动的过程和效果，使企业能有效控制营销活动，协调各部门、各环节之间的关系，完成各项任务和目标，使企业进一步获得巩固和发展。

总之，对任何企业来说，市场营销计划都是至关重要和不容忽视的。

二、市场营销计划的内容

营销计划实施

市场营销计划的内容包括以下八个部分。

（一）计划概要

计划概要是对主要营销目标和措施的简短摘要，目的是使管理者迅速了解该计划的主要内容，抓住计划的要点。例如，某品牌专卖店年度营销计划的概要是："销售额目标为 3 500 万元，利润目标为 300 万元，比上年增加 12%。这个目标经过改进服务、灵活定价、加强广告和促销是能够实现的。为达到这个目标，今年的营销预算为 150 万元，比上年提高 8%。"

（二）营销状况分析

营销状况分析主要根据与市场、产品、竞争、分销以及宏观环境因素有关的背景资料进行。具体分析内容有：

（1）市场状况。列举目标市场的规模及其成长性的有关数据、顾客的需求状况等。如目标市场近年来的年销售量及其增长情况、在整个市场中所占的比例等。

（2）产品状况。列出企业产品组合中每一个品种近年来的销售价格、市场占有率、成本、费用、利润率等方面的数据。

（3）竞争状况。识别企业的主要竞争者并列举其规模、目标、市场份额、产品质量、价格、营销战略及其他有关特征，以了解竞争者的意图、行为，判断竞争者的变化趋势。

（4）分销状况。描述企业产品所选择的分销渠道类型及其在各种分销渠道上的销售数量。如某产品在百货商店、专业商店、折扣商店、网店等各种渠道上的分配比例等。

（5）宏观环境状况。主要对宏观环境的现状及其主要发展趋势作出简要的介绍，包括人口环境、经济环境、技术环境、政治法律环境、社会文化环境等，从中判断市场发展的趋势、具体产品的前景。

（三）机会与风险分析

借助 SWOT 等分析工具，先对计划期内企业营销所面临的主要机会和风险进行分析，再对企业营销资源的优势和劣势进行系统分析。在机会和风险、优势和劣势分析的基础上，企业可以确定在该计划中所必须注意的主要问题。

（四）拟定目标

拟定目标是市场营销计划的核心内容，是指在市场分析基础上对财务目标和营销目标作出决策，并用数量化指标表达出来，要注意目标应实际、合理，并应有一定的开拓性。

（1）财务目标。即确定企业总体及每一个战略业务单位的财务报酬目标，包括投资报酬率、利润率、利润额等指标。

（2）营销目标。财务目标必须转化为营销目标。营销目标可以由销售收入、销售增长率、销售量、市场份额、品牌知名度、分销范围等指标构成。

（五）营销策略

生意如棋盘，事事有谋术，谋术就是企业的营销策略。企业拟定将采用的营销策略，包括目标市场选择和市场定位、营销组合策略等；明确营销的目标市场，包括如何进行市场定位，确定何种市场形象；确认拟采用的产品、价格、渠道和促销策略。

（六）行动方案

对各种营销策略的实施要制定详细的行动方案，即阐述以下问题：将做什么？何时开始？何时完成？谁来做？成本是多少？整个行动方案可以列表展示，表中具体说明每一时期应执行和完成的活动的时间安排、任务要求和费用开支等。这使整个营销战略落实于行动，并能循序渐进地贯彻执行。

（七）营销预算

营销预算通常会通过开列详细预算表的方式制定。在表中，收益的一方说明预计的销售量及平均实现价格，计算出销售收入总额；支出的一方说明生产成本、分销成本和营销费用，以及再细分的明细支出，计算出支出总额。最后得出预计利润，即收入和支出的差额。企业的业务部门编制出营销预算后要送上层管理者审批。经批准后，该预算表就是材料采购、生产调度、人力资源管理及各项营销活动开展的依据。

（八）营销控制

营销控制是指对营销计划执行进行检查和控制，用以监督计划实施的进程。具体做法是将计划规定的营销目标和预算按月或季细分，营销主管每期都要审查各部门的业绩，检查是否实现了预期的营销目标。凡未完成计划的部门，均应分析问题原因，并提出改进措施，以争取尽快实现预期目标，使企业营销计划的目标任务都能得到落实。

🏵 学习实践

特色创新产品的营销计划书

请以小组为单位，调研地方特色农产品或工业品，制作一份完整的市场营销计划书，如表8-1所示。

表8-1　市场营销计划书

计划概要		
营销状况分析	市场状况	
	产品状况	
	竞争状况	
	分销状况	
	宏观环境状况	

计划概要	
机会与风险分析	
拟定目标	
营销策略	
行动方案	
营销预算	
营销控制	

编制:	审核:	批准:

三、市场营销计划注意事项

（一）确定营销业务目标

营销业务目标必须明确两大问题。一是确定目标市场，包括企业服务的顾客是哪一类，在什么地方，市场规模有多大，有什么需求等。这是制定营销策划方案的基础资料。二是对企业营销效果的确定，不仅包括本企业的获利能力指标，如销售量、销售额、市场占有率等，还包括其他一些目标，如企业知名度、企业信誉等。

（二）营销策划方案的多样性

企业产生营销策划方案的途径是多种多样的，可以是本企业经验的积累，也可以是向竞争对手学习的成果。在长期的营销活动中，企业会积累丰富的市场营销经验，这是企业的无形财富，借鉴过去营销活动的成功经验，分析当前的营销环境，有助于产生新的营销策划方案。此外，企业的竞争对手特别是市场领导企业，掌握着大量的市场信息资料，所进行的营销活动很值得企业研究。认真分析竞争对手的营销策略，不仅可以发现竞争对手的弱点，而且可以取他人之长，补自己之短。当然，还可以是基于上述两方面的经验，在产品设计、服务方式、价格、渠道、促销等各方面进行创新，营销效果可能更好。

（三）企业市场营销计划方案的评价

评价市场营销计划方案要兼顾眼前与长远。方案的期望收益分析评价，即比较各种方案的营销效益目标，包括盈利指标和发展指标两大类。盈利指标主要有销售利润率、成本利润率、利润总额；发展指标主要包括市场占有率、开拓目标市场的层次与范围等。方案的预算成本分析评价，即比较各个方案投入费用的大小，包括固定投资和流动费用等。方案的可行性分析评价，即比较各个方案的可操作性。有些方案未来的效果比较好，但目前不能实现，或者在运作上有较大的障碍，这样的方案就不能列为优选方案。

第二节　市场营销活动的组织

市场营销活动的组织就是企业在特定市场环境中，为有效地实现营销目标和任务，确定企业内各成员、各项任务及活动之间的关系，对企业有限营销资源进行合理配置的过程。市场营销活动的组织能够使个体的力量得以汇集、融合和放大，从而体现企业的整合功能。

市场营销组织

一、市场营销组织设计

市场营销组织是企业为了实现经营目标，发挥市场营销职能，由从事市场营销活动的各个部门及其人员所构成的一个有机体系。在现代市场经济条件下，企业从事市场营销活动，实施市场营销战略和策略，都离不开有效的市场营销组织。健全、有效的营销组织是实现企业营销目标的可靠保证。

企业的市场营销部门是执行市场营销计划，服务市场购买者的职能部门。市场营销部门的组织形式主要受宏观市场营销环境、企业市场营销管理理念，以及企业自身所处的发展阶段、经营范围、业务特点等因素的影响。影响市场营销组织的主要因素具体包括以下三个方面。

（1）企业规模：一般情况下，企业规模越大，市场营销组织越复杂；企业规模越小，市场营销组织越简单。

（2）市场状况：一般情况下，决定市场营销人员分工和负责区域的依据是市场的地理位置。

（3）产品特点：包括企业的产品种类、产品特色、产品项目的关联性，以及产品技术服务方面的要求等。

（一）市场营销组织的目标

市场营销组织的目标主要有以下四个方面。

1. 激励营销人员实现营销目标

企业营销活动是由营销人员来实施的，所以在市场营销组织中，对营销人员的激励与管理是重要的目标。营销高级管理人员需要通过设计合理的组织结构和科学有序的行为规范，营造和谐的人际关系及合作性竞争的良好氛围，以激发营销人员为实现组织目标而努力。

2. 对市场变化做出快速反应

市场营销组织应不断适应外部环境，并对市场变化做出积极反应。企业可以通过多种途径把握市场变化。在了解市场变化后，企业的反应涉及整个营销活动，从新产品研发、定价直至包装等都要做出相应调整。

3. 使市场营销效率最大化

企业内部存在生产、销售、财务、人事等多个专业化分工的部门，为避免这些部门间的矛盾和冲突，市场营销组织要充分发挥其协调和控制功能，确定各自的权利和责任。

4. 代表并维护消费者利益

企业若奉行现代市场营销观念，就必然要将消费者利益放在第一位，而这个职责主要由市场营销组织来承担。虽然有的企业利用营销研究人员的市场调查等来反映消费者的呼声，但仅此是不够的，企业必须在管理的最高层面上设置营销组织，以确保消费者的利益不受到损害。

建立市场营销组织本身并不是企业的最终目的，而是使得企业获得最佳营销效果的有效手段。因此，企业市场营销组织的目标归根结底是帮助企业又好又快地完成营销任务，实现企业的经营目标。

（二）市场营销组织的演进

企业市场营销组织的演进大致经历了以下五个阶段。

1. 单纯的销售部门

20世纪30年代以前，西方企业大部分都采用设立单纯销售部门的形式。销售部门管理销售人员并兼管若干市场研究和广告宣传工作。在这个阶段，销售部门的职能仅仅是推销生产部门生产出来的产品，生产什么就销售什么；生产多少则销售多少。产品生产、库存管理等工作完全由生产部门决定，销售部门对产品的种类、规格、数量等问题几乎没有任何发言权。

2. 兼有附属职能的销售部门

20 世纪 30 年代以后，市场竞争日趋激烈，大多数企业以推销观念作为指导思想，需要进行经常性的市场研究、广告宣传及其他促销活动，这些工作逐渐变成专门的职能，并被并入销售部门。

3. 独立的市场营销部门

随着企业规模和业务范围的进一步扩大，原来作为附属性工作的市场研究、新产品开发、广告促销和顾客服务等市场营销职能的重要性日益增强。于是，市场营销部门成为一个相对独立的职能部门，完整承担市场营销的全流程工作。

4. 现代市场营销部门

现代市场营销部门力求建立以顾客为中心的组织结构，在主管整体市场营销工作之外，还协调各部门之间的活动与关系，主动承担企业管理的核心关键作用，制定并执行符合市场需求的市场营销策略。

5. 现代市场营销公司

一家企业即使设置了现代市场营销部门，如果企业成员仍将市场营销等同于销售，那么它就还不是一家"现代市场营销公司"。只有企业成员认识到了企业所有部门的任务都是"为顾客服务"，"市场营销"不仅是企业内某个部门的名称，而且是企业的经营理念时，这家企业才能算是一家真正的"现代市场营销公司"。

（三）市场营销组织的模式与类型

市场营销组织的模式伴随着市场营销导向的转变而不断发生着变化。从营销组织设计所秉承的营销导向来看，营销组织大体上有两种基本模式：一是生产导向型模式，二是市场导向型模式。

生产导向型模式是一种传统的组织模式，广泛存在于以生产导向为营销理念的组织当中，如图 8-1 所示。在该模式下企业注重的是产品的生产，首先由研发部门确定新产品开发项目，然后交由设计部门设计和开发，由生产部门按设计要求生产出产品，最后交营销部门销售。这种模式在我国的计划经济时代非常普遍，现在也有不少企业仍在沿用这种组织模式。这些企业大多设有总工程师办公室，负责新产品的开发项目，新产品的质量标准和工艺过程，甚至包括包装、定价。这种组织模式以生产和技术为导向，往往忽略了对顾客需求的挖掘和分析，因而设计和生产出来的产品很可能片面追求产品质量或成本降低，而缺乏产品特色和竞争力。营销部门在这种组织模式中被边缘化，不能参与产品和技术的重大决策，生产部门生产什么，它们就销售什么。一般来讲，生产导向型营销组织在激烈的市场竞争中缺乏效率，对外界的竞争环境反应较为被动。

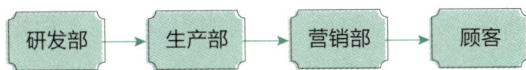

图 8-1　生产导向型模式

随着企业所秉承的市场营销导向的转变，一种现代的市场导向型的组织模式应运而生，如图 8-2 所示。它将顾客需求作为组织经营和结构设计的出发点来实现满足顾客需求和企业盈利的双重目标。在这种观念下，营销部门更具有主动性，全面负责从顾客需求和市场环境中收集新产品构思或原有产品的改进意见，并把这些构思和意见传达给研发部门进行新产品开发或产品改进，然后由生产部门生产，再通过营销部门传递给顾客，营销人员在销售过程中又主动听取顾客意见，将意见反馈给研发等部门。这种组织模式是一个动态的、良性的循环过程，从顾客需求出发又回到顾客需求本身，更具有可持续发展的动力，与生产导向型模式有着显著区别，强调多部门的参与与协作。

图 8-2　市场导向型模式

企业只有选择合适的市场营销组织形式，才能更好地实现企业目标。市场营销组织必须与市场营销活动相适应，从组织形式上看主要有以下几种类型。

1. 职能型营销组织

这是最常见的市场营销组织形式，是由各种营销职能部门构成的职能型组织，如图 8-3 所示。

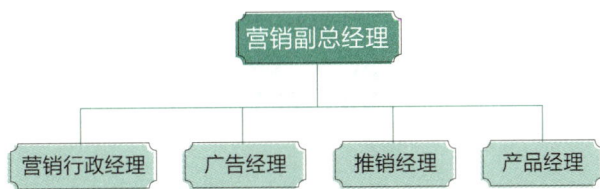

图 8-3　职能型营销组织

职能型营销组织的主要优点是结构简单，管理方便。这种组织形式适用于产品种类不多，对有关产品的专业知识要求不高，或经营地区的情况差别不大的企业。随着产品增多和市场扩大，这种组织形式就逐渐失去有效性，并暴露出无法克服的缺点：① 在这种形式下，由于没有人对一种产品或者一个市场全盘负责，因而可能缺少按产品或市场制订的完整计划，从而使有些产品或市场被忽略。② 各个职能部门之间为了争取更多的预算、更高的地位，容易产生项目之间的相互竞争，使企业经常面临协调上的难题。

2. 地区型营销组织

一个销售范围遍及全国乃至海外的企业，通常都会按照地理区域来安排其营销机构，从而形成地区型营销组织，如图 8-4 所示。这种组织形式明显增加了管理幅度，但在市场营销工作复杂的情况下，这种分区分层是重要且必要的。

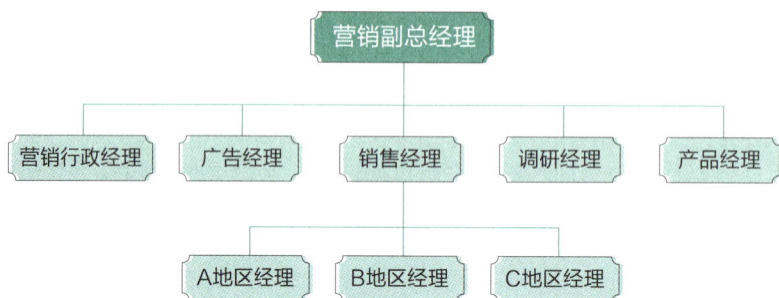

图 8-4　地区型营销组织

3. 产品或品牌管理型营销组织

生产多类产品或拥有多个品牌的企业往往需要设立产品或品牌管理型营销组织，如图 8-5 所示。这种组织并没有取代职能型营销组织，只是增加了一个管理层次。其基本做法是在原有的营销组织中设若干个产品大类（产品线）管理机构，产品大类（产品线）下再设具体产品管理小组。

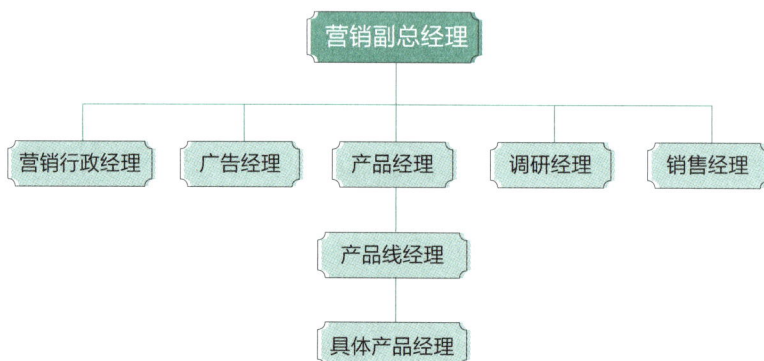

图 8-5　产品或品牌管理型营销组织

市场营销基础

4. 市场型营销组织

当企业把一条产品线的各种产品向不同的市场进行营销时可采取这种组织形式，如图 8-6 所示。企业可以把目标顾客按不同的购买行为和产品偏好分成不同的类别，设立相应的市场型组织结构。

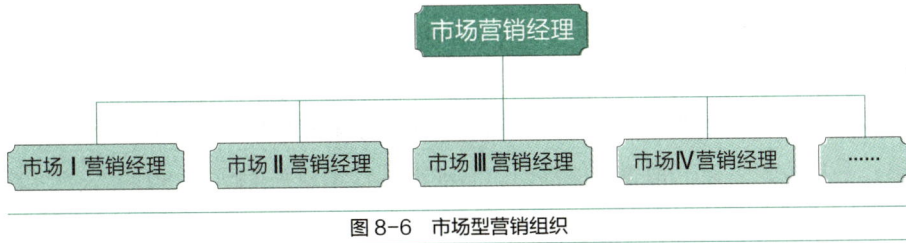

图 8-6　市场型营销组织

企业的市场营销活动是按照满足各类顾客的需求来组织和安排的，市场型营销组织有利于企业加强销售和市场开拓，其缺点是存在权责不清的隐患和多头领导的矛盾。

以上四种类型都是相对独立的形式，但是，随着企业规模的扩大、多元化经营的实行，企业必将生产越来越多的产品品种，拥有越来越多的产品品牌，产品也将销往更多的市场，因而在这四种组织的基础上，企业的市场营销组织出现了混合形式，主要有以下两种。

5. 矩阵型营销组织

矩阵型营销组织是职能型营销组织与产品或品牌管理型营销组织相结合的产物，如图 8-7 所示。它在原有职能部门组成的垂直领导系统的基础上，又建立一种横向的领导系统，两者结合起来组成一个矩阵。

图 8-7　矩阵型营销组织

在营销管理实践中，矩阵型营销组织的产生大体分为两种情形：一是企业为完成某个跨部门的一次性任务（如产品开发），就从各部门抽调人员组成由经理领导的团队来执行该项任务，团队人员一般受本部门和团队负责人的共同领导。任务完成后，团队撤销，其成员回到各自的岗位。这种临时性的矩阵型营销组织又叫团队制。二是企业要求个人对维持某个产品的利润负责，把产品经理的位置从职能部门中分离出来并固定化。同时，由于经济和技术因素的影响，产品经理还要借助于各职能部门实施管理，这就构成了矩阵。

矩阵型营销组织能加强企业内部门间的协作，在集中各种专业人员知识、技能的同时又不增加编制，组建方便，适应性强，有利于提高工作效率。但是，双重领导、过于分权化、稳定性差和管理成本较高的缺陷又抵消了该组织形式的一部分效率。

6. 事业部型营销组织

随着产品品种的增加和企业经营规模的扩大，企业常常将各产品部门升格为独立的事业部，各事业部下设营销等职能部门。事业部型营销组织如图 8-8 所示。

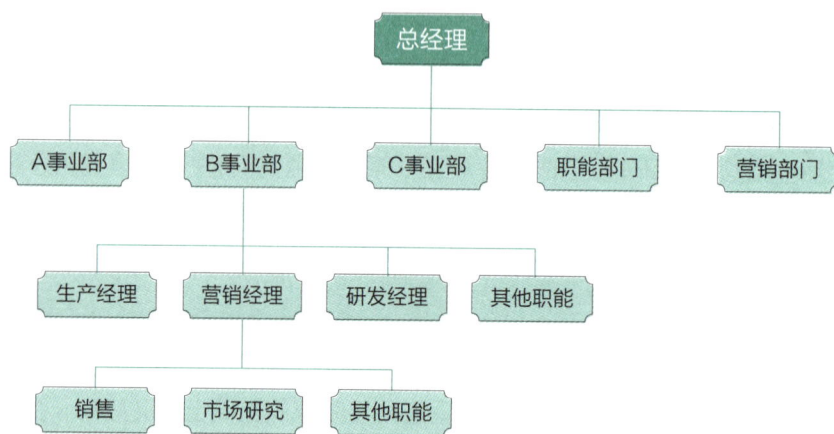

图 8-8　事业部型营销组织

根据企业是否再设立企业级的营销部门，可将该种组织再划分为三种情况：

（1）企业总部不设营销部门，营销职能完全划归于各事业部分别负责。

（2）企业总部设立适当规模的营销部门，主要承担协助企业最高层评价营销机会、向事业部提供营销咨询指导服务、宣传和提升企业整体形象等职能。

（3）企业总部设立功能强大的营销部门，直接参与各事业部的营销规划工作，并监控其营销活动。此时，各事业部实际上是营销部门营销计划的执行部门。

有效的市场营销组织应具有灵活性、适应性和系统性。企业的各个部门都能相互配合，具有整体协调性，为满足顾客需要这个共同目标协同工作，获得整体大于部分之和的效果。同时，要避免因经验或惯性而丧失组织的灵活性和适应性的问题。

新华文轩的营销组织变革

脱胎于新华书店系统的新华文轩，其传统业务主要由三部分构成：教材教辅发行、图书与音像零售、出版支持与服务。其中，来自教材教辅发行的收入占比在80%左右，而来自一般图书零售的比重约15%。面对大众图书领域异常激烈的竞争，如何建立富有活力、连锁经营的大众图书零售体系，成为新华文轩面临的重要挑战。

新华文轩通过营销组织再造构建了新的商业模式：通过强化连锁书店、物流配送体系和信息平台，提升渠道规模优势；通过打造全国性中盘物流网络、探索与出版社的协同创新，向产业链上下游延伸。新华文轩对营销组织的重新设计，建立在规模效应、协同效应、互补效应之上，并将其与整合效应融合在一起，形成了新的稳定的盈利模式。较高的优势资源集中度带给公司的发展空间与发展速度，将使公司逐步摆脱依赖教材教辅的单一盈利模式。企业的主业盈利结构将调整为教材占20%，教辅占30%，零售占20%，中盘（即上接出版社、下达小型批发零售单位的分销业务）占20%，还有10%来自自有产品。

作为新华书店系统与图书发行业改制的试点，新华文轩营销组织自我改造与行业整合无疑具有积极与示范意义。经过组织变革，新华文轩在行业中的排名从2015年的第26位提升到2019年的第7位，连续四年保持增速第一，2021年营业收入首次突破100亿元。

问题思考：新华文轩如何依靠营销组织变革赢得市场？

营销启示：企业要具备与时俱进的创新发展理念，结合信息化、网络化发展趋势，整合内在综合优势，实现资源共享，打造高效的营销组织结构，强化营销活动创新，使生产成果能快速切入市场，为企业提供更大的生存空间和发展机遇。

二、市场营销活动人员配置

有效的市场营销活动组织离不开"人"，在设计好市场营销组织结构之后，就要合理配置市场营销活动人员。市场营销活动人员配置的内容包括确定人员编制、选配营销人员，以及明确工作、职责权利等。

（一）确定人员编制

建立合理的人员编制是企业或者企业内部门的关键问题。这个问题涉及企业的战略规划、盈利模式及经营目标等。人员编制直接影响组织效率、人工成本、利润高低。

很多企业在确定人员编制时没有科学有效的定编方法和依据，容易造成人员数量增加过快、控制力度不统一、岗位工作量标准差别大等问题。确定人员编制一般有以下几种方法。

1. 业务指标确定法

人员多少取决于相关业务量的多少，最适合使用这种方法的是那些与业务量直接挂钩的营销岗位。业务量的变化直接带来职位数量需求。在确定人员编制的业务量标准时，既可参考企业同期的历史数据；也可参考行业内的通用水平。

2. 工作分析确定法

这类方法适用于营销的后台支持类岗位，如售后服务、客户关系管理等。一般来说，这类岗位相对于业务岗位都有一个比例，可通过分析该岗位每天的工作任务而得出，也可以参考行业调查报告得出。

3. 组织架构确定法

这种方法一般适用于营销组织科学、规范的企业。企业根据未来的营销发展规划确定整体组织架构，然后在该架构下确定岗位设置，坚持因岗设人，而不是因人设岗。对于规模较小的公司，也可以一人多岗，宁可缺岗，不可缺职责。

4. 现场观察确定法

这是一种相对简单的方法，即通过观察营销部门的工作量是否饱和来判断人员增减的需要。当然这种方法的主观因素较多，所以必须要有观察的标准。从管理的角度来说，人员编制宁可比实际需求略少：人多，容易人浮于事、相互推诿；人适当少一些，可让员工达到略微饱和的积极工作状态，工作效率会提高很多。

5. 预算控制确定法

企业可在每一个财务年度开始之前做好预算，严格把控营销部门的整体人力成本。超出预算的不予审批或通过更为严格的审批程序才能得到承认，这样就使得需求人数在部门负责人这一关就得到良好控制。使用这类方法有一个前提：企业首先要有一个相对完善、成熟的财务体系。

（二）选配营销人员

只有高度重视对营销人员的选配和培训，才能建设一支高效的营销团队，构建一个稳定的营销组织。企业在实施营销人员选配与培训过程中，应注重以下三个必备的内容：

（1）人格培养。诚信、果断、尽职和勤奋是现代营销人员所必需的人格特质，也是营销岗位对专业人才的要求，否则就没有生存的空间和职业发展的潜力。

（2）专业知识。主要包括产品知识、营销理论、管理技能等。专业的营销理论知识和实践技能是营销岗位人才可持续发展的重要保证，也是营销组织高效运转与有效运行的基础。

（3）职业心理。主要包括营销人员的心理状态与对营销相关工作的职业态度等。

❖ 行业观察

销售人员的"8小时之外"

研究发现，优秀销售人员8小时工作之外的生活是一种成长式生活。成长式生活指的是积极主动地学习，去接受新鲜事物，去分享，与有趣的人和团队打成一片。这些人往往比普通销售人员具备更加广阔的视野和更加丰富的知识网络，如图8-9所示。

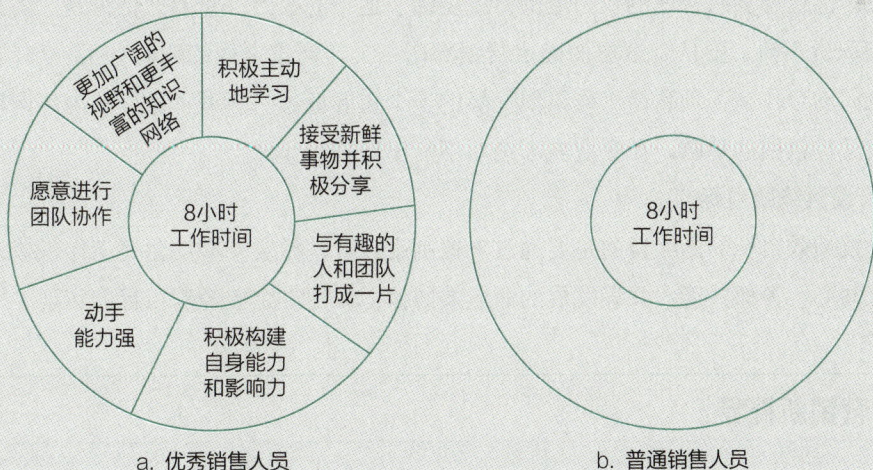

a. 优秀销售人员　　　　　b. 普通销售人员

图8-9　优秀销售人员与普通销售人员的8小时工作之外时间分配对比

研究还发现，普通销售人员或者那些没有经验的销售人员和顾客谈话时70%的时间谈的是关于公司产品的专业话题，只有不到30%的时间在聊非专业性的话题。则完全相反。他们与顾客交谈时 70% 的时间都在谈一些非专业性的话题，比如聊一聊家常、共同关注的事物等，只有不到 30% 的时间在谈专业性话题。他们通过和顾客聊些非专业性话题，旁敲侧击，激发了顾客的兴趣和信任，并通过这种谈话为顾客创造了价值，因为顾客觉得跟他们沟通很有趣，愿意和他们聊。

问题思考：如何才能成为一名优秀的营销人员？

营销启示：功夫在"事"外，营销人员只有不断提升自己、拓展自己，认真对待客户，才能不断提升业绩。

（三）明确工作职责权利

无论是管理还是经营，凡事必须从细节做起。对于营销管理的重要内容，要围绕企业的营销目标明确分工，使组织内每个成员明晰自己在组织中的位置，确认应该承担的责任、应该具备的权力，以及将得到的利益。

1. 明确岗位职责

明确营销组织内各个岗位的职责。首先，要让员工明白岗位的工作性质，促使员工发自内心地产生工作意愿，化被动为主动。其次，在制定岗位职责时要考虑营销岗位发展与延伸，以便提升员工的满意度，使其能充分展示工作才能。

2. 确定岗位权力

每个岗位都要有合理的权力范围，既要给予适当的权力，也要严格控制，防止权力滥用和职责不清。要从制度层面确定营销部门、工作岗位之间的明确分工。部门之间、岗位之间的合作是否顺利是工作氛围好坏的一个重要标志。真诚、良好的内部沟通是创造和谐工作氛围的基础。在企业内部绝对不能出现官僚作风。

3. 设置绩效目标

设置绩效目标的最终目的是要通过考核制度设计，激发和调动营销工作积极性，形成上下同心、齐抓共管、共谋发展的命运共同体，以促进企业经营目标的实现。

🟢 营销新视界

华为的"铁三角"销售团队

在华为从小到大再到强的发展过程中，其独特的"铁三角"销售团队建设功不可没。2020 年，在席卷全球的新冠疫情和剧烈变化的国际形势面前，华为依然逆势取得了 8 914 亿元的销售收入，同比增长 11.2%，"铁三角"销售团队功不可没。关于"铁三角"销售团队，华为管理者有一个十分经典的点评："三角，并不是一个三权分立的制约体系，而是紧紧抱在一起生死与共、聚焦客户需求的共同作战单元。它的目的只有一个：满足客户需求，成就客户的理想。"

华为的"铁三角"销售团队由客户经理、方案经理和交付经理组成，如图8-10所示。客户经理也称销售经理，主要负责客户关系、业务需求管理、商务谈判、合同与回款。方案经理或称产品方案负责人，主要负责产品需求管理、产品与方案设计、报价与投标、技术问题解决。交付经理主要负责从订单、制造、物流、安装到交付验收的项目管理。

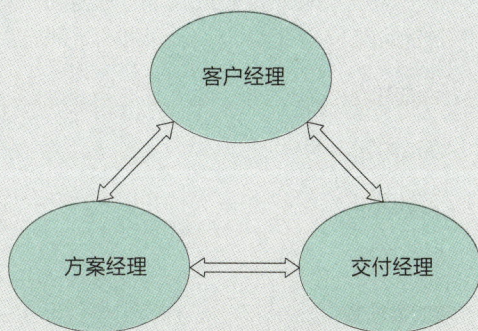

图8-10　华为的"铁三角"销售团队

这三个角色共同构筑了一个三角形的攻坚团队，彼此支持，密切配合，通过迅速的响应机制，能够在短时间内，端到端地及时响应客户需求，为客户提供全面的解决方案，将销售工作最需要的进攻性与协同性融于一体。"铁三角"不仅是一种组织结构，也是一种销售战术，更是一种不畏艰苦、勇于挑战、团队协作的组织精神。究其本质，是华为一直提倡的流程型组织在客户端的具体实现模式，更是"以客户为中心、为客户创造价值"的经营思想的具体体现。

问题思考：华为的"铁三角"销售团队属于哪种营销组织类型？好的人员配置和团队建设能给企业带来什么样的变化？

营销启示：人心在一起才叫"团队"，目标一致才能有更大的成绩。

三、市场营销活动效果评价

随着数字化转型和数字化建设的快速发展，市场营销活动效果评价已经成为数字化精准营销闭环中的关键环节，它不仅是一份简单的总结材料，而且是能够通过数据分析与洞察判断市场营销活动优缺点的关键步骤。科学完善的效果评价能够反向指导市场营销活动方案设计，形成有效的活动模板，帮助企业进行常态化营销活动。

市场营销活动效果评价从活动、产品、客户、渠道等多个方面入手，通过方案设计、实际情况评估、结果分析与自主评价的三维结构帮助企业优化市场营销活动，从而实现连接整个市场营销闭环的重要作用。市场营销活动效果评价表如表 8-2 所示。

表 8-2　市场营销活动效果评价表

序号	方案设计		实际情况评估	结果分析与自主评价
1	活动概要	活动时间		
		活动主题		
		活动内容		
2	活动筹备情况	活动通知		
		参与反馈		
3	活动效果	增加客户数		
		客户转化率		
4	问题与不足	客户反馈的问题		
		渠道反馈的问题		
		其他问题		
5	改进措施			
6	后续工作建议			

第三节　市场营销活动的控制

市场营销活动的控制是市场营销管理的基本职能之一，也是市场营销管理过程的一个重要步骤。市场营销管理是一项系统工程，为了保证企业预定的营销目标得以实现，不仅需要借助一定的组织系统来实施，而且必须对企业计划及外部环境的变化、企业内部的协调、各部门之间的利益与立场进行有效的调节和控制，即企业需要建立市场营销控制系统来保证市场营销计划的执行。市场营销控制将贯穿整个市场营销活动的始终，针对市场营销活动的不同阶段、不同内容持续进行效果追踪。

一、市场营销控制的概念与原则

（一）市场营销控制的概念

市场营销控制是指市场营销管理者为了确保市场营销计划的运行、衡量和评估市场营销计划的成果而实施的一整套工作程序或工作制度。管理的控制工作是使实践活动符合计划。因此，市场营销控制用于跟踪企业市场营销活动过程的每一个环节，包括为了实现市场营销绩效与预期目标的一致而采取的一切措施。也就是说，市场营销管理者要经常检查市场营销计划的执行情况，查看计划与实际情况是否一致，如果不一致或者没有完成计划，就要找出原因，并且采取适当的措施和正确的行动，以确保市场营销计划与目标的完成。

（二）市场营销控制的原则

市场营销控制是市场营销管理的一项重要职能，也是比较容易出现问题的一项职能。如果没有有效地实施市场营销控制，即使有再好的计划、再优秀的人员，最终也达不到预期的目标。为了能够有效地实施市场营销控制，需要遵循以下四个原则。

1. 市场营销控制的目标性

市场营销控制是为市场营销管理的组织目标服务的。但是不同的企业、不同的对象，其控制的目标是不同的。市场营销工作往往错综复杂，目标众多，谁都无法对每一方面甚至是每一件事实现完全控制。因此，市场营销管理人员的任务就是要在众多的目标中选择最能够反映工作本质和关键需要的目标，并对此加以控制。需要注意的是，目标必须是可执行的。

2. 市场营销控制的及时性

信息同样为市场营销控制提供基础作用。在实施市场营销控制时，必须能够及时发现偏差，迅速采取措施加以改正。如果出现了信息的滞后，往往会造成不可弥补的损失。为了避免这种滞后性，提高市场营销控制的及时性，信息的收集和传递必须及时。另外，对反馈控制来说，信息滞后现象是一个很难克服的困难。因为发现偏差、分析偏差原因，进而提出改进方法可能会花费很长的时间，而当改进措施被真正实施时，很可能实际情况又已发生了很大的变化，这时候采取的措施不仅不能产生积极的作用，反而

商业谚语
信息不准，
生意亏本。

269　　　　　　　　　　　　　　　第八章　营销管理　持筹握算

可能会带来消极的影响。解决这种问题的最好方法就是采取前端控制，防患于未然。

3. 市场营销控制的客观性

在市场营销控制的整个过程中，最容易出现主观判断的是在按标准衡量绩效的阶段。特别是采取直接观察法进行衡量的时候，更容易引起主观因素的介入，可能会产生第一印象效应和晕轮效应。第一印象效应也叫首因效应，是指首次接触时留下的印象以及产生的心理效应。由于前面的印象非常深刻，导致后面的印象成为前面印象的补充，第一印象效应强调的是一种时间上的差别。晕轮效应强调的是事物某一方面的特点掩盖了其他方面的特点，是一种内容上的差别。在市场营销控制中，晕轮效应会使营销管理人员只注意某一方面的表现，从而导致决策的偏差。

4. 市场营销控制的经济性

市场营销的控制活动是需要付出成本的，无论是精力、时间还是实际的费用，都构成了一定的成本。如何进行控制，控制到什么程度，都要考虑成本问题。为进行控制而支出的费用和由控制而增加的收益都直接与控制程度相关。也就是说，市场营销控制工作一定要注重经济性，坚持适度性原则，并保证用于控制的费用必须是合理的。尽可能在最经济的情况下，最大限度地实施控制。

二、市场营销控制的类型与方法

市场营销控制的类型、方法及相关内容汇总如表 8-3 所示。

表 8-3　市场营销控制

控制类型	控制者	控制目的	控制方法
年度计划控制	高层营销管理人员	发现计划执行中出现的偏差并及时采取纠正措施，保证企业能够实现年度计划中所制定的各项指标	• 销售分析 • 市场份额分析 • 营销费用—销售额分析 • 财务分析 • 顾客满意度追踪
效率控制	营销管理人员	评价企业营销开支情况并提高经费开支的效率，从而提高营销效益	• 销售队伍控制 • 广告效率控制 • 销售促进效率控制 • 分销效率控制
盈利能力控制	营销审计人员	检查企业的盈亏状况	• 销售利润率分析 • 资产收益率分析 • 净资产收益率分析 • 资产管理效率分析

控制类型	控制者	控制目的	控制方法
战略控制	高层管理人员	检查基本战略是否与当前的市场营销环境相适应，确定营销的目标和手段是否适合现阶段企业的经营情况和战略发展目标，判断是否需要寻求新的战略发展机会	• 营销效益等级评定 • 营销审计

（一）年度计划控制

1. 年度计划控制的概念

年度计划控制是企业高层营销管理人员需要完成的任务。其目的主要在于发现计划执行中出现的偏差并及时采取纠正措施，保证企业能够实现其在年度计划中所制定的各项指标。高层营销管理人员以年度计划为依据，通过销售分析、市场份额分析、营销费用—销售额分析、财务分析及顾客满意度追踪等多种方法检查营销的目的是否实现，是否造成偏差，原因是什么，计划目标的可行性是否存在问题等。在必要的情况下，还要对其进行修正。

年度计划控制的中心是目标管理，包括四个步骤。

（1）建立目标。营销管理人员应该将年度计划的指标分解为每季或每月的指标。

（2）营销管理人员应该随时监督市场营销计划的实施情况，跟踪掌握各项指标的完成情况。

（3）衡量绩效，分析偏差。及时发现实际情况与计划的差距并分析其中的原因。

（4）纠正偏差。针对问题采取补救措施，以缩小实际与计划之间的差距，必要时可以调整实施步骤或修正计划。

2. 年度计划控制的方法

一般而言，企业的年度计划控制应该包括销售分析、市场份额分析、营销费用—销售额分析、财务分析和顾客满意度追踪五种方法。

（1）销售分析。销售分析就是衡量并评估企业的实际销售额与计划销售额之间的差异情况。按具体情况又可再分为销售差异分析与微观销售分析两种方法。

① 销售差异分析。销售差异分析用来衡量在销售目标的落实过程中出现的缺口，分析形成缺口的不同影响因素所起的相应作用。

导致销售目标未完成的原因

假设年度计划要求在第一季度销售 10 000 件产品，5 元一件，也就是说，第一季度的计划销售额为 50 000 元。但是在该季度末，却只销售了 8 000 件产品，而且是 4 元一件，即销售额为 32 000 元。销售绩效差异为 18 000 元，即为预期销售额的 36%。

请分析，在未完成的销售额中，有多少是由于价格的降低造成的？又有多少是由于销售量的下降造成的？

② 微观销售分析。微观销售分析就是分别从产品、销售地区及其他方面分析没有能够达到预定销售额的原因。以销售地区为例，可以将总销售计划指标分解为各地区的具体指标，然后逐一分析，弄清各地区销售的差异，进一步找出原因所在。

(2) 市场份额分析。市场份额分析是指从一般的环境影响之外来考察企业本身的经营工作状况。相较于销售分析，市场份额分析更能反映出企业在市场竞争中的地位。如果企业所占有的市场份额提高，表明它比竞争者的情况更好；反之，则说明企业与竞争者相比绩效较差。但要注意，有时市场份额下降并不一定就意味着企业竞争地位的下降，如某新企业加入本行业，行业中每个原有企业的市场份额都会下降；又如企业有时可能放弃某些不获利或者获利很低的产品，也会使企业所占市场份额下降。

根据企业选择的比较范围不同，有三种指标可以衡量市场份额，包括总市场份额、服务市场份额、相对市场份额。

① 总市场份额。总市场份额也叫全部市场占有率，或简称市场占有率，是指企业销售在行业总销售中所占的比例。使用这一指标时必须做两项决策：第一，市场占有率是用销售量还是销售额来表示；第二，需要正确认定行业的范围，即明确本行业所应包括的产品、市场等。

② 服务市场份额。所谓服务市场，是指所有能够和愿意购买其产品的购买者。服务市场份额就是指企业销售占其所服务市场的总销售的比例。服务市场份额总是大于它的总市场份额。一个企业的总市场份额可能很低，而它的服务市场份额却可能接近100%。企业通常很重视服务市场份额，会通过强化各项销售手段或开发新产品等多种方法来提高其服务市场份额。

③ 相对市场份额。相对市场份额是企业将其销售量或销售额和最大的竞争者相比的百分比，即将本企业的市场占有率与行业内领先的竞争者的市场占有率进行比较，如

表 8-4 所示。

表 8-4　相对市场份额比较

相对市场份额	企业在竞争中的地位
>1	本企业为行业的领导者
=1	本企业与行业的领导者平起平坐、不相上下
<1	本企业在行业内不处于领先地位

如果相对市场份额不断上升，则意味着该企业的市场成长速度很快，正不断地获得市场青睐，提升市场占有率。

（3）营销费用—销售额分析。年度计划控制还需要检查与销售有关的市场营销费用，确定营销费用的各项开支是否合理，以减少不合理的费用支出，确保企业为达到销售目标所消耗的费用不超支。营销费用—销售额分析是一种主要的检查方法。

营销费用—销售额分析是指企业营销费用对销售额的比率分析，还可以进一步细分为如表 8-5 所示的具体指标。

表 8-5　营销费用—销售额分析的具体指标

指标	指标描述
销售费用率	指公司的销售费用与销售收入的比率，体现在企业为取得单位收入所花费的单位销售费用，或者销售费用占销售收入的比例
人力推销费用率	指人力成本占销售收入的比重，是衡量人力成本投入和收益水平的指标，也是衡量企业人力成本相对水平高低程度的重要指标
广告费用率	指一定时期内企业广告费的支出占企业同期销售收入的比例，主要通过广告费和销售额的比较来反映广告促销效果
市场营销调研费用率	指企业投入在市场营销调研上的支出占同期企业销售收入的比例，主要描述企业在营销准备期的投入产出效果
销售管理费用率	是指企业日常经营中为做好销售管理业务所必需的费用与同期销售收入的比值，检验企业是否提升管理效能

营销管理人员的工作就是密切注意这些指标，以发现是否有任何指标失去控制。当然，企业管理层在进行营销费用—销售额分析时，一般不规定各项指标的具体数值，而是给出一个正常波动的范围。当一项营销费用对销售额的比率超过正常的波动范围时，就意味着它已经失去控制，会给整个市场营销计划带来麻烦，因而必须认真查找问题的原因。

（4）财务分析。市场营销管理人员应进行全面的财务分析，以决定企业应该在什么地方、如何去开展市场营销活动，从而获得盈利、提高利润率。这种财务分析主要是通过一年期的销售利润率、资产收益率、资产报酬率和资产周转率等指标来了解企业的财务情况。企业管理层可以利用财务分析来判断影响企业净资产收益率的各种因素。净资产收益率是指资产收益率和财务杠杆率的乘积。计算公式为：

$$净资产收益率 = 资产收益率 × 财务杠杆率 = 净利润 / 资产净值$$
$$资产收益率 = 净利润 / 总资产$$
$$财务杠杆率 = 总资产 / 资产净值$$

商业谚语

不怕顾客杂，
只怕不调查。

（5）顾客满意度追踪。顾客满意度追踪，是指企业通过设置顾客意见和建议制度、建立固定的顾客样本或者通过顾客调查等方式，了解顾客对本企业及其产品的态度变化情况。运用这种方法可以及时发现企业营销中存在的问题，以便第一时间采取纠正措施加以解决。主要的顾客满意度追踪方法包括以下几种。

① 顾客意见和建议制度。企业应该记录、分析并答复顾客所提出的书面或口头意见，通过各种方式增加顾客反馈意见的途径，鼓励顾客提出批评和建议，收集顾客对企业产品和服务反映的完整资料，从而使企业对自己的产品和服务在顾客心目中的地位有一个全面的了解，并有针对性地对存在的问题予以解决。

② 固定的顾客样本。企业可以建立由具有一定代表性的顾客所组成的固定顾客样本，通过定期电话访问或者邮寄调查表的方式了解顾客的要求、意见和看法。这些顾客所反映的意见通常比较全面、具有代表性，有时比顾客意见和建议制度更能反映顾客态度的变化。

③ 顾客调查。企业定期随机抽取顾客进行抽样调查，请顾客填写调查问卷，对企业的产品、员工的服务态度和服务质量等做出评价。通过对这些问卷的分析，企业可以及时发现问题，然后根据调查结果改进工作。

顾客满意度追踪是近年来企业界特别重视的一种方法，尤其是对于许多顾客要反复购买的产品和服务而言。对于企业来说，赢得新顾客的成本在不断上升，老顾客留存就显得格外重要，而其关键就是提高顾客满意度。

◈ 学习实践

如何定制抱怨管理系统

参照图8-11，定制抱怨管理系统。通过顾客满意度追踪，制定客户关系管理突发事件的处置方案。

市场营销基础

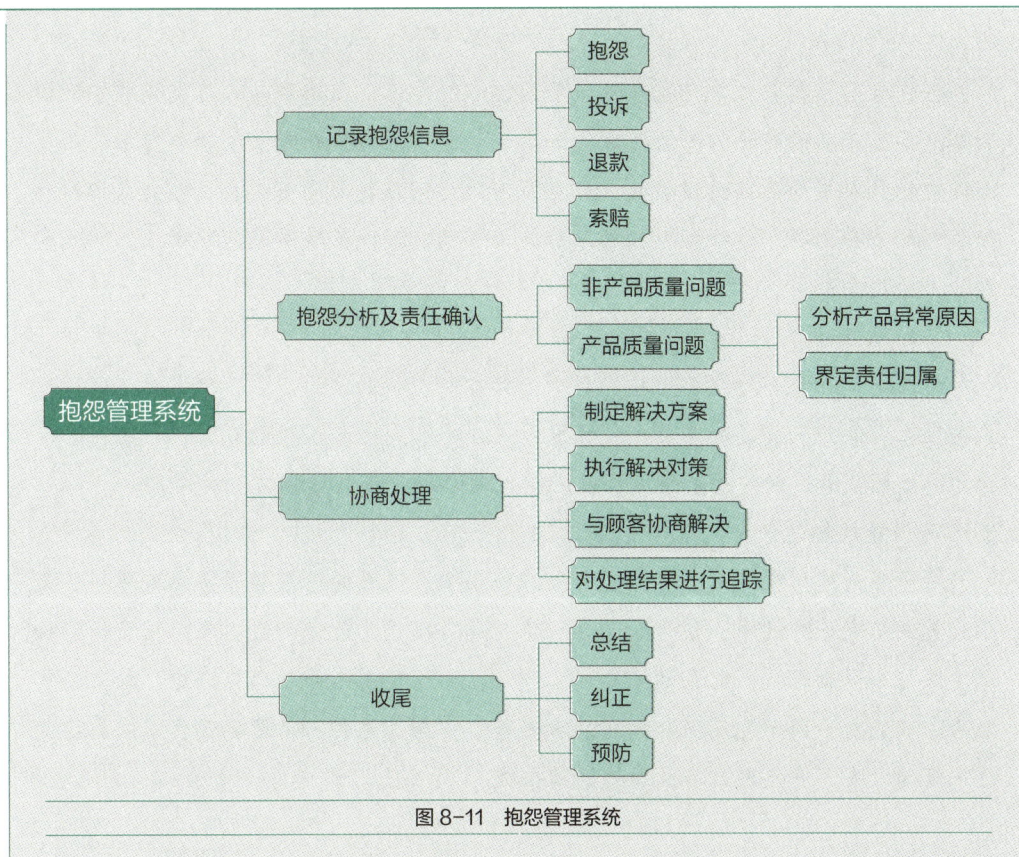

图 8-11　抱怨管理系统

（二）效率控制

效率是做好工作的灵魂。效率控制主要用于评价企业营销开支的合理性并提高经费开支的效率，从而提高营销效益。营销管理人员必须检查营销队伍的建设是否合理，营销人员的工作效率如何，应该采取哪些措施提高效率，以及广告和促销费用的分配比例是否合理等。企业进行效率控制时经常采用的方法有四种，包括：销售队伍效率控制、广告效率控制、销售促进效率控制和分销效率控制。

◎ 营销新视界

精准、有效、全面：华为的销售效率控制

像华为这样机构庞大、人员众多的企业，如果没有有效的管理来保证各部门的办事效率，那么将会造成极大的资源浪费。因此，华为公司从高层开始，对效率的控制就极为严格，并且还在市场销售方面做了大量的工作，力求通过各方面效率的提升，实现企业的持续发展。

1. 人员效率

任何时候，销售人员都是一线市场最核心的要素，只有销售人员在销售中的成功率提高，产品的市场占有力度才会加大。华为要求各地区销售经理要定期记录本地区内销售人员的几项关键数据，包括每百次访问而成交的百分比、销售成本对总销售额的百分比等，以此帮助销售人员找出制约其提高业务量的问题所在，并制定相应措施提高效率。

2. 广告效率

华为统计在每一种媒体上接触每千名顾客所花费的广告成本，顾客对不同媒体工具注意、联想、阅读的百分比，顾客对产品广告内容和效果的意见，广告前后对产品态度的衡量，受广告刺激而引起的询问次数等。由此紧抓广告效率控制。

3. 促销效率

对于华为这样生产大型通信设备的厂商而言，促销的手段会显得比较单一。为了改善销售促进的效率，华为的销售人员对每一项销售促进的成本和对销售的影响都要做一个详细记录，记录的主要内容包括：由于优惠而销售的百分比、单位销售额的陈列成本、因示范而引起询问的次数等。华为的销售人员还要观察不同销售促进手段的效果，并使用最有效果的促销手段。

问题思考：华为的销售效率控制展示了什么样的特点？

营销启示：效率是在给定投入和技术等条件下最有效地使用资源以满足设定的愿望和需要的评价方式，同时也是现代社会追求的最佳目标与标准。企业在销售效率控制的过程中，要全面、整体、系统地设计和实施效率控制制度和规范，并将效率意识融入企业的日常工作流程中。

（三）盈利能力控制

除了年度计划控制、战略控制和效率控制之外，企业还需要测定不同的产品、不同的销售地区、不同的顾客群体、不同的销售渠道和不同订货量的盈利能力。通过盈利能力的控制，企业可以决定哪些产品或者营销活动应该扩大，哪些应该缩小或取消。

对企业而言，产品的盈利能力是非常重要的，它可以直接决定企业的市场营销组合策略。盈利能力控制一般是指由企业内部负责监控营销支出和活动的营销审计人员负责，旨在测定企业不同产品、不同销售地区、不同顾客群、不同销售渠道及不同规模订单的盈利情况的控制活动。盈利能力控制主要通过考察分析销售利润率、资产收益率、净资产收益率及资产管理效率等指标来实现。

没有严格的企业生产成本和市场营销成本的控制，企业要取得较高的盈利水平和较好的经济效益是很难实现的。因此，企业必须对产品的材料费、加工费和制造费用，以及直接推销费用、促销费用、仓储费用、折旧费、运输费用、其他营销费用进行有效控制，全面降低支出水平。此外，费用支出必须与相应的收入结合起来分析，才能真实而全面地了解企业的盈利能力。

（四）战略控制

市场营销环境的变化很快，常常会使企业已经制定好的目标、政策、战略和方案失去作用。因此，在企业市场营销战略实施过程中，必然会出现战略控制问题，企业要定期对进入市场的方式重新评价。

战略控制就是指市场营销管理者对整体营销效果进行全面评价的关键行动，以确保企业的目标、政策、战略和计划与外部的市场营销环境相适应。

战略控制是由企业的高层管理人员专门负责的。营销管理者通过采取一系列行动，使市场营销的实际工作与原战略规划尽可能保持一致，在控制中通过不断评价和信息反馈，连续对战略进行修正。与年度计划控制、效率控制和盈利能力控制相比，市场营销战略控制显得更为重要，因为企业战略是总体性和全局性的。而且，战略控制更关注未来，战略控制要不断地根据最新的情况重新评估计划和进展。因此，战略控制也更难把握。

企业进行战略控制的主要方法是营销效益等级评定，一个企业的营销效益可以从营销导向的五种主要属性上反映出来，具体包括：顾客观念、整合营销组织、充分的营销信息、战略导向和工作效率。另外，营销审计也是战略控制的重要手段，下面会详述。

三、市场营销审计

在复杂多变的市场环境中，原来的营销目标和战略容易落伍、过时，企业有必要通过市场营销审计这一重要工具定期批判性地重新评估企业的营销战略、计划及其执行情况。每个企业都会进行财务会计审计，即在一定期间内客观地对财务资料或事项进行审核与分析，最后根据所收集的数据，按照专业标准进行判断，并在得出结论后做出书面报告。这种财务会计上的控制制度通常有一套标准的理论和做法。但营销审计还没有建立起一套规范的控制系统，国内很多企业往往只是在遇到危急情况的时候不得已才进行营销审计。随着市场营销管理的发展，目前已有越来越多的企业在进行营销控制时会运用营销审计这一重要工具，其战略控制的任务是保证企业的市场营销目标、策略和制度能适应市场营销环境的变化。

（一）市场营销审计的概念

市场营销审计是对一个企业或一个业务单位的市场营销环境、目标、战略、组织和活动等所做的综合的、全面的、系统的、独立的和定期性的核查，以便确定问题的范围和各项机会，并提出对行动计划的建议，以提高企业的营销业绩，改进市场营销管理效果。

市场营销审计作为一种市场营销控制方法，最早可以追溯到 20 世纪 50 年代初期，当时市场竞争日趋激烈，企业的营销费用大幅度上升，市场营销出现危机。一些大型的工业企业为了提高经济效益，逐步开始对营销活动进行检查、分析和控制，展开了营销审计。

20 世纪 70 年代以后，许多工商企业，特别是一些跨国公司，从单纯地关注利润和效率逐步发展到全面核查经营战略、年度计划和市场营销组织，其审核的具体内容包括用户导向、市场营销组织、市场营销信息、营销战略控制及作业效率等诸多方面，同时制定了审查的具体要求，确定审查标准并采用计分方法进行考核评审。自此，市场营销审计逐渐成熟并得以迅速发展，成为提高企业市场营销管理水平的有效工具。

（二）市场营销审计的内容

一次完整的市场营销审计活动的内容是十分丰富的，概括起来包括 6 个大的方面，即营销环境审计、营销战略审计、营销组织审计、营销系统审计、营销生产率审计和营销功能审计。

1. 营销环境审计

营销环境是市场营销活动的根本制约因素。因此，市场营销必须审时度势，对营销环境进行分析，并在分析的基础上制定企业的市场营销战略。但是这种环境分析是否正确，需要经过营销审计的检验。市场营销环境是处于不断变化中的，企业需要通过对其所处的营销环境进行审计，来分析营销战略是否与现在的营销环境相适应，以及是否要对原有的营销计划进行调整。

营销环境审计并不简单地等同于营销环境分析。因为营销环境审计除了要反映这是一个什么样的市场外，还有重要的一点——企业现在处于营销环境中的什么位置。在进行营销环境审计时，主要是分析宏观环境和微观环境中影响企业目标和发展趋势的关键因素。具体来说，要进行以下几项内容的审计。

（1）市场营销目标审计。市场营销目标审计主要内容包括：市场营销目标是否按照市场导向确定，是否符合市场的需求并与营销环境的变化方向相一致；市场营销目标是否能够全面反映整个市场营销过程，防止引起存货积压或产品脱销；市场营销目标是否有主次之分，当有多个目标同时存在时，应该合理确定各目标实现的先后次序，引导市场营销朝正确方向发展；市场营销目标是否与企业内部资源和应变能力相平衡，避免过大或过小。

（2）市场机会分析审计。市场机会分析审计就是要重新审查企业对市场机会是否做了充分、正确的分析，得出的结论是否符合实际。

（3）竞争者状况审计。企业的市场营销战略应该是建立在了解竞争者战略的基础上的，研究竞争者状况的目的在于知己知彼，获得竞争的主动权。对竞争者状况进行审计时要注意审查以下几点内容：竞争者的生产规模、地理位置和营销战略；竞争者的产品组合；竞争者的市场定位情况；竞争者的销售系统；竞争者的促销活动；竞争者的财务状况；竞争者的技术水平和管理水平；竞争者的自然资源情况、能源及原料供应情况；潜在竞争者的情况等。

（4）内部资源审计。内部资源审计的目的在于充分认识企业的优势与劣势，扬长避短。主要包括三项内容，即产品审查、员工素质审查和内部物质基础审查。通过这些评价和审查，明确企业市场营销能干什么，不能干什么。

（5）企业实力与劣势审计。市场营销战略的关键是明确企业的竞争优势，因此要对企业的实力和劣势进行审查。可以分四个步骤完成该审计过程：首先，评价企业当前的市场位置；其次，确定企业外部营销环境中所面临的主要市场机会和威胁；再次，确定企业要实现竞争策略必须具备的条件；最后，在企业当前的市场定位与外部环境之间发现问题与差距。

2. 营销战略审计

企业的市场营销战略应该建立在对企业目标、市场、营销环境、竞争者及内部资源等全面认识的基础上，使营销目标、营销环境与企业资源三者之间达到一种动态平衡，这是制定企业营销战略的基础。因此，对营销战略进行审计，就是对制定营销战略的基础进行审计。

3. 营销组织审计

营销组织审计主要是审查企业各部门在执行市场营销战略方面的组织能力和对市场营销环境的应变能力，包括营销管理高层做出决策和控制决策的能力；职能部门对营销工作的分析、规划和执行能力；营销部门对市场环境的应变能力；营销部门与其他部门的联络工作是否存在问题等。

4. 营销系统审计

营销系统审计主要检查企业分析、规划和控制系统的质量，评价营销组织对营销环境和战略的应变能力，包括对信息系统、计划系统、新产品开发系统和控制系统的审计。

5. 营销生产率审计

营销生产率审计就是对企业的盈利能力和成本效益进行审计，主要是考察企业内不同营销实体的盈利能力和各项营销活动的费用控制。具体来说，要进行以下两项内容的审计。

（1）盈利性控制审计。主要审计企业在不同产品、市场、地区和渠道中的盈利情况，明确企业应该进入、扩展、收缩或撤离哪些细分市场，对企业的短期利润或长期目标有何影响。

（2）成本效益审计。主要审计哪些营销活动的成本过高，应该采取什么措施降低成本。

6. 营销功能审计

营销功能审计是指对营销组合各因素（即产品、价格、渠道、促销）的效率进行评价，及时发现企业营销管理中存在的问题并据此改进，以促进企业更顺利地发展。具体来说，要进行以下几项内容的审计。

（1）产品审计。主要审计企业现有产品的质量、特色、式样、品牌等是否符合顾客的需要，现有产品是否需要做出某些调整。

（2）价格审计。主要审计产品定价的目标、策略和程序各是什么，成本、需求及竞争状况等对定价的影响程度如何，顾客认为价格与产品是否相符。

（3）分销渠道审计。主要审计分销的目标和策略是什么，市场覆盖率如何，分销渠道是否有需要改进的地方。

（4）促销审计。主要审计企业的广告目标是什么，广告预算是否适当，广告效果评价如何，销售队伍的规模、组织方式是否适应产品的销售，销售人员的选拔、任用及素质与能力的培训进行得怎样，销售人员的报酬及激励措施怎样，是否需要加强其他促销手段等。

（三）市场营销审计的特点

市场营销审计具有以下四个方面的特点：全面性、系统性、独立性和定期性。

1. 全面性

营销审计实际上是在一定时期内，对企业所有市场营销活动进行的效果评价。市场营销审计的最大特点在于把市场营销当作一个整体，对其全部业务活动进行审核，这是由现代市场营销整体性的特点所决定的。市场营销审计只有体现全面性，才能有效地对市场营销活动进行审核与评价。不仅企业内所有执行营销功能的部门都应该包含在市场营销审计内，而且一些非营销部门也应该包括在市场营销审计内，因为财务、研发、物流等部门的行为同样会影响到顾客满意。只有全面的市场营销审计才能找到企业营销问题的真实原因。

2. 系统性

市场营销审计应该与企业的发展相适应，遵循一种系统的、合乎逻辑的秩序来展开。其中包括一系列有秩序的步骤，如营销环境审计、营销战略审计、营销组织审计、营销系统审计、营销生产率审计和营销功能审计。在审计结果的基础上，制定并调整行动计划，以提高企业的整体营销效益。由于市场营销的效果受到客观环境以及企业的战略目标、决策、组织和计划等各种条件的影响和制约，而且无法一目了然地判断是否已经达成良好效果，这就要求市场营销审计必须对营销活动中存在的机会与问题进行系统性的审核与评价，以发现影响营销效果的因素并提出正确的营销计划。

3. 独立性

市场营销审计应由独立于被评估者的人员来进行。市场营销审计可以通过自我审计、交叉审计、上级审计、企业审计处审计、企业任务小组审计和局外人审计6种途径进行。市场营销审计必须保证审计结果的客观、正确才有实际意义。因此，企业在进行市场营销审计时贯彻独立客观性原则至关重要。为了做到这一点，除了企业自我审计之外，还必须请外部的专家审计。好的审计人员具有必要的客观性和独立性，具备丰富的行业审计经验，对本行业比较熟悉，可以集中精力做好审计工作。

4. 定期性

市场营销审计不是只有在企业市场营销出现问题时才进行，正因为市场营销审计可以帮助企业预见和避免问题的出现，所以无论企业目前的形势和现状如何，都应该进行定期检查，与时俱进。企业应将市场营销审计作为一种管理制度持之以恒地开展下去，只有这样，市场营销才有实际效果和生命力。

（四）市场营销审计的标准

审计之道在于审慎、明辨、笃行。在设定市场营销审计的标准时，要以市场营销审计的目的和任务为基础，将弹性和刚性结合起来，设定尽可能明确的、符合客观情况的标准。主要应该注意以下几个方面。

（1）主观和客观。由审计人员凭借其经验确定市场营销审计的标准；以同行业企业一些指标的平均值和共同遵循的规范作为审计标准。

（2）优优结合。以同行业中优秀企业的规范和标准作为本企业的标准；综合其他企业优秀的业务规范和指标值（不是各个企业的全部业务，只是每家企业中的优秀业务）形成一个评价标准体系。

（3）内外结合。以本企业内部的计划、预算、业务规范和其他规章制度为审计标准；以外部直接竞争对手的各项业务标准作为本企业的审计标准。

（4）宏观和微观结合。要考虑国家法律、法规的业务项目，如果法律、法规有明确规定，可以直接作为市场营销审计的标准；根据企业以往的财务和营业记录，采用统计方法求得平均值作为审计标准。

（五）市场营销审计的基本步骤

市场营销审计的基本步骤包括以下四步。

1. 明确营销目标，确定审计范围

由企业管理人员和市场营销审计人员会面，介绍情况，共同拟定营销审计协议，其中包括企业的营销审计目标、营销审计范围、审计工作的深度和广度、审计资料的来源、审计报告的形式和审计的时间要求等。这是营销审计得以顺利进行的基础。

2. 制订市场营销审计计划

为了提高工作效率、节约审计时间及降低审计成本，还必须制订出详细的市场营销审计计划。审计人员应该根据审计协议的内容，认真设计一份详细的市场营销审计计划，内容包括要会见的访问对象、需要了解的问题、访问的时间和地点等，并要求在每天工作结束后都写出工作报告。制订市场营销审计计划的目的在于使营销审计所花费的时间和成本均达到最小化。

3. 收集资料

市场营销审计计划通过后，审计人员应该严格按照计划准备调查和收集各种资料。在收集资料的过程中，始终要坚持第一手资料与第二手资料相结合的原则，不能只依赖于市场营销部门所提供的现成资料，一定要注重收集来自消费者、合作伙伴、分销商、供应商及公众和媒体等的信息，这种资料应该占据一定的比重。

4. 对审计结果进行汇总，提出改进意见，做出市场营销审计报告

在对市场营销审计范围所规定的所有方面进行系统的资料收集之后，营销审计人员要归纳整理资料，根据调查结果进行总结，并对企业存在的问题提出合理建议，最终提交一份客观的、能够反映企业现实状况的书面审计报告。

课后实践

❖ 基础知识练习

一、单选题

1. 在市场营销计划的类型中，长期计划的时间一般为（　　）。

　　A. 1 年　　　　　　　B. 2 年　　　　　　　C. 3 年　　　　　　　D. 5 年以上

2. 某公司生产并销售五个品牌的清洁产品，每个品牌均配备一正两副产品经理，则该公司的营销组织类型属于（　　）。

　　A. 职能型营销组织　　　　　　　　　　B. 地区型营销组织

　　C. 市场型营销组织　　　　　　　　　　D. 产品或品牌管理型营销组织

3. 在市场营销组织类型中，市场型组织形式的优点是（　　）。

　　A. 结构简单、管理方便

　　B. 能满足各类顾客的需求

　　C. 能避免权责不清的隐患和多头领导的矛盾

　　D. 产品经理能获得足够的权威

4. 主要检查企业分析、规划和控制系统质量的营销审计属于（　　）。

　　A. 营销战略审计　　　　　　　　　　　B. 营销组织审计

　　C. 营销功能审计　　　　　　　　　　　D. 营销系统审计

5. 由职能型营销组织与产品或品牌管理型营销组织结合起来的混合式营销组织类型是（　　）。

　　A. 地区型营销组织　　　　　　　　　　B. 市场型营销组织

　　C. 矩阵型营销组织　　　　　　　　　　D. 事业部型营销组织

二、多选题

1. 确定营销业务目标是制订市场营销计划时需注意的重要事项之一，其要解决的关键问题有（　　）。

　　A. 确定目标市场　　　　B. 明确收入利润　　　　C. 对营销效果的确定

　　D. 明确品牌形象　　　　E. 明确企业形象

2. 市场营销效率控制的主要方式有（　　）。

　　A. 销售队伍效率控制　　B. 广告效率控制　　　　C. 销售促进效率控制

　　D. 分销效率控制　　　　E. 生产效率控制

3. 市场营销控制的类型包括（　　　　）。

A. 效率控制　　　　　B. 战略控制　　　　　C. 战术控制

D. 年度计划控制　　　E. 盈利能力控制

4. 市场营销审计具有的特征为（　　　　）。

A. 全面性　　　　B. 系统性　　　　C. 独立性　　　　D. 定期性

5. 市场营销计划按程度划分，可以分为（　　　　）。

A. 战略计划　　　B. 策略计划　　　C. 作业计划　　　D. 综合计划

◈ 案例分析

中国车企的数字营销管理

汽车业从未像今天这样，处在各种新技术变革的交汇点，数字化"万里长征"已经起步。车企在用户数字化生存程度越来越高的拉力，以及解决方案供应商技术日趋成熟的推力下，或是主动革新，或是被动突围，在这场数字化浪潮中逐浪而行。

2020 年，吉利推出首个为全行业提供数字化转型服务的工业互联网平台——吉利工业互联网平台（Geega）。长城汽车建立了企业数字化中心和产品数字化中心，成立汽车业的第一个产品经理中心和第一个用户评估中心，以大胆使用创新人才并完善最终的用户体验。蔚来汽车以数字化为支撑，深谙用户运营之道，将服务做成企业的产品之一，把用户运营打造成为品牌最深的"护城河"，老用户的转介绍比例高达 50%。理想汽车通过对 OKR（目标与关键成果）系统的优化、升级，实现了工业组织数字化，最终实现销售的大幅增长。

案例分析："互联网＋数字经济"对企业的营销管理带来了哪些重要影响？

◈ 综合技能实训

1. 实训目标

通过实训掌握各类企业内部管理结构的特点与优缺点；掌握市场竞争下企业营销组织的变革历程；并引导学生正确理解营销管理创新对企业发展的重要意义。

市场营销基础

2. 背景资料

　　面对 4G、5G 交替之际风云变幻的手机市场，小米对企业内部管理进行调整，传递出深入部署营销策略的三大特点：① 继续强化中国区业务，坚持最高的战略高度、最重的投入、最大的决心；② 物联网生态链业务权重提升，为新爆发期做好战略准备；③ 小米国际化全面展开，持续加大投入，加速复制中国经验。

　　总体而言，从一系列调整看，小米集团的系统能力逐步加强，组织结构更加均衡有力，战略推进节奏感也更加清晰精准。随着手机产品结构调整成果显现，渠道建设、物联网生态链业务权重持续提升、人工智能方面的能力领先优势逐步放大，互联网业务得到强化，海外市场持续快速增长，今后将拿出什么样的成绩，令人期待。

3. 实训步骤

（1）分小组自主查询并总结小米近年来营销管理体系的发展脉络。

（2）分析现阶段小米营销管理体系结构的特点与优势。

（3）运用如图 8-12 所示的市场营销管理伦理检验模型，分析当前营销管理体系的

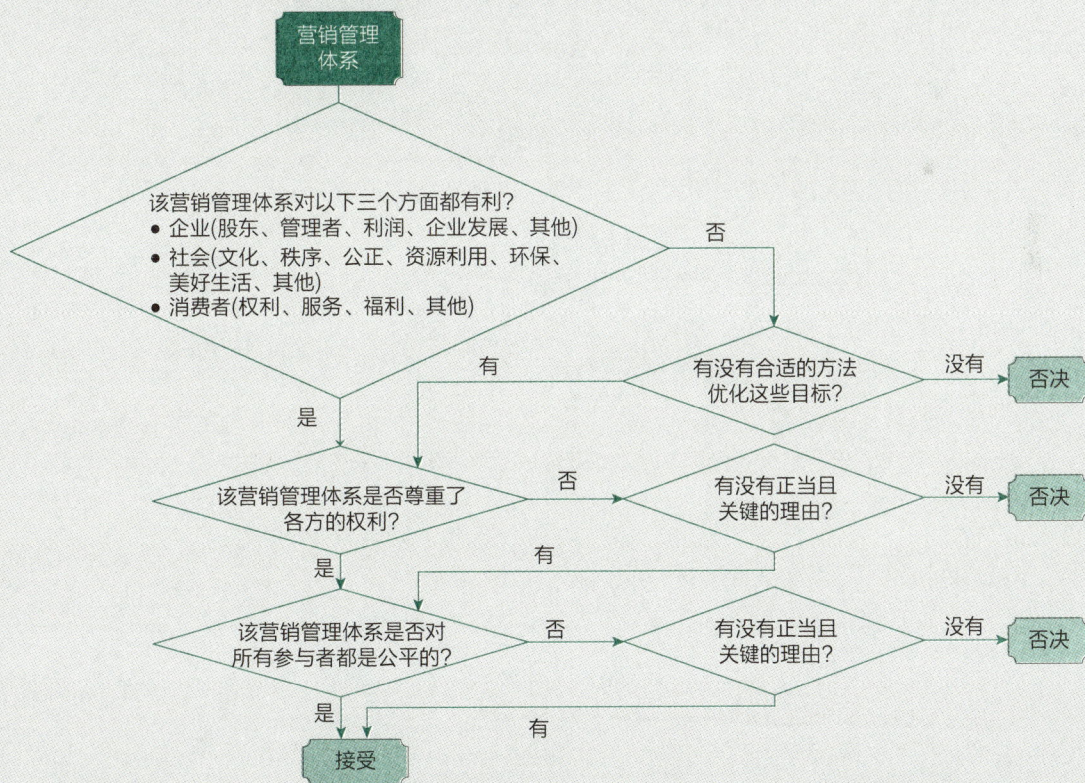

图 8-12　市场营销管理伦理检验模型

合理性。

（4）结合之前的分析总结，选取一家本地企业，对其营销管理体系提出意见与建议。

4. 实训成果

（1）一份营销管理体系的分析报告。

（2）××企业营销管理体系优化建议。

◈ 画龙点睛

　　只经营不管理，缝个布袋没有底。营销并不只存在于设计和实施层面，为了保证企业的市场营销战略、策略和计划能真正实现企业营销目标，满足市场环境的变化所提出的新要求，离不开后续营销管理工作的有效开展。营销管理是企业规划和实施营销战略、制定市场营销组合，为满足目标顾客需求和企业利益而创造交换机会的动态、系统的管理过程，是企业经营管理的重要组成部分。

市场营销基础

[1] 郭国庆，陈凯．市场营销学 [M]．7 版．北京：中国人民大学出版社，2022．

[2] 菲利普·科特勒，凯文·莱恩·凯勒．亚历山大·切尔内夫．营销管理 [M]．陆雄文，蒋青云，赵伟韬，等，译．16 版．北京：中信出版社，2022．

[3] 王永贵．市场营销 [M]．2 版．北京：中国人民大学出版社，2022．

[4] 胡超．极简市场营销 [M]．北京：北京联合出版公司，2021．

[5] 曹虎，王赛．什么是营销 [M]．北京：机械工业出版社，2020．

[6] 曼纽尔·贝拉斯克斯．商业伦理：概念与案例 [M]．刘刚，张泠然，程熙镕，译．8 版．北京：中国人民大学出版社，2020．

[7] 杨洪涛．市场营销：网络时代的超越竞争 [M]．3 版．北京：机械工业出版社，2019．

[8] 孔锐，高孝伟，韩丽红，等．市场营销：大数据背景下的营销决策与管理 [M]．2 版．北京：清华大学出版社，2020．

[9] 曹虎．数字时代的营销战略 [M]．北京：机械工业出版社，2017．

[10] 华红兵．移动营销管理 [M]．3 版．北京：清华大学出版社，2020．

[11] 张黎山，廖田甜，吴妮徽，等．大数据营销与创业实践 [M]．成都：西南财经大学出版社，2018．

[12] 肖涧松．现代市场营销 [M]．3 版．北京：高等教育出版社，2020．

[13] 彭石普．市场营销原理与实训 [M]．北京：高等教育出版社，

2018.

[14] 张云起. 市场营销学 [M]. 北京：高等教育出版社，2018.

[15] 吴健安，聂元昆. 市场营销学 [M]. 7 版. 北京：高等教育出版社，2022.

[16] 苗月新. 市场营销学 [M]. 4 版. 北京：清华大学出版社，2019.

[17] 孟韬. 市场营销：互联网时代的营销创新 [M]. 北京：中国人民大学出版社，2018.

[18] 郑毓煌. 营销：人人都需要的一门课 [M]. 北京：机械工业出版社，2016.

[19] 纪宝成. 市场营销学教程 [M]. 6 版. 北京：中国人民大学出版社，2017.

[20] 郭国庆. 营销伦理 [M]. 北京：中国人民大学出版社，2012.

王鑫，教授，山东商业职业技术学院党委副书记、院长，全国商业职业教育教学指导委员会秘书长、中国高等教育学会理事、中国职业技术教育学会常务理事、第八届全国高等教育自学考试委员会委员，山东省商业经济学会会长，课程思政教学名师、全国高校黄大年式教师团队带头人、山东省教学名师、高等职业教育名师工作室主持人。荣获国家级教学成果奖二等奖 2 项，主持国家级专业教学标准制定工作 4 项、国家级专业教学资源库 1 个、国家级精品资源共享课 1 门；主持国家级和省部级科研项目 5 项、发表核心期刊论文 17 篇，完成专著 2 部，发明专利 1 项；编写教材 6 部，其中主编"十三五"职业教育国家规划教材 1 本。

饶君华，山东商业职业技术学院教授，课程思政教学名师，山东省教育厅创新创业导师库专家，主持国家精品资源共享课"管理学基础"、山东省精品资源共享课"市场营销基础"、山东省精品课"连锁门店营运管理"，主持省级以上教改、科研课题 9 项，荣获国家级教学成果奖二等奖 1 项，山东省教学成果奖一等奖 1 项、二等奖 2 项，主编"十三五"职业教育国家规划教材 2 本。

郑重声明

高等教育出版社依法对本书享有专有出版权。任何未经许可的复制、销售行为均违反《中华人民共和国著作权法》,其行为人将承担相应的民事责任和行政责任;构成犯罪的,将被依法追究刑事责任。为了维护市场秩序,保护读者的合法权益,避免读者误用盗版书造成不良后果,我社将配合行政执法部门和司法机关对违法犯罪的单位和个人进行严厉打击。社会各界人士如发现上述侵权行为,希望及时举报,我社将奖励举报有功人员。

反盗版举报电话 (010)58581999 58582371

反盗版举报邮箱 dd@hep.com.cn

通信地址 北京市西城区德外大街4号

               高等教育出版社法律事务部

邮政编码 100120

读者意见反馈

为收集对教材的意见建议,进一步完善教材编写并做好服务工作,读者可将对本教材的意见建议通过如下渠道反馈至我社。

咨询电话 400-810-0598

反馈邮箱 gjdzfwb@pub.hep.cn

通信地址 北京市朝阳区惠新东街4号富盛大厦1座

               高等教育出版社总编辑办公室

邮政编码 100029

防伪查询说明

用户购书后刮开封底防伪涂层,使用手机微信等软件扫描二维码,会跳转至防伪查询网页,获得所购图书详细信息。

防伪客服电话 (010)58582300

资源服务提示

欢迎访问"智慧职教MOOC学院"(http://mooc.icve.com.cn),以前未在本网站注册的用户,请先注册。用户登录后,在网站首页搜索本书对应课程"市场营销基础"即可同步进行在线学习。

授课教师如需获得本书配套教辅资源,请登录"高等教育出版社产品信息检索系统"(http://xuanshu.hep.com.cn/)搜索下载,首次使用本系统的用户,请先进行注册并完成教师资格认证。

高教社市场营销专业教学研讨交流QQ群:20643826